高级财务管理

王华兵 编著

浙江工商大学出版社
ZHEJIANG GONGSHANG UNIVERSITY PRESS

图书在版编目(CIP)数据

高级财务管理 / 王华兵编著. — 杭州 ：浙江工商大学出版社，2013.2(2016.7 重印)

ISBN 978-7-81140-680-1

Ⅰ. ①高… Ⅱ. ①王… Ⅲ. ①财务管理—高等学校—教材 Ⅳ. ①F275

中国版本图书馆 CIP 数据核字(2013)第 005503 号

高级财务管理

王华兵 编著

责任编辑	刘 韵
封面设计	王妤驰
责任印制	包建辉
出版发行	浙江工商大学出版社 (杭州市教工路 198 号 邮政编码 310012) (E-mail:zjgsupress@163.com) (网址:http://www.zjgsupress.com) 电话:0571-88904980,88831806(传真)
排　　版	杭州朝曦图文设计有限公司
印　　刷	杭州恒力通印务有限公司
开　　本	787mm×1092mm 1/16
印　　张	13.5
字　　数	329 千
版 印 次	2013 年 2 月第 1 版 2016 年 7 月第 4 次印刷
书　　号	ISBN 978-7-81140-680-1
定　　价	30.00 元

前 言

随着我国经济的快速发展和资本市场的兴起，企业经营日益多元化、金融化和复杂化，人们越来越意识到财务管理在企业中的重要性，国内对会计学和财务管理的人才需求不断增加，尤其是高端财务管理人才十分紧缺。然而，现有的财务管理理论和学科教材体系主要阐述财务管理的基本理论与方法，重点以融资、投资和股利分配为内容来介绍企业财务管理的常规性问题，这些应该属于初级财务管理或中级财务管理的范畴。要培养符合未来经济发展的高级财务管理人才，相应的理论教学必须与时俱进进行改革。

当前对高级财务管理课程中"高级"的认识不尽相同，我们认为"高级"的重点应该体现在五个转变上：一是从保障型财务到战略型财务；二是从资金型财务到价值型财务；三是从资产运营型财务到资本运营型财务；四是从单一财务主体到复杂的财务主体；五是从人治型财务到法制型财务的转变。循着这五个转变的理念，我们编写了这本高级财务管理教材。基本内容涵盖了管理用财务报表、企业价值评估、企业并购、金融衍生品与企业风险控制、资本结构理论与决策、公司治理、高管薪酬设计、资本运作和企业集团财务管理等领域。本教材在内容设计上吸收了作者近年来最新的研究成果，为了增强启发性和对学生的吸引力，较大幅度地增加了案例内容，提高了案例在教材中的比重。在教材中采取大案例和小案例结合使用的原则，帮助读者理解相应的理论，并增强教材的可读性，尤其是注重吸收了 2008 年金融危机后的国内外典型案例。比如，中国国航的期权套期保值案例、美国西南航空的套期保值案例、雷曼和贝尔斯登的高管薪酬案例等。通过对本教材的学习，我们希望读者在掌握财务管理基本原理和方法的基础上，进一步学习和理解财务管理实践中的一些特殊问题和重大问题，为今后的职业生涯打下良好的基础。

本教材适合普通高校财务管理、会计学、企业管理、金融学等专业本科生高年级学生和研究生以及 MBA 等选用，也可供有志于深入学习高级财务管理知识的读者阅读，由于案例较多，对理论的阐述采用了较为通俗的表达方式，尤其适用于独立学院财务管理和会计学本科高级财务管理的教学。

本书凝结了作者近年的教学经验；同时，部分教师和作者指导过的学生对案例材料的收集和整理中也付出了辛勤的劳动，他们是刘芳、赵洁、陈琪、蔡豪运、谢小美、钱晨、史乐、何丽丽、项玉英等。本教材的编写也参考了各位前辈和同行的教材以及一些公开出版的资料，在此对他们一并表示感谢！

由于高级财务管理还是一门不太成熟的课程，其内容的设计、结构安排和教学内容都存在争议。本教材中的不足之处敬请各位同行批评指正，以期逐渐完善此课程的建设。

作者

2012 年 12 月

目　　录

第一章 高级财务管理概论

第一节 财务管理课程体系

支撑一个专业的基础是课程，因此，系统且科学地设置课程，不仅涉及人才的素质，而且涉及专业素质。财务管理作为一门学科已经有百年的历史，但是作为一个专业在我国的历史却比较短。我们认为，财务管理课程体系的安排，一要考虑培养目标的界定；二要考虑厚基础、宽口径、高素质的要求；三要照顾当前和长远的需要；四要符合新经济条件下经济和社会发展的特征。在明确上述问题以后，我们再来探讨财务管理专业课程体系安排的基本思路。

一、关于专业课程设置的不同思路

为了体现厚基础、宽口径的要求，专业必修课所占学分不应很多，但要体现专业深度和广度的要求。另外，还要适当增加专业选修课，以便让学生有更多的选择余地。

关于财务管理专业必修课的设置，目前争议较大，主要有以下几种观点。

(一) 按财务管理的内容设置

财务管理专业的必修课设置为财务管理原理、筹资管理、投资管理、利润分配管理、成本管理等。

这种课程设置的优点是通过课程体系反映企业财务活动的全貌，便于非专业人士正确认识财务管理专业及其人才的知识结构，为毕业生就业提供了一定的便利；其不足之处是割裂了财务管理各部分之间的联系，同时给教学安排带来难度。

(二) 按财务管理的环节设置

财务管理专业的必修课设置为财务管理原理、财务预测与决策、财务计划与控制、财务评价与考核、财务管理专题等。

这种设置的优点是将财务活动融合在财务管理的各环节中，便于学生较为全面地掌握财务管理的环节和方法，在学生能力培养方面更具有优越性；其不足之处是肢解了财务活动的全过程，在内容上不可避免会有重复。

(三) 按财务管理的主体设置

财务管理专业的必修课设置为初级财务管理、企业财务管理(公司理财)、部门财务管理、集团公司财务管理、国际财务管理、非营利组织财务管理等。

这种设置的优点是将财务管理从一般意义上的微观层次扩展到中观和宏观层次，既研究微观层次的财务问题，也研究中观和宏观层次的财务问题，使培养对象接受的知识面更宽、视野更加开阔；其不足之处是相关课程的内容重复问题难以解决。除此之外，课程的设置与现行的淡化专业界限、加强基础知识教育的教学要求存在一定的矛盾。

(四) 按财务管理的知识层次设置

财务管理专业的必修课设置为初级财务管理、中级财务管理、高级财务管理等。

这种设置的优点是遵循了由易到难的教学规律，同时也符合现有管理的课程设置原则，方便教师教，学生学。其不足之处是各门课程之间内容很难严格划分，因为“初级”“中级”“高级”只是相对的概念，并没有严格的划分标准。

二、按财务管理知识层次设置课程的相关安排

财务管理专业必修课的设置，无法简单地归入哪种分类，而是结合起来设置课程体系的。应该说上述课程设置各有利弊，但总的来说，按照财务管理的知识层次设置课程利大于弊，我们倾向于以此种模式为主来设置专业必修课。但是，按层次设课的难点是初级、中级与高级财务管理的内容划分问题。在现实的教学和理论划分中认为，这三门课程划分的基本思路如下。

(一)初级财务管理

主要阐述财务管理的基本理论和方法，其主要内容有：第一，财务管理的基本理论，如财务管理的概念、财务管理的目标、财务管理的内容、财务管理的原则、财务管理的假设等；第二，财务管理的基本环境，如金融环境、法律环境、经济环境等；第三，财务管理的基本观念，如货币时间价值观念、风险报酬观念、资本成本等；第四，财务管理基本方法，如财务分析的基本方法、筹资与资金需求预测的基本方法、投资评价的基本方法、营运资本管理的基本方法等。

(二)中级财务管理

财务管理内容设置与财务管理假设有密切的关系。中级财务管理主要阐述财务管理的常规业务，或者说是不超出财务管理假设的内容。具体内容包括筹资管理、投资管理、营运资金管理、利润分配管理等。中级财务管理要将初级财务管理中所提及的财务管理内容细化。如果说初级财务管理只是介绍财务管理内容梗概的话，中级财务管理则要详细介绍财务管理的基本理论。中级财务管理中的知识点包括风险与报酬的原理和应用；折现现金流量分析、风险条件下的资本预算、敏感性分析；资本成本、组合投资、资本资产定价模型、套利定价模型、贝塔值估计；普通股筹资、长期负债筹资、融资租赁筹资、优先股与认股权证、可转换债券；股利政策、激励机制、奖惩制度；现金管理、应收账款管理、存货管理、短期融资等。

(三)高级财务管理

如前所述，凡符合财务管理假设的内容都放入初、中级财务管理中，凡是对财务管理假设有突破的内容都放入高级财务管理中。因此，高级财务管理讲授的，都是突破财务管理假设的内容，是一些专门性的问题，如企业并购财务管理、企业集团财务管理、企业破产财务管理、非营利组织财务管理、中小企业财务管理等。

这里需要说明一点，在很多高校的财务管理课程体系设置中，初级财务管理和中级财务管理往往并没有分开设置，而是放在一起作为一门课程，称为《财务管理学》，并且课时最多也就 72 学时，甚至有的只有 54 学时，如果将初级和中级的内容完全放在一起讲授，课时又不够。因此，我们结合实际，认为高级财务管理虽然主要是讲授一些对财务管理基本假设有所突破的内容，但是也要兼顾到和《财务管理学》内容的衔接性。本教材就是基于这样一种

考虑而设计的。也就说是,我们的《高级财务管理》实际上既包含了部分高级财务管理的内容,也包含了部分中级财务管理的内容,以做到初、中、高级在教学中的真正结合而不仅仅是理论上的划分。将其称为《高级财务管理》,主要原因在于其大部分内容涉及传统上被划为《高级财务管理》的内容。

第二节 高级财务管理的特点与内容界定

一、现代公司的组织结构与高级财务管理的职能

与其他管理科学存在类似的问题,如何界定"高级财务管理"内容一直是一个仁者见仁、智者见智的问题。构建高级财务管理理论框架,首先面临的一个问题就是对高级财务管理学本身的界定问题,即何为高级财务管理,它与现行的一般或中级财务管理理论有何区别?"高级"又是如何体现的呢?

审视其他学科的各种"高级",其实高级的含义并不统一,它有先进、复杂或特殊的意思。阎达五和耿建新(1997)曾明确指出,"高级会计是随着社会经济的发展,对原有的会计内容进行补充、延伸和拓展的一种会计"。目前国内出版的各种"高级会计"教材大都认为高级会计是对原有财务会计内容进行横向补充、纵向延伸的一种以新的特殊业务为主的会计。而卡普兰的《高级管理会计》中"高级"隐喻的是"先进科学"的内容。他将管理会计放在了企业的集权、分权体制中,在委托代理契约中进行与企业组织环境、管理过程相融合的研究。这里的"高级"不再是内容上的增补,而是实现管理会计管理过程中的飞跃。(Kaplan,Atkinson,1998)不过,现在无论是高级会计还是高级管理会计,似乎都是一些"特殊业务"或者"专门问题"的罗列,缺乏将这些内容连接起来的一条主线,整体性与连贯性不理想,这可以说是理论研究与学科建设上的缺憾。

现行的高级财务管理方面的文献(包括专门讨论高级财务管理的书籍)极少论及这一问题。汤谷良、高晨(2003)认为,《高级财务管理》与《高级管理会计》所体现的"高级"思想是一致的,初级、中级和高级应该不是同一平面上的差别,而是不同层面的差异。

目前一般的财务管理理论的主要特点是就财务论财务,即忽视组织背景来研究财务资源的有效配置问题,其基本变量完全局限于成本、收益和风险。由于不考虑组织所面对的内外部环境,面对市场的计划和决策后的控制和评价问题也就被淡化,中级财务管理将管理过程几乎集中到了决策这一环节上。

实际上,管理是一个社会过程。(纽曼,1995)它包含着为了完成任务而进行的一系列行动,即组织、计划、控制、评价等,而且这些行动主要涉及人和人之间的关系,具有鲜明的社会性。财务管理作为一项以价值为轴心、价值最大化为目标、具有综合性的职能管理自然也应体现其社会过程的性质。因此,"高级财务管理就是要就管理来论财务,体现财务管理的社会过程,立足于组织结构和治理环境,从实现企业战略目标,提高其核心竞争能力的角度诠释财务管理功能"。

二、高级财务管理的基本特征

高级财务管理的"高级"是一个相对的概念,它是相对于传统或者说"中级"财务管理而言的,其所蕴含的具体内容是随着管理科学的发展、更新更复杂的管理过程及其财务事项的出现而不断变化的。总体而言,高级财务管理的基本特征包括以下七点。

(一)从企业的股东价值到整体价值

财务目标是确定财务管理主体行为的目标和准则,在以往的多种财务目标取向中,企业着重于财务利润等财务价值目标,现在企业价值最大化目标成为现代企业财务目标的最好表达。企业价值不仅是股东财富的价值,而且考虑了包括股东在内的企业所有的利益相关者。一个企业的利益相关者包括股东、债权人、员工、管理者、客户、供应商、社区、政府甚至整个社会。而且企业整体价值的概念强调的不仅是财务的价值,而且是组织结构、财务、采购、生产、技术、市场营销、人力资源、产权运作等各方面整合的结果。

(二)从保障型财务到战略型财务管理

从目前的财务管理教材所阐述问题的逻辑思维分析,主要定位在特定企业发展阶段和特定组织模式下的财务投融资、财务控制和分析问题,其讨论的财务管理似乎离战略较远,可以说是一种战略保障型财务管理。现代财务在企业战略管理中应该发挥更为广阔、深远的作用,应该侧重于企业的长期发展和规划。现代财务管理的又一特征是全面的战略管理,实现价值最大化必须突出战略管理与财务管理结合在一起,战略的目标不再仅仅是获取竞争优势,而是获得企业整体价值不断提高的新目标。

(三)从独立型财务到整合型财务

传统的企业管理与财务分析的思想无法满足企业整体价值最大化和战略管理的要求。传统的管理思维是把公司划分为不同的部门,如采购、生产、质量、市场营销、财务、会计、人力资源等部门,突出职能分工和部门利益。然而,企业管理的实践已经充分表明,比单一职能部门、单项管理顺利运作更为重要的是把不同职能部门的功能、职责有效地整合起来。也就是说,不同的职能管理单项有效并不能保证公司整体功能的效率最大化,需要运用系统的财务思想整合企业管理,实现"财务管理是企业管理的中心"的基本命题。高级财务管理带来了管理理念和方法的全面提升,它提供了一种与现代企业制度法人治理结构相匹配的管理制度,整合企业实物流程、资金周转和信息流的科学方法,建立了确保战略实施,整合全方位、全过程、全员的管理体系。

(四)从结果导向型到过程控制型的财务管理

在现代财务管理的研究中,主要研究财务管理如何获得成功,结果应该如何。但对如何面对逆境、防止企业免遭损失和风险却不够重视。实践证明,由于理财环境的动荡性和人们对未来认识能力的局限性,企业可能的风险与损失是难免的,财务管理必须居安思危,重视企业财务失败的原因及预防措施,必须实现变结果控制向过程控制延伸的管理导向,在管理过程中充分重视人的行为因素,重视控制的全方位,针对企业不断面临的危机或机遇,及时反馈,加强沟通,制定对策,实施政策,引导行为,以规避风险或走出困境。

(五)从资金型管理到价值型管理

传统的财务管理关注股东价值最大化,以净利润或者股票价格的最大化来表现企业的成长和壮大,财务部门强调资金运营、资金筹措和资金投放以及资金的分配,财务管理工作呈现典型的资金管理的特点。高级财务管理以企业价值最大化目标为出发点，以现金收益和风险的平衡发展为基本财务管理理念，强调财务分析技术和决策模型的量化财务管理方法，全方位对接发展战略，以落实财务战略为基础，改造组织体系，分析企业价值增长的驱动因素，将战略落实为具体的预算目标，并通过预算管理、报告体系和预警机制为监控手段，通过资产组合和风险控制，保障企业的可持续增长，最后以相关的评价机制和激励机制来激励管理者和全体员工不断追求价值的最大化。

（六）从资产运营到资本运营

财务理论的发展除了受到财务学科本身特质、相关学科的相互关联外，越来越受到理财环境和企业经营模式、战略复杂的影响。当今世界经济一体化的趋势，跨国战略、并购浪潮、抵御区域性风险已经成为理财环境和企业关注的热点。资本运营成为企业实现全球战略的捷径，于是世界范围的兼并、重组浪潮风起云涌。在我国市场化改革的进程中，资本运营的功效同样得到了认可，跨地区、跨行业、跨所有制和跨国经营的大型企业集团正在建立并不断壮大；通过改组、联合、兼并、租赁、承包经营和股份出售等形式，国有小企业不断焕发出新的活力。事实上，资本运营已经成为我国实施战略性结构调整、改革国有企业的重要手段。随着资本运营活动在经济中的扩展和深入，与此相关的一系列属于基础性的困惑和问题逐渐暴露，如资本为何要交易，谁在交易中起决定作用，资本交易的依据是什么，运营后的效益如何评价。这些问题必须由以资本、资产配置为内容，以企业价值最大化行为准则的财务理论来描述和规范。现行财务理论体系关注资产管理和资金管理，但是关于资本运营的理论较为零散和随机。而当今现实已表明资本运营是企业更高层次的资源重组和配置的方式，对它的研究和长期主动的关注与把握是企业价值增长的有效手段之一。

（七）从单一财务主体到复杂的财务主体

不同企业组织形式是决定财务管理特征的主要因素。市场经济的发展与企业组织形态的多样化，要求财务管理必须关注不同规模与不同组织结构企业的财务管理行为。既要关注公司制企业的财务运作问题，又要研究非公司制企业的财务管理问题；既要研究大型企业的一般财务问题，又要关注中小企业的特殊财务情况；既要分析单一组织结构的财务管理问题，又要特别研究多层组织结构（集团制）的集权和分权问题。

三、财务总监的职能与高级财务管理

以上这些划分和对高级财务管理发展方向的确认虽然有其一定的理论依据，然而，却忽视了实务中对于基础财务工作、财务经理的财务工作和财务总监的财务工作之间的职能划分。本教材对高级财务管理内容的安排和界定，将主要汲取实务中对各层次财务工作的界定出发。高级财务管理的内容，应该主要涉及公司财务总监所面临的知识储备问题。在公司治理健全的大型企业中，财务总监（CFO）虽然在 CEO 的领导下，但是，财务总监的任命和解聘权是属于董事会层面的。CEO 无权解聘 CFO（见图 1-1）。

而关于 CFO 的工作，应该从企业财务和会计工作的层次上去看。从企业财务管理的整个工作来看，财务管理的工作可以分为三个层次（见图 1-2）。基础的财务管理工作从会计的角度来看，主要是会计和税务问题，而基础的财务工作主要是现金的管理问题，这是绝大部分中小企业财务工作的核心。第二个层次的财务管理工作主要是财务分析和资金运作，这是更高一个层次的财务管理工作，也是一些大中型企业都会涉及的问题，这些基础的财务

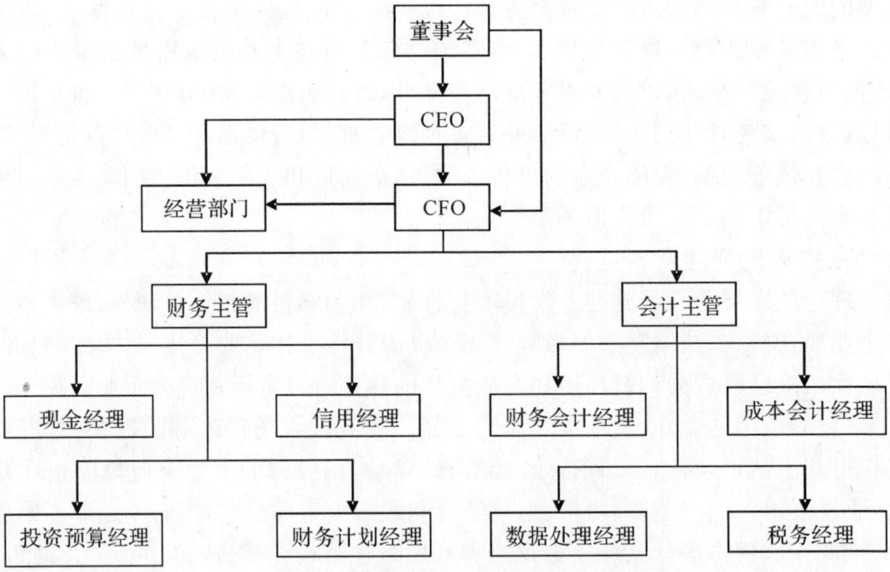

图 1-1 企业财务层级与职能划分

管理工作所涉及的知识体系在初级财务管理和中级财务管理里面大部分已经讲授过。最后一个层次的财务管理工作是内部控制、公司治理和资本运作,这是大型企业最高层次的财务管理工作,其中所牵涉的内容在初级、中级财务管理中很少涉及,这应该是我们教材的主要内容。

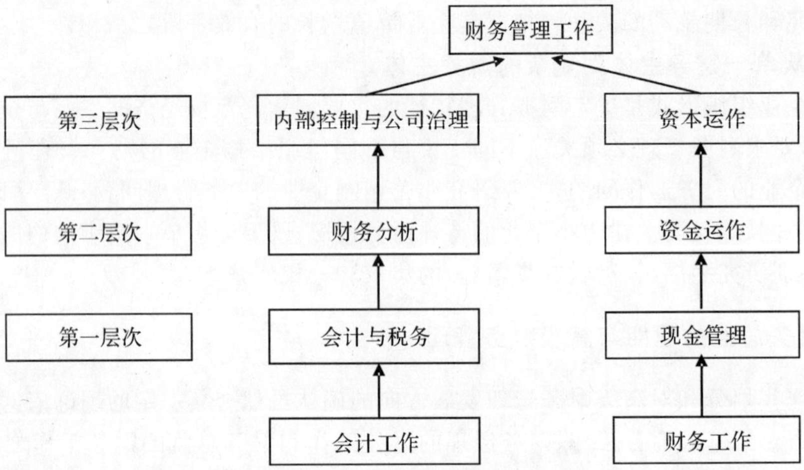

图 1-2 企业财务管理工作的层级划分

第三节 高级财务管理的内容安排

高级财务管理理论研究的起点是企业组织,不同的企业组织形式决定了财务目标和财务主体。财务目标为财务管理过程提供了技术标准和方向,而财务治理结构下的分层财务主体则为处理管理过程核心的人提供了行为导向和规范,或“游戏规则”。这是财务管理过程展开的两个必要前提，即既要知道目标也要知道规则。依据财务目标，在财务治理的框架内确定能够有效实现目标的财务战略，然后用财务预算将财务战略与日常经营管理连接起来。在预算实施的过程中，运用财务控制手段对过程进行相应的风险预警和效率控制。财务决策还必须超越商品经营的限制，实施促进或加速战略目标实现的重组计划，进而进入新一轮的更具竞争优势的商品经营管理。

一、企业价值管理理论和实务

财务目标是能确定财务管理主体的行为目标和准则，在多种财务目标取向中，我们认为企业整体价值最大化目标是现代企业财务目标的最好表达。由此提出有关企业整体价值的基本命题：第一，企业价值不仅是股东财富的价值，而且是考虑了包括股东在内的企业所有的利益相关者，包括股东、债权人、员工、管理者、客户、供应商、社区、政府甚至整个社会。一个企业的价值增加不应该仅仅使股东受益，还应该使所有的利益相关者获利。只有当所有利益相关者的权益得到保证并不断增长时，企业经营才是有效率的和成功的。所以有人说："作为一种责任和利润分担机制，公司财务管理既要投资者确保不被排除在企业利害关系人之外，又不至于损害其他利害关系人的利益。对于投资者和其他外部人士来说，财务责任乃是关键之所在。"（洛温斯坦，1999）第二，企业整体价值的概念强调的不仅是财务的价值，而且是在组织结构、财务、采购、生产、技术、市场营销、人力资源、产权运作等各方面整合的结果。第三，企业整体价值的概念，不是基于已经获得的市场份额和利润数据，而是基于适度风险相匹配的已经获得和可能获得的现金流量。第四，企业整体价值有多种表现形式，但是市场价值是最主要的形式，所以现代企业财务必须密切关注资本市场和产权市场，企业只有从内部和外部两个方面下手才能提高企业的整体价值，包括关注不断变化的市价而引发的市值管理。

企业第三层次的财务管理工作中，资本运作是企业价值管理的最高体现。然而，现有的教材体系中，对于企业价值管理方面的内容没能体现一脉相承的特点。企业价值管理的核心是企业估值问题。本教材第二章和第三章重点介绍了企业价值评估的常见方法。

二、企业并购理论和实务

在解决企业价值评估的基础上，第四章介绍了并购的理论和操作问题。第四章是对第二章和第三章知识的进一步深化。企业价值评估只是并购中的一项基础性工作，实际的并购操作涉及一系列问题。第四章主要介绍了并购方式与并购筹资，换股合并的操作流程，杠杆并购的含义和具体实施，管理层收购的含义和实施程序。在介绍这些常用并购方式的前提下，本章最后介绍了并购防御战略和并购整合的内容。

三、金融衍生品与企业风险控制理论与实务

随着资本市场的日渐成熟，现代企业的发展越来越离不开金融。金融市场既是企业筹集资金的市场，也是企业投资的市场。尤其是在一个金融化的时代，企业如何通过金融产品控制风险是一个十分重要的问题。金融衍生品的出现，为企业提供了一个控制风险的重要方式。然而，有些企业在利用金融衍生品时，不是控制了风险，而是带来了更大的风险。教材第五章中，重点介绍了期货和期权的相关原理和风险控制手段。

四、资本结构与公司治理理论和实务

高级财务管理理论所要研究的问题不能脱离现代企业制度及其法人治理结构。依据现代财务治理理论,财务管理因多层委托代理关系、治理结构差异应分为出资者财务、经营者财务和财务经理财务。中级财务理论主要以财务经理的立场研究财务管理问题,或者说在一个封闭的产权结构条件下,探讨财务管理的具体问题或者说财务部门如何履行其职责的问题。第六章主要从资本结构决策作为出发点,探讨了现代公司治理中的一些重大问题,包括债务融资与公司治理、高管薪酬与公司治理、股权激励等较为前沿的问题。涉及案例包括近期的真功夫、农产品股权激励方案、雷曼和贝尔斯登的高管激励等。

五、资本运作理论与实务

当今的市场环境使出资者仅仅依靠公司的经营者是不够的,自己也要以经营的观念、资本"经营者"的身份参与到产业的调整、市场的变动中,这样才能得到一个与其所拥有的资本稀缺性相配比的收益。资本运营理论需要研究与资本运营活动相关的一系列基础问题,如资本为何要交易,谁在交易中起决定性作用,资本交易的依据是什么,资本交易的实现方式(资本扩张、资本重整和资本收缩)如何更加有效地运用,资本交易价格如何形成,等等。现实已经表明,以战略重组为导向的财务资本运营是更高层次的资源配置方式,无论从经营目标、经营主体、经营内容和方式等诸多方面都有别于商品经营,高级财务管理理论必须对此给予更多的关注。

第七章主要涉及资本运作的相关理论和实务。包括企业 IPO 与股权再融资、民营中小企业的融资问题、债券融资、风险投资和私募股权融资等资本运作的前沿理论和知识。

六、集团财务管理理论

企业集团的财务管理与一般的会计主体的财务管理有很多不同之处。通常的财务核算总是以会计主体假设为基础,而企业集团已经不是一个单纯的会计主体。企业集团的财务管理有其自身的特点,在第八章中,高级财务管理理论摆脱股份公司这一单一财务主体,同时关注多层组织结构(集团制)的财务控制、体制构造、总部功能设计与内部资本市场等问题。

第二章　管理用财务报表与财务预测

案例引导：刀尖上跳舞——雅戈尔的三驾马车与在金融投资业务上的困惑

1994年的雅戈尔，服装界的“新秀”，首次跨入中国服装行业八强，继而通过十几年的辛勤耕耘一跃成为服装界的巨鳄；2007年的雅戈尔，资本市场上的耀眼“明星”，挥舞着丰满的两翼（房地产和股权投资），收获着多元化投资的硕果；然而，2008年的雅戈尔因股权投资的重大失误备受指责，成为“偏离主业，不务正业”的代名词。那么，我们应该以怎样的视角去看待雅戈尔的三大业务呢？

一、品牌服装业务

品牌服装是雅戈尔的基础产业。1998年公司上市时，主营业务收入的94%以上来自公司的两大主导产品“雅戈尔”衬衫和西服的销售。公司拥有3家主要子公司，其中宁波雅戈尔西服厂是其全资子公司，为西服生产基地；控股子公司宁波雅戈尔制衣有限公司专事衬衫设计和加工，为衬衫生产基地；控股子公司宁波雅戈尔服饰有限公司是销售中心，从事服饰产品的生产和销售。此后，雅戈尔为了提高服装业务的核心竞争力，着重从以下方面进行投资：完善营销网络体系、拓宽产品领域、加强技术创新、构建垂直产业链和开拓国际市场。为此，雅戈尔通过与子公司共同出资组建、与外资合资组建以及股权收购等方式将30多家子公司纳入集团旗下：通过专门组建宁波雅戈尔领带有限公司等来主营细分产品业务；通过收购宁波雅戈尔时装有限公司等一系列相关企业股权，将产品领域扩展至领带、休闲服、制服、时装、运动服、公务服等多品种多档次服装；同时通过组建纺织城、与国际知名跨国公司比本（株）晃立等合作，进军色织和针织服装面料领域，向上游产业链延伸；与此同时，通过与子公司合资收购宁波雅戈尔进出口有限公司等来发展进出口业务、开拓国际市场。2008年收购美国KELLWOOD公司旗下核心男装业务——新马服装集团（香港）有限公司和新马服装国际（香港）有限公司100%的股权，获得强大的设计开发能力、国际经营管理能力以及遍布美国的分销网络。至此，一个规模庞大、专业化运作的纺织服装产业链基本形成。

二、房地产业务

2002年，雅戈尔出资7798.23万元收购了具有多年房地产经营经验和拥有一定专业人才、土地储备的宁波雅戈尔置业有限公司92.78%的股权，其全资子公司宁波雅戈尔进出口有限公司出资606.85万元收购了其余7.22%的股权。自此，雅戈尔正式介入房地产行业，并使之成为公司新的利润增长点。继而，雅戈尔通过与控股子公司宁波雅戈尔置业有限公司共同出资组建宁波雅戈尔钱湖置地有限公司、共同出资收购宁波雅戈尔钱湖投资开发有限公司的股权等一系列运作，在宁波房地产市场上占据优势地位。随后，借房地产市场发展的有利势头，雅戈尔通过股权收购、合资组建等形式逐渐将房地产业务拓展至苏州、杭州、绍兴等地，同时在酒店经营、旅游开发等方面也取得了不俗的业绩。

三、股权投资业务

在股权投资领域，雅戈尔于1999年自筹资金3.2亿元投资发起成立中信证券股份有限公司，该公司注册资本20.50亿元，公司持股9.61％为第二大股东（2005年中信证券进行股改，因支付对价，雅戈尔持股比例下降为7.4％）；2001年出资1.5亿元参股天一证券有限责任公司，占天一证券注册资本的14.96％；2004年出资635.90万元收购宁波市银行股份有限公司635.90万股份（随后公司又出资15 564.10万元参与增资，增资后公司持股9％）。2007年年初，雅戈尔成立了宁波雅戈尔创业和上海雅戈尔投资两家全资子公司，专门负责创业投资、股权投资等业务。同年10月27日，雅戈尔控股子公司雅戈尔投资有限公司以每股7元的价格认购4 300万股金马股份（000980）的非公开发行股票；同年11月，动用35.88亿元认购了1亿股海通证券定向增发股份。截至2008年年底，公司持有上市公司股份比例分别为金马股份13.56％、海通证券1.77％、交通银行0.001％、中信证券2.58％、宁波银行7.16％、宜科科技12.84％、广博股份14.95％。另外，公司还持有百联股份和上海九百的股票。

四、股权投资业务给雅戈尔利润带来的波动

由于雅戈尔横跨三大业务，其收益随着房地产和股市的波动而大幅度波动。以股权投资为例，股权投资业务使得雅戈尔似乎是“在刀尖上跳舞”。在2007年的牛市行情中，出现了以下几个方面的有趣现象。

（一）股价联动效应问题

以雅戈尔持有的中信证券股票为例，在2007年5月25日至2007年6与5日不到10个交易日内，雅戈尔的账面收益就出现了巨幅的波动：2007年5月25日中信证券上涨4.03元，雅戈尔一天赚了6.19亿元；2007年5月30日中信证券下跌6.40元，雅戈尔一天亏了9.82亿元；2007年5月31日中信证券下跌3.52元，雅戈尔一天亏5.40亿元；2007年6月1日中信证券上涨1.71元，雅戈尔一天赚了2.63亿元；2007年6年5日中信证券上涨了4.41元，雅戈尔一天赚了6.77亿元。

（二）金融投资的潜在财富效应问题

以2007年9月18日的收盘价来计算，雅戈尔持有的各股票的增值情况为：按2007年9月18日中信证券收盘价85.62元计算，雅戈尔持有的15 354万股，增值约129亿元；持有天一证券15000万股（14.97％），账面余额1.5亿元；持有宜科科技（002036）1 153.71万股（10.27％），账面余额1 890.13万元，2007年9月18日收盘价26.60元，增值28799万元；持有广博股份（002103）2838.8万股（14.95％），账面余额983.20万元，2007年9月18日收盘价12.50元，增值34 502万元；持有中基贸易3000万股（20％），投资成本3007.22万元；持有宁波商业银行17 900万股（8.73％），账面余额18 155万元，2007年9月18日收盘价24.53元，增值约42亿元。也就是说，截至2007年9月18日，雅戈尔资本运作的利得按现行市价测

算，上述投资连同对中信证券的投资，增值约 180 亿元，但股市逆转，则另当别论。

(三)系统性风险问题

假设雅戈尔与中信证券交叉持股，则相互购买并持有股票时各公司的账面收益均上升，而一旦市场行情发生变化，项目抛售时则账面收益快速下降，这种“助长助跌”等系统性风险问题应引起监管部门和投资者的高度关注。

雅戈尔横跨了服装、金融和房地产三大业务，由于金融业务，也包括地产业务，对企业营利能力的影响非常大，如何在进行报表分析时将金融投资业务和服装业务进行区分，是我们不得不关注的问题。

第一节 管理用财务报表的产生背景

一、传统财务分析体系的缺陷

当今企业的业务日益多元化，尤其是有不少企业涉足金融投资领域，如果按照传统财务报表的编制方法，企业的“净利润”包含“营业利润”和一些“资本性的利得”，而企业在计算净资产收益率(ROE)等指标时，净资产是没有区分资产用途的，这样计算出来的 ROE 指标，并不能准确反映企业各项业务真实的盈利能力。总结起来，在按照传统杜邦财务分析方法进行财务分析时，存在以下缺陷。

(一) 计算总资产净利率的“总资产”与“净利润”不匹配

按总资产净利率(ROA)定义，其等于净利润除以总资产。总资产是全部资产提供者享有的权利，而净利润是专门属于股东的，两者不匹配。由于总资产净利率的“投入与产出”不匹配，该指标不能反映实际的回报率。为了改善该比率的配比，要重新调整其分子和分母。

为公司提供资产的人包括股东和债权人。股东投入资本后是要求回报的，然而债权人提供的资产是否要求回报，在传统杜邦分析体系中并没有进行区分。事实上，为企业提供资产的债权人不一定要求回报。有一部分债权人是要求有利息回报的，比如贷款给企业的银行，他们需要企业定期支付利息作为回报，这种债权人可以称为有息负债的债权人。然而，另有一些债权人是不需要财务回报的，比如企业账面上的应付账款和预收账款等，供应商或客户为企业提供了资金，然而他们并不要求分享收益，这一类债权人被称为无息负债的债权人。因此，真正要求分享收益的只是股东和有息负债的债权人。因此，需要计量股东和有息负债债权人投入的资本，并且计量这些资本产生的收益，两者相除才是合乎逻辑的资产报酬率，才能准确反映企业的基础盈利能力。

(二)没有区分经营活动损益和金融活动损益

按照企业经济活动的性质来分，企业的经济活动可以大致分为经营活动和金融活动。经营活动包括销售商品或提供劳务等营业活动以及与此有关的生产性资产投资活动。比如，苹果公司通过销售手机获取利润、苹果公司购买一幢大楼作为公司总部等都属于经营活动。金融活动包括筹资活动以及多余资金的利用，企业在资本市场上进行这些金融活动。例如，企业在证券市场上发行股票或债券筹集资金，或者企业在证券市场上进行购买股票等都属于金融活动。然而，传统财务分析体系并没有区分经营活动和金融活动。比如，当我们看雅戈尔利润表时，更多投资者看的只是它的净利润，然而并没有去区分这些利润中究竟有多少真正来源其经营业务，又有多少来源于金融业务。对于多数企业来说，金融活动是净筹资，它们从金融市场上主要是筹资，而不是投资。筹资活动没有产生净利润，而是支出净费用。这种筹资费用是否属于经营活动的费用，比如我们会计核算中常见的"财务费用"，即使在会计规范的制定中也存在争议，各国的会计规范对此的处理也不尽相同。从财务管理的基本理念看，企业的金融资产是投资活动的剩余，是尚未投入实际经营活动的资产，应将其从经营资产中剔除。与此相适应，金融费用也应从经营收益中剔除，才能使经营资产和经营收益相匹配。因此，正确计量基础盈利能力的前提是区分经营资产和金融资产，区分经营收益与金融收益(费用)。

(三)没有区分有息负债与无息负债

既然要把金融(筹资)活动分离出来单独考察，就会涉及单独计量筹资活动的成本。负债的成本(利息支出)仅仅是有息负债的成本。因此，必须区分有息负债与无息负债，利息与有息负债相除，才是实际的平均利息率。此外，区分有息负债与无息负债后，有息负债与股东权益相除，可以得到更符合实际的财务杠杆。无息负债没有固定成本，本来就没有杠杆作用，将其计入财务杠杆，会歪曲杠杆的实际作用。

以当今最流行的手机供应商苹果公司为例，自 2002 年以来，苹果的资产负债表上长期债务长期为零(见表 2-1)，而流动负债金额持续稳定增长。而这些持续增长的流动负债主要是哪些项目呢？从苹果 2010 的年报和 2011 年三季报中可以看出，苹果公司大量的流动负债其实是应付账款、应付费用和递延收入等。

表 2-1 苹果公司 2002—2011 年的资产、负债和权益简表 单位：百万美元

	流动资产	流动负债	长期债务	股份余额(百万股)
2011.9	116371.00	39756.00	0	929.3
2010.9	75183.00	27392.00	0	916.0
2009.9	47501.00	15861.00	0	899.8
2008.9	36171.00	13874.00	0	888.3
2007.9	25347.00	10815.00	0	872.3
2006.9	17205.00	7221.00	0	855.3
2005.9	11516.00	4088.00	0	835.0
2004.9	8050.00	2974.00	0	782.9
2003.9	6815.00	2592.00	0	733.5
2002.9	6298.00	2203.00	316	717.9

(数据来源：根据雅虎财经苹果公司报表整理。)

如按传统的杜邦分析方法，苹果公司的资产负债率是不为零的，财务杠杆也是不为零的。事实上，苹果虽然承担了这些债务，但根本无需为此支付任何利息支出，属于实实在在的无息债务。这些债务持续稳定的增长是企业竞争力强的表现，而不是偿债能力降低的信号。所以，如果不区分有息负债和无息负债，仅仅从债务相对比重来看企业偿债能力等，都会得出一些错误的结论。

表 2-2　苹果 2010 年 9 月 25 日和 2011 年 6 月 25 日的资产负债表 单位：百万美元

资产	2011.6.25	2010.9.25	负债及所有者权益	2011.6.25	2010.9.25
流动资产：			流动负债：		
现金及现金等价物	12091	11261	应付账款	15270	12015
短期可交易性证券	16304	14359	应付费用	7597	5723
应收账款	6102	5510	递延收入	3992	2984
存货	889	1051			
递延所得税资产	1892	1636			
供应商非贸易应收款	5369	4414			
其他流动资产	4251	3447			
流动资产总计	46898	41678	流动负债合计	26859	20722
长期资产：			非流动负债：		
长期可流动证券	47761	25391	递延收入——非流动	1407	1139
房产厂房和设备	6749	4768	其他非流动负债	9149	5531
商誉	741	741	负债总计	37415	27392
收购无形资产	1169	342	股东权益：		
其他资产	3440	2263	普通股股本	12715	10668
			留存收益	56239	37169
			其他全面收益	389	－46
			所有者权益合计	69343	47791
资产总计	106758	75183	负债和所有者权益合计	106758	75183

（数据来源：根据雅虎财经苹果公司报表整理。）

传统报表体系中，现金流量表与资产负债表、利润表之间的钩稽关系过于复杂，一般投资者甚至很多财务人员都无法弄清楚它们之间的内在联系。尤其是证券分析师在对企业进行估价时，仍然需要将传统财务报表的数据进行转化，不便于证券分析师利用现有的财务报表体系。

针对[①]上述问题，人们对传统的财务分析体系作了一系列的改进，逐步形成了一个新的分析体系。

① 当前国际会计准则理事会正在对财务报表的列报进行修改，以更好地满足证券分析师的需要。理事会目前正在考虑推进的财务报表列报准则改革，完全借鉴美国的做法，将利润表改为综合收益表，将资产负债表改为财务状况表，并且两表的结构参照现金流量表进行调整。所有的财务报表将按业务活动（包含经营和投资活动）和筹资活动分类列示，目的是加强报表间的内在联系，便于财务报表使用者（主要是专业财务分析师）分析企业各类业务活动的财务状况。

二、管理用财务报表的基本理念

由于通用财务报表要平衡各方面不同的信息需要，提供的信息综合性较强，但这并不完全适用于财务分析和公司内部管理。虽然近些年会计准则在划分金融资产和经营资产方面做出了改进，但是问题依然存在。因此，需要对其进行调整，以适应财务分析和公司内部管理的要求。企业活动分为经营活动和金融活动两个方面(图 2-1)。例如，雅戈尔的服装业务相关的活动就属于经营活动，企业在产品和要素市场上进行这些经营活动；雅戈尔通过发行股票筹集资金以及雅戈尔的股权投资业务可视为金融活动。

一般而言，公司总是先从股东那里得到资金，然后利用这些资金购置经营性资产，进行经营活动，为股东创造财富。如果股东投入的现金不能满足经营活动的需要，公司可以发行债务筹集资金。资金在投入生产经营前或有多余的资金，公司可能将其投资于资本市场，形成金融资产。通常情况下，公司不是"投资"于金融资产，而是临时持有金融资产。因为现实中像雅戈尔那样既做实业投资也做金融股权投资的企业毕竟是少数。大部分企业的"金融投资"只是闲置资金的一种处置方式。所谓"金融资产"，是指企业自资本市场购入的各种证券，包括政府、银行或其他企业发行的金融工具，这些金融工具又被称为金融产品①。作为这些金融产品的发行方，主要目的是为了在证券市场上筹集资金；而作为这些金融产品的购买方，常常是为了投资的需要。

公司与资本市场有两种交易：一种是现金多余时购买金融工具，从而持有金融资产，比如公司用多余资金购买交易性金融资产和可供出售金融资产等；另外一种是现金短缺时发行金融工具，从而形成股东权益或持有金融负债，比如公司发行股票时贷记"股本"和"资本公积"，形成股东权益，而发行债券筹集资金时，贷记"应付债券"，从而形成金融负债，或者企业向银行贷款形成的"长期借款"或"短期借款"，因为是有利息的，所以都是企业的金融负债。公司通常同时持有金融负债和金融资产。如果金融资产大于金融负债，两者的差额称

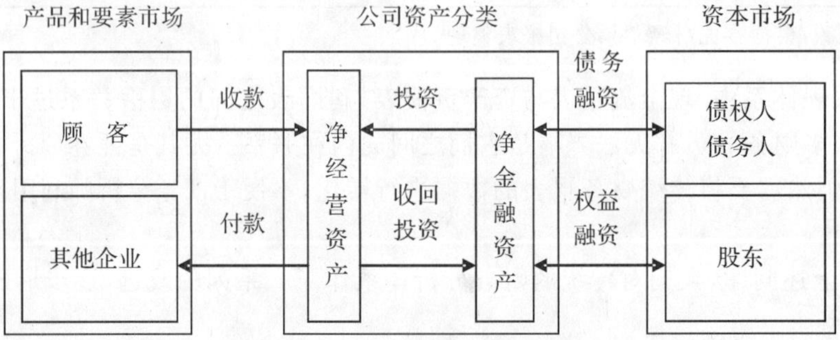

图 2-1 公司的经营活动和金融活动

---

① 从产品的角度去理解金融工具更为直观。既然是产品，其买卖交易就需要有市场，这一市场被称为金融市场。金融市场有长期和短期之分。如果是短期金融产品买卖的市场，被称为"货币市场"，比如发行 3—6 个月的商业票据筹集资金，3—6 个月的短期国债等；而与此相对应，长期金融产品买卖的市场被称为资本市场，比如发行股票筹集资金、发行 10 年期国债筹集资金等。有时，货币市场和资本市场被统称为证券市场。

为“净金融资产”。雅戈尔就属于这种类型，其持有大量的金融资产，而金融负债较少，所以其净金融资产是大于零的。如果金融负债大于金融资产，两者的差额称为“净金融负债”。由于大部分企业在金融投资方面的业务还是较少，所以账面上的金融资产其实不多，因而，绝大多数企业是持有净金融负债。

净金融负债＝金融负债－金融资产。净金融负债是企业用金融资产（闲置资金）偿还金融负债后的实际负债，是公司真正背负的偿债压力，也被称为“净负债”。由于金融资产是超过实际生产经营需要的投资，它可以抵消金融负债，故被看成是“负的金融负债”。除了金融负债，公司还有一些在生产经营中自发形成的负债，例如应付账款、应付职工薪酬、应交税费等。这些负债虽然需要偿还，但是又不断出现新的负债，实际上企业可以长期占用，除非停止营业，否则不需要全部清偿。这些自发的经营负债和金融负债的性质有根本区别。

企业持有净金融负债，表明企业利用债务资金购置了经营资产。这种情形的企业是由于股东提供的资金不能满足企业生产经营活动所需要的资金，于是企业通过向银行贷款或是发行债券筹集资金去购买存货、固定资产等。此时，企业是债务市场的净筹资人，大多数企业属于这种情况。如果企业持有净金融资产，表明有一部分权益资金被用于购买金融工具。这种情形的企业是由于股东提供的资金不仅能满足企业生产经营活动所需要的资金，而且还有多余的资金，于是企业通过向资本市场投资去购买股票或者债券等金融产品获取收益。此时，企业成为资本市场的净投资人，只有少数企业属于这种情况，比如雅戈尔就属于这种类型。财务管理要求将可以增加股东财富的经营资产和利用闲置资金的金融资产分开考察，需要在资产负债表中区分经营资产和金融资产。与此相联系，在利润表中要区分经营损益和金融损益，在现金流量表中要区分经营现金流量和金融现金流量。

第二节 管理用财务报表体系

一、管理用资产负债表

在将传统的资产负债表调整为管理用资产负债表时，要明确两个问题。

首先，要明确企业从事的是什么业务，这是定义经营性资产和经营性负债的关键。企业经营的业务内容，决定了经营性资产和负债的范围。例如，对于非金融企业来说，存款和贷款是金融性资产和负债，进行股票投资和购买债券是属于金融资产，因为它们经营的主要业务是销售商品或提供劳务，而不是金融业务；对于银行和基金公司等金融企业来说，贷给别人或吸收别人的款项是经营性资产和负债，因为这是它们经营的主要业务，对于基金公司而言，进行股票投资和购买债券和销售基金属于经营性资产和负债，因为这是它们经营的主要业务。因此，在划分经营资产和金融资产时，首先要确定企业的业务类型，其中主要是看该企业是金融企业还是非金融企业。

其次，经营性资产和负债形成的损益，属于经营损益；金融性资产和负债形成的损益，属于金融损益。比如，雅戈尔从服装和房地产业务中获取的利润，就属于经营损益；而从股权投资中所获取的利润，就属于金融损益。需要注意的是，划分经营资产（负债）和金融资产（负债）的界限，应与划分经营损益和金融损益的界限一致。不可以把经营资产形成的收益归为金融损益，也不可以把金融负债形成的费用归为经营损益。

(一)管理用资产负债表的有关会计等式

值得注意的是，管理用报表中使用的“经营”概念与依据会计准则编制的“现金流量表”中的“经营活动产生的现金流量”“经营性应收项目”“经营性应付项目”的“经营”一词含义不同。前者是指金融活动以外的活动，包括生产性长期资产的投资活动，是广义的经营；后者是指营业活动和流动资产投资活动，不包括生产性长期资产的投资活动。

由于全部资产和负债被划分为经营性和金融性两类，流动资产分为经营性流动资产和金融性流动资产，流动负债分为经营性流动负债和金融性流动负债。与此相联系，经营性流动资产减去经营性流动负债被称为“经营营运资本”，它是利用投资者提供的资本取得的经营性流动资产。经营性长期资产减去经营性长期负债称为净经营性长期资产，它是利用投资者提供的资本取得的经营性长期资产。经营营运资本加上净经营性长期资产称为净经营资产，它等于投资者提供的净投资资本。

综上所述，管理用资产负债表的基本公式如下：

资产＝经营资产＋金融资产

＝(经营性流动资产＋经营性长期资产)＋(短期金融资产＋长期金融资产)

负债＝经营负债＋金融负债

＝(经营性流动负债＋经营性长期负债)＋(短期金融负债＋长期金融负债)

净经营资产＝经营资产－经营负债

＝(经营性流动资产＋经营性长期资产)－(经营性流动负债＋经营性长期负债)

＝(经营性流动资产－经营性流动负债)＋(经营性长期资产－经营性长期负债)

＝经营营运资本＋净经营性长期资产

基本等式：净经营资产＝净金融负债＋股东权益＝净投资资本

其中：净经营资产＝经营资产－经营负债

净金融负债＝金融负债－金融资产

根据以上的会计等式可知，管理用资产负债表要求对资产和负债进行重新分类，分为经营性和金融性两类。经营性资产和负债，是指在销售商品或提供劳务的过程中涉及的资产和负债。金融性资产和负债，是指在筹资过程中或利用经营多余资金进行投资的过程中涉及的资产和负债。

值得注意的是，金融负债减去金融资产，是公司的“净金融负债”，简称“净负债”。这里有一个重要的概念，就是金融资产是“负”的金融负债，它可以立即偿债并使金融负债减少。公司真正背负的偿债压力是借入后已经用掉的钱，即净负债。净负债是债务人实际上已投入生产经营的债务资本。

(二)经营资产和金融资产的区分

经营资产是指用于生产经营活动的资产。与总资产相比，它不包括没有被用于生产经营活动的金融资产。区分经营资产和金融资产的主要标志是有无利息，如果能够取得利息则列为金融资产。具体项目的划分如下。

1. 货币资金。货币资金本身是金融资产，但这不是问题的关键，关键是企业为什么要持有货币资金。有一部分货币资金是经营活动所必需的，如同持有存货一样，持有一定数量的货币资金是生产经营正常流转所必需的。在编制管理用资产负债表时，有三种做法：第一种做法是将全部“货币资金”列为经营性资产，理由是公司应当用多余的货币资金购买有价证券，保留在“货币资金”项目中的数额应当是其生产经营所需要的，即使有超出经营需要的部分也应按实际状况列报(超储的存货在财务报表中仍然列在“存货”项目中报告)。第二种做法是根据行业或公司历史平均的货币资金/销售收入百分比以及本期销售收入，推算经营活动所需要的货币资金数额，多余部分列为金融资产。第三种做法是将“货币资金”全部列为金融资产，理由是货币资金本来就是金融资产，生产经营需要的数额是多少，不但外部人员无法知道，内部人员也不一定能分清楚。在编制管理用资产负债表时，要事先明确采用上述三种方法中的哪一种，以便报表使用人能正确理解报表数据的含义。

2.短期应收票据。短期应收票据有两种：一种是以市场利率计息的投资，属于金融资产；另一种是无息应收票据，应归入经营资产，因为它们只是促销的手段。

3.短期权益性投资。它们不是生产经营活动所必需的资产，而是暂时利用多余现金的一种手段，因此是金融资产。例如，短期的股票投资。

4.债权性投资。对于非金融企业，债券和其他带息的债权性投资都是金融性资产，包括短期和长期的债权性投资。

5.长期权益性投资。长期权益性投资是对其他企业经营活动的投资，因此属于经营性资产。购买长期股权就是间接购买另一个企业的资产。当然，被投资企业的资产也可能包含了部分金融资产，但通常我们很难区分并且比例不大，因此，无论控股比例如何均将其列为经营性资产。

6.应收项目。大部分应收项目是经营活动形成的，属于经营资产。但是应收利息来源于债权性投资(属于金融资产)，它所产生的利息应当属于金融损益。“应收股利”分为两种：一种是经营性权益投资形成的应收股利，属于经营资产，例如长期股权投资的应收股利；另一种是短期权益性投资(属于金融资产)形成的应收股利，属于金融资产。

7.递延所得税资产。递延税项源自应税利润和会计报告利润的差额，该差额几乎都是经营收益在计算时形成的。递延所得税资产的产生是因为应税利润大于会计报告利润，应列入经营资产。

8.其他资产。在通用财务报表中，有时会出现“其他资产”项目，其具体内容需要查阅报表附注或其他披露信息。如果查不到结果，通常将其列为经营资产。

(三)经营负债和金融负债的区分

经营负债是指在生产经营中形成的短期和长期无息负债。这些负债不要求利息回报，是伴随经营活动出现的，而非金融活动的结果。金融负债是公司筹资活动形成的有息负债。划分经营负债与金融负债的一般标准是有无利息要求。项目的具体划分如下。

1.短期应付票据。与短期应收票据的划分一样，它也分为两种：一种是以市场利率计息的融资活动形成的，属于金融负债；另一种是无息应付票据，应归入经营负债，因为它们是经营活动形成的。

2.优先股。从普通股股东角度看，优先股属于金融负债。

3.应付项目。大多数应付项目是经营活动的应计费用，包括应付职工薪酬、应交税费、应付账款等，均属于经营负债。“应计利息”是债务筹资的应计费用，属于金融负债。“应付股利”分为两部分：一部分是优先股的应付股利，由于优先股被列为金融负债，应付优先股股利就是债务筹资的应计费用，因此属于金融负债；另一部分是普通股的应付股利，因为普通股不是负债,应付普通股股利也就不是债务筹资的应计费用,因此属于经营项目。

4.递延所得税负债。递延所得税负债源自应税利润和会计报告利润的差额,该差额几乎都是经营收益在计算时形成的。递延所得税负债的产生是因为应税利润小于会计报告利润,应列为经营负债。

5.长期应付款。融资租赁引起的长期应付款属于金融负债,因为它被视为企业因购买资产而发生的借款。经营活动引起的长期应付款应属于经营负债。

6.其他负债。在通用财务报表中,有时会出现“其他负债”项目,其具体内容需要查阅报表附注或其他披露信息。如果查不到结果,通常将其列为经营负债。

以下我们将以酒店甲和酒店乙为例说明正确区分金融资产和金融负债的方法。

【例 2-1】甲酒店是一家总部位于厦门市的五星级酒店集团。近年来,甲酒店在全国范围内通过托管、合并与自建等方式大力发展经营业务。一家投资公司准备向甲酒店投资入股,现在正对甲酒店的财务状况进行分析。为了进行比较,该投资公司选取了乙酒店作为参照对象。乙酒店是中国酒店业的龙头企业。甲酒店和乙酒店的资产负债表数据与利润表数据如表 2-3 所示。

表 2-3　甲、乙两家酒店的资产负债表

(2012 年 12 月 31 日)　单位:万元

	甲酒店		乙酒店	
	年末余额	年初余额	年末余额	年初余额
货币资金	21376	22659	74173	67775
应收票据	0	900	2	11
应收账款	7985	4924	3271	4092
预付款项	33372	15237	1765	198
应收利息	0	0	1046	169
应收股利	0	0	277	151
其他应收款	9190	10617	2657	3210
存　货	24106	45672	1257	1081
其他流动资产	39	0	0	0
流动资产合计	96068	100009	84448	76687
可供出售金融资产	0	0	90921	395650
长期股权投资	6121	6174	95143	99223
固定资产	164917	93684	25556	27989
在建工程	6148	9337	699	865
工程物资	136	0	0	0
无形资产	15479	8958	21614	22086
商　誉	0	0	1100	1100

续　表

	甲酒店		乙酒店	
	年末余额	年初余额	年末余额	年初余额
长期待摊费用	22389	10475	2678	1667
递延所得税资产	2307	528	37	983
非流动资产合计	217498	129156	237748	549563
资产总计	313565	229165	322196	626250
短期借款	70200	50200	550	1100
应付票据	2000	0	0	0
应付账款	6336	4299	5471	5592
预收款项	8089	5101	2286	2428
应付职工薪酬	1043	1095	7392	7948
应交税费	5028	5442	1847	4033
应付股利	0	69	18	643
其他应付款	31380	15134	3310	4168
一年内到期的非流动负债	6773	6500	0	0
其他流动负债	4	0	0	0
流动负债合计	130853	87840	20874	25912
长期借款	33784	41564	204	204
长期应付款	12713	10288	0	0
专项应付款	0	2635	0	0
预计负债	0	0	221	0
递延所得税负债	1081	1441	18111	95105
其他非流动负债	6477	8368	0	0
非流动负债合计	54055	64296	18536	95309
负债合计	184908	152136	39410	121221
股　本	36868	34568	60324	60324
资本公积	49002	14793	133909	362350
盈余公积	1290	1159	44387	41835
未分配利润	41497	26509	44166	40520
股东权益合计	128657	77029	282786	505029
负债及股东权益总计	313565	229165	322196	626250

假定货币资金均为金融资产，应收票据和应付票据均无利息，应收股利均为经营性权益投资形成的，应付股利均为应付普通股股利，长期应付款是由经营活动引起的。则根据上述

条件,可以将传统的资产负债表报表转化为管理用资产负债表。

表 2-4 两家酒店的管理用资产负债表 2012 年 12 月 31 日 单元:万元

净经营资产	甲酒店		乙酒店	
	年末余额	年初余额	年末余额	年初余额
经营性流动资产:				
应收票据	0	900	2	11
应收账款	7985	4924	3271	4092
预付款项	33372	15237	1765	198
应收股利	0	0	277	151
其他应收款	9190	10617	2657	3210
存　货	24106	45672	1257	1081
其他流动资产	39	0	0	0
经营性流动资产合计	74692	77350	9229	8743
经营性流动负债:				
应付票据	2000	0	0	0
应付账款	6336	4299	5471	5592
预收款项	8089	5101	2286	2428
应付职工薪酬	1043	1095	7392	7948
应交税费	5028	5442	1847	4033
应付股利	0	69	18	643
其他应付款	31380	15134	3310	4168
其他流动负债	4	0	0	0
经营性流动负债合计	53880	31140	20324	24812
经营营运资本	20812	46210	−11095	−16069
经营性长期资产:				
长期股权投资	6121	6174	95143	99223
固定资产	164917	93684	25556	27989
在建工程	6148	9337	699	865
工程物资	136	0	0	0
无形资产	15479	8958	21614	22086
商　誉	0	0	1100	1100

续 表

净经营资产	甲酒店		乙酒店	
	年末余额	年初余额	年末余额	年初余额
长期待摊费用	22389	10475	2678	1667
递延所得税资产	2307	528	37	983
经营性长期资产合计	217497	129156	146827	153913
经营性长期负债：				
长期应付款	12713	10288	0	0
专项应付款	0	2635	0	0
预计负债	0	0	221	0
递延所得税负债	1081	1441	18111	95105
其他非流动负债	6477	8368	0	0
经营性长期负债合计	20271	22732	18332	95105
净经营性长期资产	197226	106424	128495	58808
净经营资产合计	218038	152634	117400	42739
净负债及股东权益				
金融负债：				
短期借款	70200	50200	550	1100
一年内到期的非流动负债	6773	6500	0	0
长期借款	33784	41564	204	204
金融负债合计	110757	98264	754	1304
金融资产：				
货币资金	21376	22659	74173	67775
应收利息	0	0	1046	169
可供出售金融资产	0	0	90921	395650
金融资产合计	21376	22659	166140	463594
净负债	89381	75605	－165386	－462290
股东权益：				
股　本	36868	34568	60324	60324
资本公积	49002	14793	133909	362350
盈余公积	1290	1159	44387	41835
未分配利润	41497	26509	44166	40520
股东权益合计	128657	77029	282786	505029
净负债及股东权益合计	218038	152634	117400	42739

二、管理用利润表

(一)管理用利润表的有关会计等式

区分经营活动和金融活动，不仅涉及资产负债表，还涉及利润表。经营活动的利润反映管理者的经营业绩。通过经营活动取得盈利是企业的目的，也是增加股东财富的基本途径。金融活动的主要目的是筹集资金，筹集资金的目的是投资生产经营，而不是投资金融市场获利。投资金融产品获利是高盛、摩根等投资银行去做的业务，一般的企业虽然偶尔能在投资业务上获利，但是只要有一次失利，企业就可能会面临灭顶之灾。因此，利用投资的剩余部分返回到资本市场上取得金融收益，不应是企业的经营目标，而只应当作为剩余资金的存放方式。因此，要区分经营损益和金融损益。有关管理用利润表的会计等式为：

净利润＝经营损益＋金融损益

其中：经营损益＝税后经营净利润＝税前经营利润×(1－所得税税率)

金融损益＝税后利息费用＝利息费用×(1－所得税税率)

经营损益和金融损益的划分，应与资产负债表上经营资产和金融资产的划分相对应。金融损益是指金融负债利息与金融资产收益的差额，即扣除利息收入、金融资产公允价值变动收益等以后的利息费用。由于存在所得税，应计算利息费用的税后结果(即税后利息费用)，也成为净金融损益。经营损益是指除金融损益以外的当期损益。金融活动损益以外的损益，全部视为经营活动损益。

(二)金融活动损益和经营活动损益的具体调整项目

金融损益涉及以下项目的调整。

1.财务费用。包括利息支出(减利息收入)、汇兑损益以及相关的手续费、企业发生的现金折扣或收到的现金折扣等。从管理角度分析，现金折扣属于经营损益，但实际被计入财务费用的数额很少，所以可以把“财务费用”全部作为金融损益处理。①

2.公允价值变动损益。公允价值变动损益包括交易性金融资产、交易性金融负债和指定为以公允价值计量且其变动计入当期损益的金融资产和金融负债，以及采用公允价值计量的投资性房地产等公允价值变动形成的应计入当期损益的利得或损失。② 该项目属于金融资产价值变动形成的损益，应计入金融损益。这些数据均来自报表附注。

3.投资收益。投资收益中既有可能是来源于经营资产所形成的，也有可能是金融资产所形成的投资收益，只有后者属于金融损益。企业长期股权投资形成的投资收益属于经营收益，而企业购买债券形成的投资收益(利息收益)就属于金融损益。其数据可从报表附注“产生投资收益的来源”中获得。

4.资产减值损失。资产减值损失中既有经营资产的减值损失，也有金融资产的减值损失，只有后者属于金融损益。比如应收账款、存货和固定资产等的减值损失属于经营损益，

---

① 从理论上说，利息支出应包括会计上已经资本化的利息，但是实务上很难这样去处理，因为分析时找不到有关的数据。资本化利息不但计入了资产成本，而且通过折旧的形式列入费用，进行调整极其困难，通常忽略不计。

② 除以上所列之外，实践中还包括衍生金融工具、套期保值业务等公允价值变动形成的应计入当期损益的利得或损失。

而可供出售金融资产等的减值损失就属于金融损益。其数据可从报表附注“资产减值损失”中获得。

此外，经营活动损益内部，可以进一步区分主要经营利润、其他营业利润和营业外收支。主要经营利润是指企业日常活动产生的利润，它等于销售收入减去销售成本及有关的期间费用，是最具持续性和预测性的收益；其他营业利润，包括资产减值、公允价值变动和投资收益，它们的持续性不易判定，但肯定低于主要经营利润；营业外收支不具持续性，没有预测价值。这样的区分，有利于评价企业的盈利能力。

(三)所得税的分摊方法

法定利润表的所得税是统一扣除的，为了便于分析，需要将其分摊给经营利润和利息费用。分摊的简便方法是根据实际的所得税税率比例分摊。严格的办法是分别根据适用的税率计算应负担的所得税。后面的举例采用简单办法处理。

【例 2-2】在【例 2-1】中，假定甲酒店和乙酒店的传统利润表如下所示，利息费用等于财务费用，根据所给条件，可以将其转换成管理用的利润表。

表 2-5 2012 年度两家酒店的利润表对比 单位:万元

	甲酒店		乙酒店	
	年末余额	年初余额	年末余额	年初余额
营业收入	90137	61182	79363	83476
营业成本	42406	23385	24855	25441
营业税金及附加	4938	3056	3266	3419
销售费用	1736	1097	23056	23154
管理费用	27586	21355	17504	18648
财务费用	6638	3736	−1745	−742
资产减值损失	904	172	32	−28
投资收益(股权)	−53	55	17909	18565
营业利润	5876	8436	30304	32149
营业外收入	8957	11236	1901	341
营业外支出	134	167	82	35
利润总额	14699	19505	32123	32455
所得税费用	1436	2342	3269	4495
净利润	13263	17163	28854	27960

表 2-6 2012 年度两家酒店的管理用利润表对比 单位:万元

	甲酒店		乙酒店	
	年末余额	年初余额	年末余额	年初余额
经营损益				
一、营业收入	90137.00	61182.00	79363.00	83476.00
减:营业成本	42406.00	23385.00	24855.00	25441.00
二、毛利	47731.00	37797.00	54508.00	58035.00
减:营业税金及附加	4938.00	3056.00	3266.00	3419.00
销售费用	1736.00	1097.00	23056.00	23154.00
管理费用	27586.00	21355.00	17504.00	18648.00
资产减值损失	904.00	172.00	32.00	−28.00
加:投资收益	−53.00	55.00	17909.00	18565.00
三、税前营业利润	12514.00	12172.00	28559.00	31407.00
加:营业外收入	8957.00	11236.00	1901.00	341.00
减:营业外支出	134.00	167.00	82.00	35.00
五、税前经营利润	21337.00	23241.00	30378.00	31713.00
减:经营利润所得税	2084.49	2790.59	3091.42	4392.23
六、税后经营净利润	19252.51	20450.41	27286.58	27320.77
金融损益:				
减:利息费用	6638	3736	−1745	−742
加:利息费用抵税	648.49	448.59	−177.58	−102.77
税后利息净额	5989.51	3287.41	−1567.42	−639.23
七、净利润合计	13263.00	17163.00	28854.00	27960.00
备注:平均所得税税率	9.77%	12.01%	10.18%	13.85%

第三节 管理用财务报表分析体系

鉴于传统杜邦分析体系存在“总资产”与“净利润”不匹配、未区分经营损益和金融损益、未区分有息负债和无息负债等诸多局限,故应基于改进的管理用财务报表重新设计财务分析体系。

一、改进的财务分析体系的核心公式

该体系的核心公式推导如下。

根据该公式,权益净利率的高低取决于三个驱动因素:净经营资产净利率(可进一步分解为税后经营净利率和净经营资产周转次数)、税后利息率和净财务杠杆。根据管理用财务报表,可以计算出甲乙酒店有关的财务比率如表2-7所示。

$$\text{权益净利率}=\frac{\text{净利润}}{\text{股东权益}}=\frac{\text{经营损益}+\text{金融损益}}{\text{股东权益}}$$

$$=\frac{\text{税后经营净利润}-\text{税后利息费用}}{\text{股东权益}}$$

$$=\frac{\text{税后经营净利润}}{\text{股东权益}}-\frac{\text{税后利息费用}}{\text{股东权益}}$$

$$=\frac{\text{税后经营净利润}}{\text{净经营资产}}\times\frac{\text{净经营资产}}{\text{股东权益}}-\frac{\text{税后利息费用}}{\text{净负债}}\times\frac{\text{净负债}}{\text{股东权益}}$$

$$=\frac{\text{税后经营净利润}}{\text{净经营资产}}\times\left(1+\frac{\text{净负债}}{\text{股东权益}}\right)-\frac{\text{税后利息费用}}{\text{净负债}}\times\frac{\text{净负债}}{\text{股东权益}}$$

$$=\text{净经营资产净利率}+(\text{净经营资产净利率}-\text{税后利息率})\times\text{净财务杠杆}$$

表 2-7　甲酒店和乙酒店的主要财务比率及其变动

	甲酒店	乙酒店	指标差异＝甲酒店－乙酒店
税后经营净利率(%)	21.36	34.38	－13.02
净经营资产周转次数(%)	48.63	99.12	－50.49
净经营资产净利率(%)	10.39	34.08	－23.69
税后利息率(%)	7.26	0.50	6.76
经营差异率(%)	3.13	33.58	－30.45
净财务杠杆	80.21	－79.67	1.5989
杠杆贡献率(%)	2.51	－26.75	29.26
权益净利率(%)	12.90	7.33	5.57

二、权益净利率的驱动因素分解

各影响因素对权益净利率变动的影响程度,可使用连环代替法测定,以乙酒店为例,使用连环替代法的结果如表2-8所示。

表 2-8　连环替代法

	乙酒店	替换净经营资产净利率	替换税后利息率	替换净财务杠杆
净经营资产净利率(%)	36.04	10.39	10.39	10.39
税后利息率(%)	0.50	0.50	7.26	7.26
经营差异率(%)	33.58	9.89	3.13	3.13
净财务杠杆	－79.67	－79.67	－79.67	80.21
杠杆贡献率(%)	－26.75	－7.88	－2.49	2.51
权益净利率(%)	7.33	2.51	7.90	12.90
差异影响(%)		－4.82	5.39	5.00

如果使用传统杜邦分析体系：

甲酒店的平均总资产＝(313565＋229165)/2＝271365(万元)

总资产周转率＝90137/271365＝0.33(次)

乙酒店的平均总资产＝(322196＋626250)/2＝474223(万元)

总资产周转率＝79363/474223＝0.17(次)

按照传统杜邦分析体系分析，甲酒店的总资产周转率高于乙酒店，说明甲酒店的资产营运能力高于乙酒店。根据计算结果可以看出，按照改进杜邦分析体系分析，甲酒店的净经营资产周转次数低于乙酒店，说明甲酒店的净经营资产营运能力低于乙酒店。结果出现差异的原因在于：传统的资产负债表中没有区分经营资产和金融资产，没有区分经营负债和金融负债，而管理用的资产负债表中进行了区分。

三、改进的财务分析体系的基本框架

根据管理用财务报表，以甲酒店为例改进的财务分析体系的基本框架如图 2-2 所示。

四、杠杆贡献率的分析

权益净利率被分解为净经营资产利润率和杠杆贡献率两部分，为分析财务杠杆提供了方便。影响杠杆贡献率的因素是净债务的利息率、净经营资产利润率和净财务杠杆。

杠杆贡献率＝(净经营资产利润率－净利息率)×净财务杠杆

(一)净利息率的分析

净利息率的分析，需要使用报表附注的明细资料。从甲酒店的净利息率 7.26%，乙酒店的为 0.50%，具体的原因还应从各自的报表附注中查找。比如，从乙企业的报表附注中可以看到，其原因是市场贷款利率普遍降低了。企业利用这个机会，提前归还了一些过去取得的利息较高的借款，使平均利息率较低。

(二)经营差异率的分析

经营差异率是净经营资产利润率和净利息率的差额，他表示每借入 1 元债务资本投资与经营资产产生的收益，偿还利息后剩余的部分。该剩余归股东享有。利息越低，经营利润越高，剩余的部分越多。

经营差异率是衡量借款是否合理的重要依据之一。如果经营差异率为正值，借款可以增加股东收益；如果它为负值，借款会减少股东收益。从增加股东收益来看，净经营资产利润率是企业可以承担的借款利息率上限。

甲酒店本年的经营差异率是 3.13%，乙酒店为 33.58%。原因是乙酒店净经营资产利润率较高(34.08%)，净利息率较低(0.50%)；而甲酒店的净经营资产利润率较低(10.39%)，而净利息率较高(7.26%)。由于净利息率高低主要由资本市场决定，提高经营差异率的根本途径是提高净经营资产利润率。

(三)杠杆贡献率的分析

杠杆贡献率是经营差异率和净财务杠杆的乘积。如果经营差异率不能提高，是否可以进一步提高财务杠杆呢？

以“净负债/股东权益”衡量的财务杠杆，表示每 1 元权益资本配置的净债务。甲酒店本年的净财务杠杆为 80.21%，说明每 1 元权益资本配置 0.8021 元的债务，而乙酒店的财务

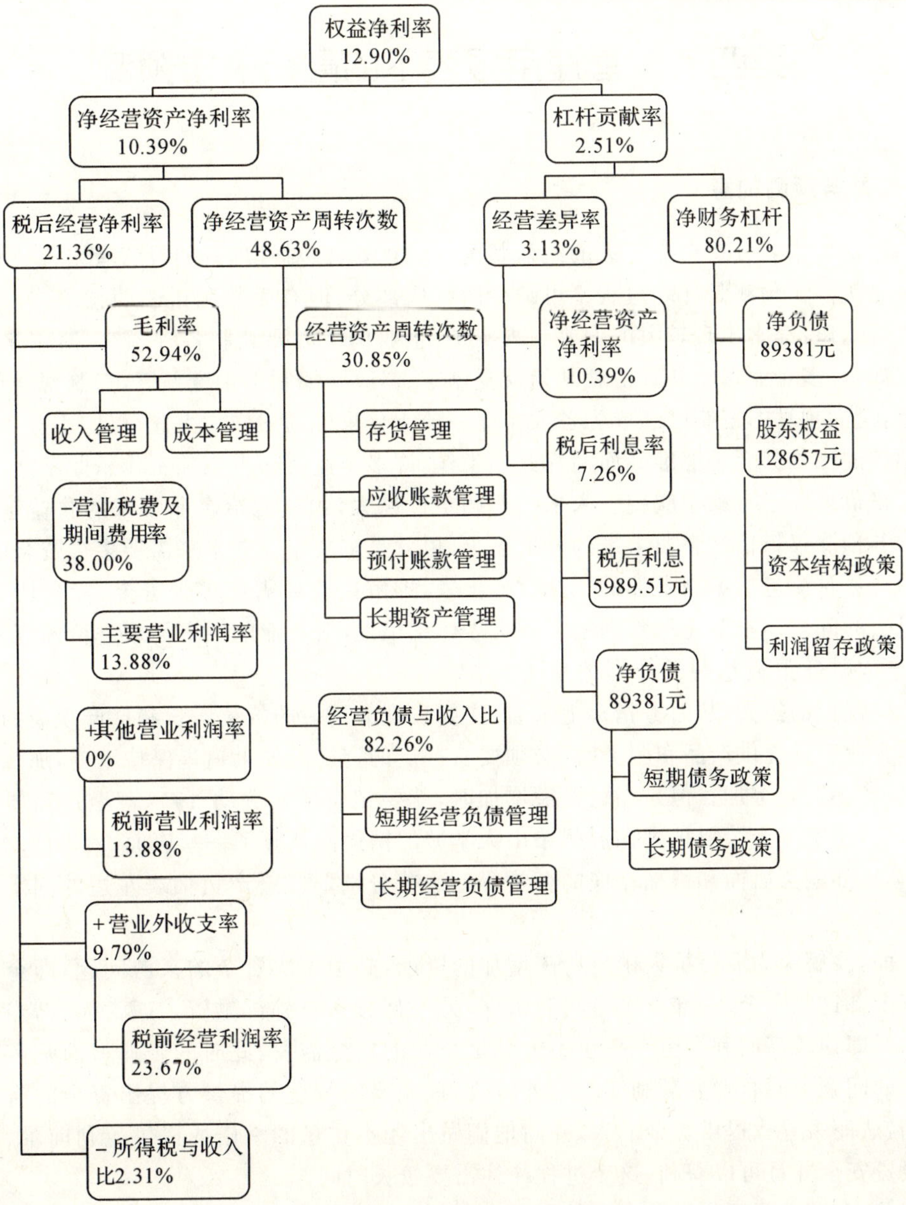

图 2-2　改进的财务分析体系的基本框架

杠杆为－79.67%，说明每 1 元权益资本配置－0.7967 元的债务，说明乙酒店使用权益资金购买了金融工具，从资本市场的净债务融资为负数。与行业平均水平相比，甲显然已经是比较高的负债比率。如果公司进一步增加借款，会增加财务风险，推动利息率上升，使经营差异率进一步缩小。因此，进一步加大财务杠杆可能不是明智之举。依靠财务杠杆提高杠杆贡献率是有限度的。

第四节 管理用报表下的融资需求预测

一、财务预测的意义

通过财务报表分析企业过去的经营状况非常重要，但对管理者和投资者来说，预测企业的未来更重要。预测是计划过程不可缺少的组成部分，但有无数例子表明预测未来不仅难度很大，而且也经常出现较大的偏差。现实中，企业仍然需要编制各种预算，对未来进行预测。比如，许多企业每年9月份就开始反复制定、修改并编制下年度预算，编制现金预算等。事实上，全面预算的编制已经成为各大企业一项十分重要的工作。由此可见，实务界并没有因为预测的困难甚至不够准确而抛弃此项工作，许多企业反而对该项工作乐此不疲，因为预测的真正价值在于有助于应变。未来的不确定性越大，预测能给企业带来的收益越大。狭义的财务预测仅指估计企业未来的融资需求，也就是解决企业在未来需要多少资金的问题；广义的财务预测包括编制全部的预计财务报表，即解决企业需要多少资金、资金从哪里来、到哪里去的问题。本节先从管理用财务报表体系出发，对企业的融资需求进行预测。

(一) 财务预测是融资计划的前提

企业规模的扩大，从财务指标上来看，主要表现为销售的持续增长和资产规模的不断扩大。当企业对外提供产品和服务时，必须要有一定的资产。如果销售保持不变，那么理论上来看，资产不需要增加。但是当销售额增加时，就要相应增加流动资产，甚至还需要增加固定资产。比如，麦当劳要扩大在温州茶山大学城的销售而新开了一家店面，就需要增加相应的资产，比如购买店面和增加相应的存货等。这些分别形成资产负债表左边的固定资产和流动资产。

然而，要解决为取得扩大销售所需增加的资产，必须解决资金的来源问题，即企业需要筹措资金。这些资金，一部分来自利润留存，另一部分来自外部融资。通常而言，当企业发展较快时即使较高的利润留存率也不能满足企业的资金需要，此时的企业就面临需要向外部融资的问题。而企业要顺利实现对外融资，首先要给资金的提供方提出资金的需求和使用计划，从而去寻找提供资金的人，并向他们做出还本付息的承诺或提供盈利前景，使之相信其投资安全并且可以获利，这个过程往往需要较长时间。

因此，企业需要预先知道自己的资金需求，提前安排融资计划，从而使得企业的增长建立在有资金作为支撑的前提下，否则企业在高速增长过程中如果突然遇到资金不足的问题，就有可能发生资金周转问题，严重时甚至出现资金链断裂而危及企业的生存。

(二) 财务预测有助于改善投资决策

财务预测有助于改善投资决策。根据销售前景预计出的融资需要不一定总能满足，即企业不一定能够筹集到增长计划所需要的资金。此时，企业就必须“量入为出”，根据可能筹措到的资金来安排销售的增长速度，以及有关的投资项目，使投资决策建立在可行的基础上。如果企业没有这种根据资金量的多少合理安排销售增长的意识，而是一味盲目地追求高增长，就很可能在中途出现因为资金链断裂而导致的财务危机问题。

(三)财务预测有助于应变

凡事预则立，不预则废。预测的真正目的是有助于应变。财务预测与其他预测一样都不可能很准确。从表面上看，不准确的预测只能导致不准确的计划，从而使预测和计划失去意义。事实并非如此，预测给人们展现了未来各种可能的前景，促使人们制定出相应的应急计划。预测和计划是超前思考的过程，其结果并非仅仅是一个资金需要量数字，还包括对未来各种可能前景的认识和思考。预测可以提高企业对不确定事件的反应能力，从而减少不利事件带来的损失，增加利用有利机会带来的收益。

二、财务预测的步骤

财务预测的基本步骤如下。

(一) 财务预测的起点是销售预测

一般情况下，财务预测把销售数据视为已知数，作为财务预测的起点。销售预测本身不是财务管理的职能，但它是财务预测的基础，销售预测完成后才能开始财务预测。销售预测对财务预测的质量有重大影响。如果销售的实际状况超出预测很多，企业没有准备足够的资金添置设备或储备存货，则无法满足顾客需要，不仅会失去盈利机会，还会丧失原有的市场份额。相反，销售预测过高，筹集大量资金设备购买并储备存货，则会造成设备闲置和存货积压，使资产周转率下降，导致权益净利率降低，股价下跌。

(三) 估计经营资产和经营负债

通常，经营资产是销售收入的函数，根据历史数据可以分析出该函数关系。根据预计销售收入以及经营资产与销售收入的函数，可以预测所需经营资产的数额。大部分经营负债也是销售收入的函数，亦应预测经营负债的自发增长，这种增长可以减少企业外部融资的数额。

(四) 估计各项费用和保留盈余

假设各项费用也是销售收入的函数，可以根据销售收入估计费用和损失；并在此基础上确定净利润。净利润和股利支付率共同决定所能提供的资金数额。

(五) 估计所需融资

根据预计经营资产总量，减去已有的经营资产、自发增长的经营负债和内部提供的利润留存便可以得出外部融资需求。

三、管理财务报表下销售百分比法的应用

销售百分比法，是假设资产、负债和费用与销售收入存在稳定的百分比关系，根据预计销售收入和相应的百分比预计资产、负债，然后确定融资需求的一种财务预测方法。和利用传统的财务会计报表使用销售百分比法类似，其应用的基本步骤如下。

(一)确定预计净经营资产

根据管理用资产负债表(见图 2-3)，预计净经营资产＝预计经营资产—预计经营负债。

1. 预计经营资产的确定。假设经营资产项目中应收账款基期(2010 年)的数据为 10 万元，基期的销售收入为 100 万元，则应收账款的销售百分比为 10％(10/100)。由于假定该比率不变，因此，如果下期(2011 年)销售收入为 200 万元，则下期预计的应收账款项目金额为 200×10％＝20(万元)。

每一项经营资产项目均采用这种方法确定,合计数即为预计经营资产。

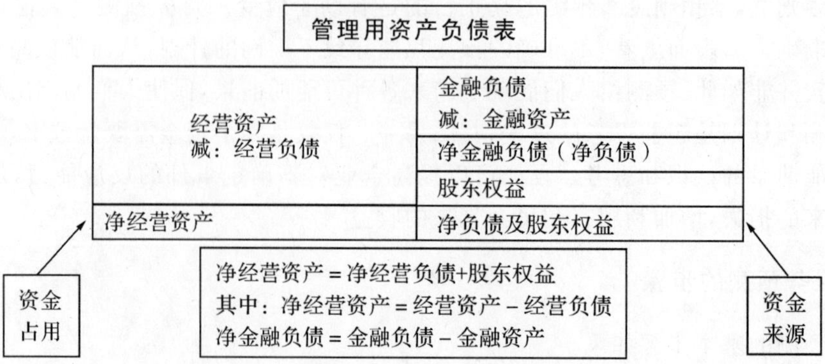

图 2-3 管理用资产负债表的结构和等式

2. 预计经营负债的确定。具体步骤同上。预计净经营资产=预计经营资产-预计经营负债。

(二)资金总需求的确定

根据管理用资产负债表,资金总需求=预计净经营资产-基期净经营资产。

(三)预计可以动用的金融资产的确定

一般情况下,会直接给出。

(四)留存收益增加的确定

留存收益增加=预计销售收入×计划销售净利率×(1-股利支付率)。

(五)外部融资额的确定

外部融资额=(预计净经营资产-基期净经营资产)-可以动用的金融资产-留存收益增加。

外部融资按照优先顺序,先债务融资,后股权融资。利用管理用报表计算确定融资需求的基本思路如图 2-4 所示。

【例 2-4】假设 XYZ 公司 2010 年的收入为 6000 万元,预计 2011 年收入为 8000 万元,管理用资产负债表和利润表的有关数据如表 2-9 所示。以 2010 年为基期,采用销售百分比法,预计 2011 年该公司的外部融资需求。

1. 预计资金总需求。首先,根据报表计算各项目销售百分比。

各经营项目销售百分比=基期经营资产(负债)/基期销售收入,计算结果如表 2-10 所示。

资金总需求=预计净经营资产合计-基期净经营资产合计=4650-3488=1162(万元)

2. 预计可动用的金融资产。该公司 2010 年底的金融资产为 12 万元,为可动用的金融资产。尚需筹集资金=1162-12=1150(万元)。

3. 预计增加的留存收益。留存收益增加=预计销售收入×计划销售净利率×(1-股利支付率)。

假设 XYZ 公司 2011 年计划销售净利率为 4.5%。由于需要的筹资额较大,2010 年 XYZ 公司不支付股利。

留存收益增加=8 000×4.5%=360(万元)

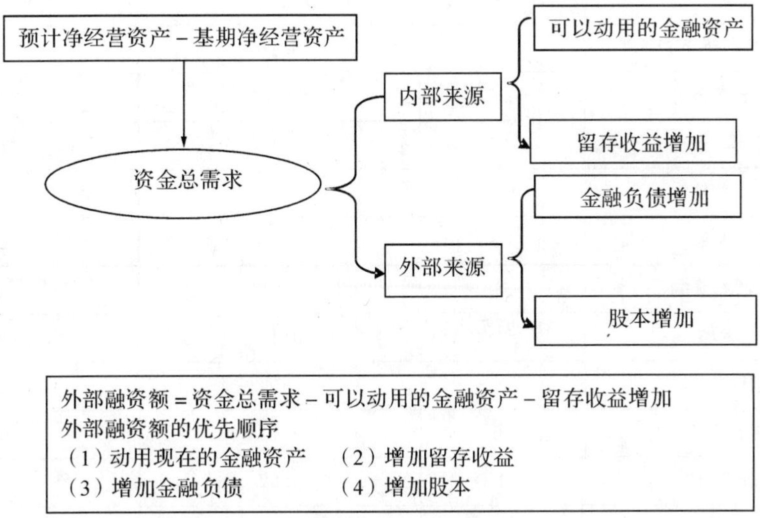

图 2-4　销售百分比法的基本思路

需要的外部筹资额＝1150－360＝790（万元）

4. 预计增加的借款。需要的外部筹资额，可以通过增加借款或增发股本筹集，涉及资本结构管理问题。通常，在目标资本结构允许时企业会优先使用借款筹资。如果已经不宜再增加借款，则需要增发股本。

表 2-9　资金总需求的预计　　单位：万元

项目	2010 年实际	销售百分比（%）	2011 年预测
销售收入	6000		8000
货币资金（经营）	100	1.67	134
应收票据（经营）	16	0.27	22
应收账款	796	13.27（796/6000）	1062（8000×13.27%）
预付账款	44	0.73	58
其他应收款	24	0.40	32
存货	238	3.97	159
一年内到期的非流动资产	154	2.57	206
其他流动资产	16	0.27	22
长期股权投资	60	1.00	80
固定资产	2476	41.27	3302
在建工程	36	0.60	48
无形资产	12	0.20	16
长期待摊费用	10	0.17	14

续 表

项目	2010 年实际	销售百分比(%)	2011 年预测
其他非流动资产	6	0.10	8
经营资产合计	3988	66.47	2659
应付票据(经营)	10	0.17	14
应付账款	100	3.33	133
预收账款	20	0.33	26
应付职工薪酬	4	0.07	6
应交税费	10	0.17	6
应付股利	0	0	0
其他应付款	46	0.77	62
预计负债	4	0.07	6
其他流动负债	106	1.77	142
长期应付款(经营)	100	1.67	134
经营负债合计	500	8.33	666
净经营资产总计	3488	58.13	4650

假设 XYZ 公司可以通过借款筹集资金 790 万元，则：

筹资总需求＝动用金额资产＋增加留存收益＋增加借款＝12＋360＋790＝1162(万元)。

以管理用报表为基础，利用销售百分比法计算融资需求的总结如图 2-5 所示。

四、销售百分比法的另一种形式(增量法)

假设可动用金融资产为 0

外部融资额＝预计净经营资产－基期净经营资产－留存收益增加

＝预计经营资产增加－预计经营负债增加－留存收益增加

＝销售额增加×经营资产销售百分比－销售额，即：

＝销售额增加×经营负债销售百分比－预计销售收入×预计销售净利率×(1－预计股利支付率)

$$\text{外部融资额}=\left[\text{经营资产销售百分比}-\text{经营负债销售百分比}\right]\times\text{销售收入增加}-\text{预计销售收入}\times\text{预计销售净利率}\times\text{留存收益率}$$

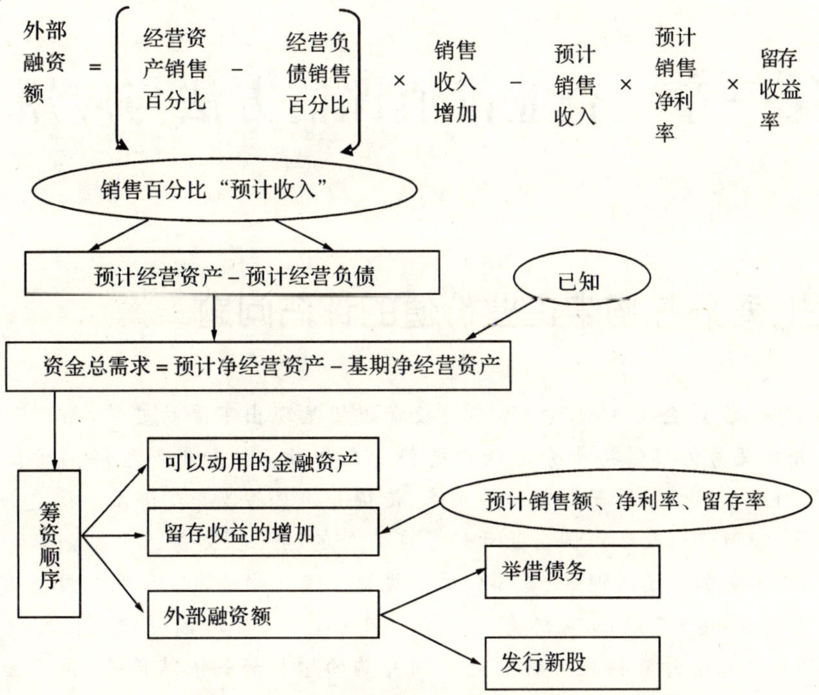

图 2-5 销售百分比法的总结(以管理用报表为基础)

第三章　企业价值评估方法与应用

案例导引:海外并购中企业价值的评估问题

2008 年以来,全球企业并购及国际直接投资规模呈现出下降的趋势,而与之相反的则是中国企业并购交易仍旧保持十分活跃的态势。在金融危机和世界经济陷于低迷的背景下,大量企业因陷于经营困境而希望出售资产,使得并购交易谈判变得比以往更加容易。在这种国际投资大环境下,众多中国企业开始了在海外的“抄底”交易。中国企业加大了海外投资的步伐,尤其是加大了对能源、资源领域的投资。受此影响,2008 年中国企业海外并购金额出现巨大飞跃,达到了 379.4 亿美元。2009 年后,与全球跨国并购规模增速骤减的大环境相反,中国企业海外直接投资特别是跨国并购的增长势头依然持续,并购金额达到了 214.9 亿美元。表 3-1 给出了 1991—2009 年中国企业海外并购的数量和规模的变化。

表 3-1　1991—2009 年中国企业海外并购价值、数量与平均规模

年份	并购价值(百万美元)	并购数量	平均规模(亿美元/笔)
1991	185	6	0.3
1992	1052	10	1.1
1993	860	22	0.4
1994	731	19	0.4
1995	−25	7	—
1996	9	9	0
1997	3260	30	1.1
1998	319	24	0.1
1999	−398	10	—
2000	−307	12	—
2001	73	19	0
2002	1194	34	0.4
2003	1590	31	0.5
2004	917	44	0.2
2005	3653	45	0.8

续　表

年份	并购价值(百万美元)	并购数量	平均规模(亿美元/笔)
2006	12090	38	3.2
2007	－2282	61	—
2008	37941	69	5.5
2009	21490	97	2.2

(数据来源:联合国贸发会(下称 UNCTAD),WIR 数据库。)

目前,尽管中国企业海外并购增长迅速,规模也在不断扩大,但中国企业在海外并购中还存在一系列的问题,除了一些非财务的因素,比如被并购国因为出于保护本国产业而实施的对并购不予审批、并购后企业文化的整合等问题外,并购中关键的一个财务问题是被并购企业的估值问题。对于企业价值评估这一内容,由于中国企业并购发展较西方各国晚,存在一定的缺陷,往往会出现高估并购企业的价值,导致并购成功,但是一段时间后出现经营亏损较为严重。而如何选择一个适合的估价方法会对企业并购产生重大的影响。

因此,并购能否成功的关键首要问题还是目标企业的价值评估问题。在竞购中,对目标公司价值估计与出价是否合理,竞购成功后的盈利状况如何在很大程度上由并购后的经营和整合情况来决定。

比如,中石油和中海油在 2009 年 7 月 2 日联手,向西班牙石油巨头雷普索尔－YPF 公司提出了收购提议——收购其在阿根廷的子公司 YPF。根据媒体报道,中国石油天然气集团公司(CNPC,以下简称中石油)与中国海洋石油总公司(CNOOC,以下简称中海油)联手,向西班牙石油巨头雷普索尔－YPF 公司提出了收购提议,收购金额可能达到 1500 亿元人民币,折合美元约 226 亿。其中,中石油欲收购阿根廷 YPF 将近 3/4 的资产,中海油则有意收购 YPF 约 1/4 的股权。这一收购价格是如何确定的?收购价格合理吗?这些问题都属于企业价值评估的范畴,是本章着力解决的问题。[①]

第一节　企业价值评估概述

企业价值是一个很微妙的话题。企业的价值是干出来的,但企业家需要财务专业人士才能作出合理的估算。将企业作为一个有机整体,依据其拥有或占有的全部资产状况(包括有形资产和无形资产)及其整体获利能力,并充分考虑影响企业未来现金流量的各种因素,对企业整体公允市场价值进行的综合性评估。本章旨在对企业价值评估概念和评估基本方法进行比较研究的基础上,重点探讨经济利润法和相对价值法在企业价值评估中的应用。

① 由于种种原因,这一收购最后并未实施。2012 年 4 月,阿根廷政府在总统选举、经济不景气、通货膨胀率高涨等环境下,以保护能源为由,强行实施了从西班牙手中收购 YPF 的计划。这一政府强行收购行为显示,海外并购中的政策风险相当大。

一、财务估价的概念和对象

企业价值的评估必须从财务估价出发。财务管理以企业价值最大化为目标，就需要使每一项决策都有助于增加企业价值。为了判断每项决策对企业价值的影响，必须计量价值。因此，财务估价是财务管理的核心问题，几乎涉及每一项财务决策。

财务估价是指对一项资产价值的估计。这里的“资产”可能是股票、债券等金融资产，也可能是一条生产线等实物资产，也有可能是一个企业。这里的“价值”是指资产的内在价值，或者称为经济价值，是指用适当的折现率计算的资产预期未来现金流量的现值。它与资产的账面价值、清算价值和市场价值既有联系，也有区别。

账面价值是指资产负债表上列示的资产价值。它以交易为基础，主要使用历史成本计量。财务报表上列示的资产，既不包括没有交易基础的资产价值，例如自创商誉、良好的管理等，也不包括资产的预期未来收益，如未实现的收益等。因此，资产的账面价值经常与其市场价值相去甚远，决策的相关性不好。不过，账面价值具有良好的客观性，可以重复验证。虽然会计界近年来引入了现行价值计量，以求改善会计信息的相关性，但是仅限于在市场上交易活跃的资产。这种渐进的、有争议的变化并没有改变历史成本计量的主导地位。如果会计不断扩大现行价值计量的范围，并把表外资产和负债纳入报表，则账面价值将会接近内在价值。不过，目前还未看出这种前景。因此，财务估价和企业价值评估中，通常不以账面价值作为基础。

市场价值是指一项资产在交易市场上的价格，它是买卖双方竞价后产生的双方都能接受的价格。内在价值与市场价值有密切关系。如果资本市场是有效的，即所有资产在任何时候的价格都反映了公开可得的信息，则内在价值与市场价值应当相等。如果资本市场不是完全有效的，一项资产的内在价值与市场价值会在一段时间里不相等。投资者估计了一种资产的内在价值并与其市场价值进行比较，如果内在价值高于市场价值则认为资产被市场低估了，他会决定买进。投资者购进被低估的资产，会使资产价格上升，回归到资产的内在价值。市场越有效，市场价值向内在价值的回归越迅速。

清算价值是指企业清算时一项资产单独拍卖产生的价格。清算价值以将进行清算为假设情景，而内在价值以继续经营为假设情景，这是两者的主要区别。清算价值是在“迫售”状态下预计的现金流入，由于不一定会找到最需要它的买主，它通常会低于正常交易的价格；而内在价值是在正常交易的状态下预计的现金流入。清算价值的估计，总是针对每一项资产单独进行的，即使涉及多项资产也要分别进行估价；而内在价值的估计，在涉及相互关联的多项资产时，需要从整体上估计其现金流量并进行估价。两者的类似性，在于它们都以未来现金流入为基础。

因此，财务估价的基本方法是折现现金流量法，现金流量折现法也是应用最广泛的方法。企业价值评估是财务管理的重要工具之一，而企业价值评估是财务估价的一种特殊形式。

二、企业价值评估的概念和对象

企业价值评估的首要问题是明确“要评估的是什么”，也就是价值评估的对象是什么。

价值评估的一般对象是企业整体的经济价值。企业整体的经济价值是指企业作为一个整体的公平市场价值。经济价值是经济学家所持的价值观念。它是指一项资产的公平市场价值，通常用该资产所产生的未来现金流量的现值来计量。

对于习惯于使用会计价值和历史成交价格的会计师，特别要注意区分会计价值与经济价值、现时市场价值与公平市场价值的区别，在财务估价概念的介绍中我们已经指出，企业价值评估既不是会计价值，也不是现时市场价值，而是要计算企业的公平市场价值。

企业整体价值可以分为实体价值和股权价值、持续经营价值和清算价值、少数股权价值和控股权价值等类别。在此，由于在并购中我们常常假设目标企业是持续经营的，所以在此对清算价值不作介绍。

我们已经明确了价值评估的对象是企业整体的公平市场价值，但这还不够，还需要进一步明确是"哪一种"整体价值。

(一)实体价值与股权价值

当一家企业收购另一家企业的时候，可以收购卖方的资产，而不承担其债务；或者购买它的股份，同时承担其债务。例如，A企业以100亿元的价格买下了B企业的全部股份，并承担了B企业原有的50亿元的债务，收购的经济成本是150亿元。通常，人们说A企业以100亿元收购了B企业，其实并不准确。对于A企业的股东来说，他们不仅需要支付100亿元现金(或者印制价值100亿元的股票换取B企业的股票)，而且要以书面契约形式承担50亿元债务。实际上他们需要支付150亿元，100亿元现在支付，另外50亿元将来支付，因此他们用150亿元购买了B企业的全部资产。因此，企业的资产价值与股权价值是不同的。

企业全部资产的总体价值，称为"企业实体价值"。企业实体价值是股权价值与债务价值之和。用公式表示:企业实体价值＝股权价值＋债务价值。股权价值在这里不是所有者权益的会计价值(账面价值)，而是股权的公平市场价值。债务价值也不是它们的会计价值(账面价值)，而是债务的公平市场价值。

大多数企业购并是以购买股份的形式进行的，因此评估的最终目标和双方谈判的焦点是卖方的股权价值。但是，买方的实际收购成本等于股权成本加上所承接的债务。

(二)少数股权价值与控股权价值

企业的所有权和控制权是两个极为不同的概念。首先，少数股权对于企业事务发表的意见无足轻重，只有获取控制权的人才能决定企业的重大事务。我国的多数上市企业"一股独大"，大股东决定了企业的生产经营，少数股权基本上没有决策权。其次，从世界范围看，多数上市企业的股权高度分散化，没有哪一个股东可以控制企业，此时有效控制权被授予董事会和高层管理人员，所有股东只是"搭车的乘客"，不满意的乘客可以"下车"，但是无法控制"方向盘"。

在股票市场上交易的只是少数股权，大多数股票并没有参加交易。掌握控股权的股东，不参加日常的交易。我们看到的股价，通常只是少数已经交易的股票价格。它们衡量的只是少数股权的价值。少数股权与控股股权的价值差异，明显地出现在收购交易当中。一旦控股权参加交易，股价会迅速飙升，甚至达到少数股权价值的数倍。在评估企业价值时，必须明确拟评估的对象是少数股权价值，还是控股权价值。比如并购一家企业49%的股份时的价值和51%时的价值是不同的，因为后者有控股权。

买入企业的少数股权和买入企业的控股权，是完全不同的两回事。买入企业的少数股权，是承认企业现有的管理和经营战略，买入者只是一个旁观者。买入企业的控股权，投资者获得改变企业生产经营方式的充分自由，或许还能增加企业的价值。

这两者如此不同，以至于可以认为：同一企业的股票在两个分割开来的市场上交易。一个是少数股权市场，它交易的是少数股权代表的未来现金流量；另一个是控股权市场，它交易的是企业控股权代表的现金流量。获得控股权，不仅意味着取得了未来现金流量的索取权，而且同时获得了改组企业的特权。在两个不同市场里交易的，实际上是不同的资产。

从少数股权投资者来看，V(当前)是企业股票的公平市场价值。它是现有管理和战略条件下企业能够给股票投资人带来的现金流量现值。对于谋求控股权的投资者来说，V(新的)是企业股票的公平市场价值。它是企业进行重组，改进管理和经营战略后可以为投资人带来的未来现金流量的现值。新的价值与当前价值的差额称为控股权溢价，它是由于转变控股权增加的价值。用公式表示：控股权溢价＝V(新的)－V(当前)。

总之，在进行企业价值评估时，首先要明确拟评估的对象是什么，是企业实体价值还是股权价值，是少数股权价值还是控股权价值。它们是不同的评估对象，有不同的用途，需要使用不同的方法进行评估。

三、企业价值评估的意义

(一)价值评估提供的信息

企业价值评估提供的信息不仅仅是企业价值一个数字，还包括评估过程产生的大量信息。例如，企业价值是由哪些因素驱动的，销售净利率对企业价值的影响有多大，提高投资资本报酬率对企业价值的影响有多大等。即使企业价值的最终评估值不很准确，这些中间信息也是很有意义的。因此，不要过分关注最终结果而忽视评估过程产生的其他信息。

价值评估提供的是有关“公平市场价值”的信息。价值评估不否认市场的有效性，但是不承认市场的完善性。在完善的市场中，企业只能取得投资者要求的风险调整后收益，市场价值与内在价值相等，价值评估没有什么实际意义。在这种情况下，企业无法为股东创造价值。股东价值的增加，只能利用市场的不完善才能实现。价值评估认为市场只在一定程度上有效，即并非完全有效。价值评估正是利用市场的缺陷寻找被低估的资产。当评估价值与市场价格相差悬殊时必须十分慎重，评估人必须令人信服地说明评估值比市场价格更好的原因。

企业价值受企业状况和市场状况的影响，随时都会变化。价值评估依赖的企业信息和市场信息也在不断流动，新信息的出现随时可能改变评估的结论。因此，企业价值评估提供的结论有很强的时效性。

(二)价值评估的目的

价值评估的目的是帮助投资人和管理当局改善决策。

首先，价值评估可以用于投资分析。价值评估是基础分析的核心内容。投资人信奉不同的投资理念，有的人相信技术分析，有的人相信基础分析。相信基础分析的人认为企业价值与财务数据之间存在函数关系，这种关系在一定时间内是稳定的，证券价格与价值的偏离经过一段时间的调整会向价值回归。他们据此原理寻找并且购进被市场低估的证券或企业，以期获得高于市场平均报酬率的收益。

其次，价值评估可以用于战略分析。战略是指一整套的决策和行动方式，包括刻意安排的有计划的战略和非计划的突发应变战略。战略管理是指涉及企业目标和方向、带有长期性、关系企业全局的重大决策和管理。战略管理可以分为战略分析、战略选择和战略实施。战略分析是指使用定价模型清晰地说明经营设想和发现这些设想可能创造的价值,目的是评价企业目前和今后增加股东财富的关键因素是什么。价值评估在战略分析中起核心作用。例如,收购属于战略决策,收购企业要估计目标企业的合理价格,在决定收购价格时要对合并前后的价值变动进行评估,以判断收购能否增加股东财富,以及依靠什么来增加股东财富。

最后,价值评估可以用于以价值为基础的管理。如果把企业的目标设定为增加股东财富,而股东财富就是企业的价值,那么,企业决策正确性的根本标志是能否增加企业价值。不了解一项决策对企业价值的影响,就无法对决策进行评价。在这种意义上说,价值评估是改进企业一切重大决策的手段。为了搞清楚财务决策对企业价值的影响,需要清晰描述财务决策、企业战略和企业价值之间的关系。在此基础上实行以价值为基础的管理,依据价值最大化原则制定和执行经营计划,通过度量价值增加来监控经营业绩并确定相应报酬。

第二节 经济增加值法

企业既然以增加价值为目标,计量其价值的增加额就成为非常重要的问题。考察企业价值增加最直接的方法是计算其市场增加值。

市场增加值(MVA)=企业市值－总资本

企业市值是投资人按当时的市价出售企业可获得的现金流入,包括股本市值和债务市值。总资本是指投资人投入企业的总现金,包括股权资本和债务资本。但是,在日常决策中很少使用市场增加值:一个原因是,只有上市企业才有市场价格,才能计算市场增加值,而上市企业只是少数;另一个原因是,短期股市总水平的变化大于企业决策对企业价值的影响,股市行情湮没了管理作为。

经过大量的实证研究发现,经济增加值(EVA)或称经济利润、剩余收益等,可以解释市场增加值的变动。经济增加值(EVA)不是什么新的理论,它的大部分内容已存在很长时间。现实中日益严重的代理问题,使它成为越来越热门的理财思想。它的诱人之处在于把投资决策、业绩评价和奖金激励统一起来。它把企业的目标定位为增加经济利润,并用经济利润的增加作为投资决策的标准和衡量经济业绩的尺度,奖金的发放也可以根据创造多少经济利润来确定。这就使得基于价值的管理变得简单、直接,具备了逻辑上的一致性。

一、EVA 的原理

(一)EVA 的概念

经济利润是指经济学家所持的利润概念。虽然经济学家的利润也是收入减去成本后的差额,但是经济收入不同于会计收入,经济成本不同于会计成本,因此经济利润也不同于会计利润。

1. 经济收入。经济收入是指期末和期初同样富有的前提下,一定期间的最大花费。这里的收入是按财产法计量的,如果没有任何花费则期末财产的市值超过期初财产市值的部分是本期收入:本期收入＝期末财产－期初财产。

例如，你年初有资产5万元，年末升值为7万元，本年工资收入4万元。经济学家认为你的全年总收入为6万元，其中包括2万元的净资产增值。会计师则认为你的全年总收入是4万元，2万元的资产升值不能算收入，理由是它还没有通过销售而实现，缺乏记录为收入的客观证据。除交易频繁的资产外，绝大多数资产难以计量价值的期间变化。会计师的做法有一个很麻烦的问题，就是你如果把已经升值的资产出售，得到7万元，然后用7万元再将它们购回，则会计师承认资产的2万元增值收入实现了，你的年收入就是6万元。这种虚假交易可改变收入的做法，不仅和经济理论相矛盾，也很难被非专业人士理解和使用。许多企业正是利用会计的这一缺点操纵利润的。

2. 经济成本。经济成本不仅包括会计上实际支付的成本，而且还包括机会成本。

例如，股东投入企业的资本也是有成本的，是本期成本的一部分，在计算利润时应当扣除。这样做的理由是，股东投入的资本是生产经营不可缺少的条件之一，并且这笔钱也不是没有代价的。股东要求回报的正当性不亚于债权人的利息要求和雇员的工资要求。

会计师不确认对股东的应付义务，不将股权资本成本列入利润表的减项。其理由是没有证据表明应当支付给股东多少钱，会计师不愿意做没有根据的估计。

3. EVA。计算EVA的一种最简单的办法，是用息前税后营业利润减去企业的全部资本费用。复杂的方法是逐项调整会计收入使之变为经济收入，同时逐项调整会计成本使之变为经济成本，然后计算经济利润。斯特恩—斯图尔特公司设计了非常具体的经济增加值计算程序以及向经理分配奖金的模型，被许多著名的公司采用。

【例3-1】C企业的期初投资资本为10 000万元，期初投资资本回报率（税后经营利润/投资资本）为10%，加权平均资本成本为9%，则该企业的经济利润为100万元。

经济利润＝税后经营利润－全部资本费用

＝10 000×10%－(10 000×9%)

＝1000－900

＝100(万元)

计算经济利润的另一种方法是用投资资本回报率与资本成本之差，乘以投资资本。

经济利润＝期初投资资本(期初投资资本回报率－加权平均资本成本)

＝10 000×(10%－9%)

＝100(万元)

这种方法得出的结果与前一种方法相同。其推导过程如下：

经济利润＝税后净利润－股权费用

＝税后经营利润－税后利息－股权费用

＝税后经营利润－全部资本费用

＝期初投资资本×期初投资资本回报率－期初投资资本×加权平均资本成本

＝期初投资资本×(期初投资资本回报率－加权平均资本成本)

按照最简单的经济利润计算办法，经济利润与会计利润的区别是它扣除了全部资本的费用，而会计利润仅仅扣除了债务利息。

(二)价值评估的EVA模型

根据现金流量折现原理可知，如果某一年的投资资本回报率等于加权平均资本成本，则企业现金流量的净现值为零。此时，息前税后营业利润等于投资各方的期望报酬，经济利润也必然为零，企业的价值与期初相同，既没有增加也没有减少。如果某一年的投资资本回报率超过加权平均资本成本，则企业现金流量有正的净现值。此时，息前税后营业利润大于投资各方期望的报酬，也就是经济利润大于零，企业的价值将增加。如果某一年的投资资本回报率小于加权平均资本成本，则企业现金流量有负的净现值。此时，息前税后营业利润不能满足投资各方的期望报酬，也就是经济利润小于零，企业的价值将减少。

因此，企业价值等于期初投资资本加上经济利润的现值：

企业实体价值＝期初投资资本＋经济利润现值

公式中的期初投资资本是指企业在经营中投入的现金：

全部投资资本＝所有者权益＋净债务

【例 3-2】D 企业年初投资资本 10 000 万元。预计今后每年可取得税后经营利润 1 000 万元，每年净投资为零，资本成本为 8%，则：

每年经济利润＝1 000－10 000×8%＝200（万元）

经济利润现值＝200/8%＝2 500（万元）

企业价值＝10 000＋2 500＝12 500（万元）

如果用现金流量折现法，可以得出同样的结果：

实体现金流量现值＝1000/8%＝12 500（万元）

经济利润模型与现金流量模型在本质上是一致的，但是经济利润具有可以计量单一年份价值增加的优点，而现金流量法却做不到。因为，任何一年的现金流量都受到净投资的影响，加大投资会减少当年的现金流量，推迟投资可以增加当年的现金流量。投资不是业绩不良的表现，而找不到投资机会反而是不好的征兆。因此，某个年度的现金流量不能成为计量业绩的依据。管理层可以为了改善某一年的现金流量而推迟投资，而使企业的长期价值创造受到损失。

经济利润之所以受到重视，关键是它把投资决策必需的现金流量法与业绩考核必需的权责发生制统一起来了。它的出现，结束了投资决策用现金流量的净现值评价，而业绩考核用权责发生制的利润评价，决策与业绩考核的标准分离，甚至是冲突、混乱的局面。

第三节 相对价值法

现金流量法和经济利润法在概念上很健全，但是在应用时会碰到较多的技术问题。有一种相对容易的估价方法，就是相对价值法，也称价格乘数法或可比交易价值法等。

这种方法是利用类似企业的市场定价来估计目标企业价值的一种方法。它的假设前提是存在一个支配企业市场价值的主要变量（如净利等）。市场价值与该变量（如净利等）的比值，各企业是类似的、可以比较的。

首先，寻找一个影响企业价值的关键变量（如净利）；其次，确定一组可以比较的类似企业，计算可比企业的市价/关键变量的平均值（如平均市盈率）；然后，根据目标企业的关键变量（如净利）乘以得到的平均值（平均市盈率），计算目标企业的评估价值。

相对价值法是将目标企业与可比企业对比，用可比企业的价值衡量目标企业的价值。如果可比企业的价值被高估了，则目标企业的价值也会被高估。实际上，所得结论是相对于可比企业来说的，以可比企业价值为基准，是一种相对价值，而非目标企业的内在价值。

例如，你准备购买商品住宅，出售者报价100万元，你如何评估呢？一个简单的办法就是寻找一个类似地段、类似质量的商品住宅，计算每平方米的价格(价格与面积的比率)，假设是1万元/平方米，你拟购置的住宅是80平方米，利用相对价值法评估它的价值是80万元，于是你认为出售者的报价高了。你对报价高低的判断是相对于类似商品住宅说的，它比类似住宅的价格高了。实际上，也可能是类似住宅的价格偏低。

这种做法很简单，真正使用起来却并不简单。因为类似商品住宅与拟购置的商品住宅总有"不类似"的地方，比如，楼层、装修、户型等不同；此外，类似商品住宅的价格也不一定是公平市场价格。准确的评估还需要对计算结果进行另外的修正，而这种修正比一般人想象的要复杂，它涉及每平方米价格的决定因素问题。

现金流量法的假设是明确显示的，而相对价值法的假设是隐含在比率内部的。因此，它看起来简单，实际应用时并不简单。

一、相对价值模型的原理

相对价值模型分为两大类，一类是以股权市价为基础的模型，包括股权市价/净利、股权市价/净资产、股权市价/销售额等比率模型。另一类是以企业实体价值为基础的模型，包括实体价值/息前税后营业利润、实体价值/实体现金流量、实体价值/投资资本、实体价值/销售额等比率模型。我们这里只讨论三种最常用的股权市价比率模型。

(一)市价/净利比率模型(PE)

1.基本模型。市价/净利比率，通常称为市盈率：市盈率＝每股市价/每股净利。

运用市盈率估价的模型如下：

目标企业每股价值＝可比企业平均市盈率×目标企业的每股净利。该模型假设股票市价是每股净利的一定倍数。每股净利越大，则股票价值越大。同类企业有类似的市盈率，所以目标企业的股权价值可以用每股净利乘以可比企业的平均市盈率计算。

2.模型原理。为什么平均市盈率可以作为计算股价的乘数呢？影响市盈率高低的基本因素有哪些？

根据股利折现模型，处于稳定状态企业的股权价值为：

$$股权价值\ P_0=\frac{每股股利_1}{股权成本-增长率}$$

两边同时除以每股收益$_0$：

$$\frac{P_0}{每股收益_0}=\frac{每股股利_1/每股收益_0}{股权成本-增长率}$$

$$=\frac{[每股收益_0\times(1+增长率)\times股利支付率]/每股收益_0}{股权成本-增长率}$$

$$=\frac{股利支付率\times(1+增长率)}{股权成本-增长率}$$

$$=本期市盈率$$

上述根据当前市价和同期净利计算的市盈率，称为本期市盈率，简称市盈率。

这个公式表明，市盈率的驱动因素是企业的增长潜力、股利支付率和风险(股权资本成本)。这三个因素类似的企业，才会具有类似的市盈率。可比企业实际上应当是这三个比率类似的企业，同业企业不一定都具有这种类似性。

如果把公式两边同除的当前每股收益$_0$，换为预期下期每股收益$_1$，其结果称为“内在市盈率”或“预期市盈率”：

$$\frac{P_0}{每股收益_1}=\frac{每股股利_1/每股收益_1}{股权成本-增长率}$$

$$内在市盈率=\frac{股利支付率}{股权成本-增长率}$$

如果用内在市盈率为股票定价，其结果应与现金流量模型一致。你可能会想，我如果知道了这三个比率就可以直接根据现金流量模型估价了，何必再计算市盈率用价格乘数模型定价？我们这样分析问题，不是为了重复演示现金流量模型，而是为了让你关注影响市盈率可比性的因素，以便合理选择可比企业，防止误用市盈率估价模型。市盈率估价模型被误用是很常见的事情。例如，有人认为市盈率低的股票更便宜，其实不一定。一个企业的市盈率比同行业高，可能是因为它有更高的增长率或者风险较低，而不是被市场高估了。再如，不管企业的这三个比率高低，用行业平均的市盈率为新股定价，也是很不科学的。这些误用都与不理解市盈率的原理有关。

在影响市盈率的三个因素中，关键是增长潜力。所谓“增长潜力”类似，不仅指具有相同的增长率，还包括增长模式的类似性，例如同为永续增长，还是同为由高增长转为永续低增长。

上述内在市盈率模型是根据永续增长模型推导的。如果企业符合两阶段模型的条件，也可以通过类似的方法推导出两阶段情况下的内在市盈率模型。它比永续增长的内在市盈率模型形式复杂，但是仍然由这三个因素驱动。

3. 模型的适用性。市盈率模型的优点：首先，计算市盈率的数据容易取得，并且计算简单；其次，市盈率把价格和收益联系起来，直观地反映投入和产出的关系；再次，市盈率涵盖了风险补偿率、增长率、股利支付率的影响，具有很高的综合性。

市盈率模型的局限性：如果收益是负值，市盈率就失去了意义。再有，市盈率除了受企业本身基本面的影响以外，还受到整个经济景气程度的影响。在整个经济繁荣时市盈率上升，整个经济衰退时市盈率下降。如果目标企业的β值为1，则评估价值正确反映了对未来的预期。如果企业的β值显著大于1，经济繁荣时评估价值被夸大，经济衰退时评估价值被缩小。如果β值明显小于1，经济繁荣时评估价值偏低，经济衰退时评估价值偏高。如果是一个周期性的企业，则企业价值可能被歪曲。

因此，市盈率模型最适合连续盈利，并且β值接近于1的企业。

【例 3-3】丙企业今年的每股净利是 0.5 元，分配股利 0.35 元/股，该企业净利润和股利的增长率都是6%，β值为0.75。政府长期债券利率为7%，股票的风险附加率为5.5%。问该企业的本期净利市盈率和预期净利市盈率各是多少？

丁企业与丙企业是类似企业，今年实际净利为 1 元，根据丙企业的本期净利市盈率对丁企业估价，其股票价值是多少？丁企业预期明年净利是 1.06 元，根据丙企业的预期净利市盈率对乙企业估价，其股票价值是多少？

丙企业股利支付率＝每股股利÷每股净利

＝0.35÷0.5

$=70\%$

丙企业股权资本成本＝无风险利率＋β×风险附加率

$=7\%+0.75\times5.5\%$

$=11.125\%$

丙企业本期市盈率＝[股利支付率×(1＋增长率)]÷(资本成本－增长率)

$=[70\%\times(1+6\%)]\div(11.125\%-6\%)$

$=14.48$

丙企业预期市盈率＝股利支付率÷(资本成本－增长率)

$=70\%\div(11.125\%-6\%)$

$=13.66$

丁企业股票价值＝目标企业本期每股净利×可比企业本期市盈率

$=1\times14.48$

$=14.48$(元/股)

丁企业股票价值＝目标企业预期每股净利×可比企业预期市盈率

$=1.06\times13.66$

$=14.48$(元/股)

通过这个例子可知：如果目标企业的预期每股净利变动与可比企业相同，则根据本期市盈率和预期市盈率进行估价的结果相同。

值得注意的是：在估价时目标企业本期净利必须要乘以可比本期净利市盈率，目标企业预期净利必须要乘以可比企业预期市盈率，两者必须匹配。这一原则不仅适用于市盈率，也适用于市净率和收入乘数；不仅适用于未修正价格乘数，也适用于后面所讲的各种修正的价格乘数。

(二)市价/净资产比率模型(PB)

1.基本模型。市价与净资产的比率，通常称为市净率：市净率＝市价÷净资产。

这种方法假设股权价值是净资产的函数，类似企业有相同的市净率，净资产越大则股权价值越大。因此，股权价值是净资产的一定倍数，目标企业的价值可以用每股净资产乘以平均市净率计算：股权价值＝可比企业平均市净率×目标企业净资产。

2.市净率的驱动因素。如果把股利折现模型的两边同时除以同期股权账面价值，就可以得到市净率。

$$\frac{P_0}{\text{股权账面价值}}=\frac{[\text{每股股利}_0\times(1+\text{增长率})]/\text{股权账面价值}}{\text{股权成本}-\text{增长率}}$$

$$=\frac{\dfrac{\text{每股股利}_0}{\text{每股收益}_0}\times\dfrac{\text{每股收益}_0}{\text{股权账面价值}_0}\times(1+\text{增长率})}{\text{股权成本}-\text{增长率}}$$

$$=\frac{\text{股东权益收益率}\times\text{股利支付率}\times(1+\text{增长率})}{\text{股权成本}-\text{增长率}}$$

$$=\text{本期市净率}$$

该公式表明，驱动市净率的因素有权益报酬率、股利支付率、增长率和风险。其中权益报酬率是关键因素。这四个比率类似的企业，会有类似的市净率。不同企业市净率的差别，也是由于这四个比率不同引起的。

如果把公式中的“股权账面价值$_0$”换成预期下期的“股权账面价值$_1$”，则可以得出内在市净率，或称预期市净率。

$$\frac{P_0}{\text{股权账面价值}_1}=\frac{[\text{每股股利}_0\times(1+\text{增长率})/\text{股权账面价值}_1]}{\text{股权成本}-\text{增长率}}$$

$$=\frac{\dfrac{\text{每股股利}_1}{\text{每股收益}_1}\times\dfrac{\text{每股收益}_1}{\text{股权账面价值}_1}}{\text{股权成本}-\text{增长率}}$$

$$=\frac{\text{股东权益收益率}\times\text{股利支付率}}{\text{股权成本}-\text{增长率}}$$

$$=\text{内在市净率}$$

使用内在市净率作为价格乘数计算企业价值，所得结果与现金流量模型的结果应当一致。

3. 模型的适用性。市净率估价模型的优点：首先，净利为负值的企业不能用市盈率进行估价，而市净率极少为负值，可用于大多数企业。其次，净资产账面价值的数据容易取得，并且容易理解。再次，净资产账面价值比净利稳定，也不像利润那样经常被人为操纵。最后，如果会计标准合理并且各企业会计政策一致，市净率的变化可以反映企业价值的变化。

市净率的局限性：首先，账面价值受会计政策选择的影响，如果各企业执行不同的会计标准或会计政策，市净率会失去可比性。其次，固定资产很少的服务性企业和高科技企业，净资产与企业价值的关系不大，其市净率比较没有什么实际意义。最后，少数企业的净资产是负值，市净率没有意义，无法用于比较。

因此，这种方法主要适用于需要拥有大量资产、净资产为正值的企业。

【例 3-4】在表 3-2 中，列出了 2012 年钢铁制造业 6 家上市企业的平均市盈率和市净率，以及全年平均实际股价。请你用这 6 家企业的平均市盈率和市净率评价 G 钢铁企业的股价，哪一个更接近实际价格？为什么？

表 3-2 G 钢铁企业的股价评估

公司名称	每股收益	每股净资产	平均价格	市盈率	市净率
A	0.53	3.43	11.98	22.60	3.49
B	0.37	2.69	6.26	16.92	2.33
C	0.52	4.75	15.40	29.62	3.24
D	0.23	2.34	6.10	26.52	2.61
E	0.19	2.54	6.80	35.79	2.68
F	0.12	2.01	5.99	49.92	2.98
平均				30.23	2.89
G 钢铁企业	0.06	1.92	6.03		

按市盈率估价＝0.063×0.23＝1.81(元/股)

按市净率估价＝1.92×2.89＝5.55(元/股)

市净率的评价更接近实际价格，因为钢铁制造业是一个需要大量资产的行业。由此可见，合理选择模型的种类对于正确估价是很重要的。

（三）市价/收入比率模型（PS）

1. 基本模型。这种方法是假设影响企业价值的关键变量是销售收入，企业价值是销售收入的函数，销售收入越大则企业价值越大。既然企业价值是销售收入的一定倍数，那么目标企业的价值可以用销售收入乘以平均收入乘数估计。

由于市价/收入比率的使用历史不长，不像市盈率和市净率应用得广泛和悠久，还没有一个公认的比率名称，这里暂且称之为"收入乘数"。当然，为了与前面的几个名称对应，收入乘数现在通常被称为市销率。

市销率＝股权市价÷销售收入＝每股市价÷每股销售收入

目标企业股权价值＝可比企业平均市销率×目标企业的销售收入

用每股价格与每股销售额计算出来的市销率可以明显反映出新兴市场公司的潜在价值，因为在竞争日益激烈的环境中，公司的市场份额在决定公司生存能力和盈利水平方面的作用越来越大，市销率是评价公司股票价值的一个重要指标。

2. 基本原理。如果将股利折现模型的两边同时除以每股销售收入，则可以得出收入乘数：

$$\frac{P_0}{\text{每股收入}_0}=\frac{[\text{每股股利}_0\times(1+\text{增长率})/\text{每股收入}_0]}{\text{股权成本}-\text{增长率}}$$

$$=\frac{\frac{\text{每股股利}_0}{\text{每股收益}_0}\times\frac{\text{每股收益}_0}{\text{每股收入}_0}\times(1+\text{增长率})}{\text{股权成本}-\text{增长率}}$$

$$=\frac{\text{销售净利率}_0\times\text{股利支付率}\times(1+\text{增长率})}{\text{股权成本}-\text{增长率}}$$

$$=\text{本期收入乘数}$$

根据上述公式可以看出，收入乘数的驱动因素是销售净利率、股利支付率、增长率和股权成本。其中，销售净利率是关键因素。这四个比率相同的企业，会有类似的收入乘数。

如果把公式中的"每股收入$_0$"换成预期下期的"每股收入$_1$"，则可以得出内在收入乘数的计算公式：

$$\frac{P_0}{\text{每股收入}_0}=\frac{[\text{每股股利}_0\times(1+\text{增长率})]/\text{每股收入}_0}{\text{股权成本}-\text{增长率}}$$

$$=\frac{\frac{\text{每股股利}_0}{\text{每股收益}_0}\times\frac{\text{每股收益}_0}{\text{每股收入}_0}}{\text{股权成本}-\text{增长率}}$$

$$=\frac{\text{销售净利率}_0\times\text{股利支付率}}{\text{股权成本}-\text{增长率}}$$

$$=\text{内在收入乘数}$$

根据内在收入乘数计算的企业价值，应当与现金流量模型计算的结果一致。

3. 模型的适用性。（1）指标具有可比性。虽然公司盈利可能很低或尚未盈利，但任何公司的销售收入都是正值，市售率指标不可能为负值，因而具有可比性。（2）指标具有真实性，销售收入不受折旧、存货和非经常性支出所采用的会计方法的影响，因而难以被人为扩大。（3）指标具有持续性。一些上市公司面对季节性因素的不利影响，可以通过降价来保持一定数量的销售额，销售收入的波动幅度较小。（4）指标具有预测性。有助于识别那些虽然面临短期运营困难、但有很强生命力和适应力的公司。对于一些处于成长期并且有良好发展前景的高科技公司，虽然盈利很低、甚至为负数，但销售额增长很快，用市销率指标可以准确地预测其未来发展前景。

因此，这种方法主要适用于销售成本率较低的服务类企业，或者销售成本率趋同的传统行业的企业。比如，2000 年以后出现的一些网络型企业，比如当当网、京东商城等，在成立后的前些年，收入虽然较高，但年年是亏损的，由于是网络型企业，净资产也很少，如果采用市盈率和市净率指标对这些企业进行估价，显然不妥。而采用收入乘数模型对其进行估价，则可能更为准确。

【例 3-5】A 公司 2002 年每股销售收入为 83.06 元，每股净利润 3.91 元。公司采用固定股利支付率政策，股利支付率为 74%。预期利润和股利的长期增长率为 6%。该公司的 β 值为 0.75，该时期的无风险利率为 7%，市场平均报酬率为 12.5%。

销售净利率＝3.91÷83.06＝4.6%

股权资本成本＝7%＋0.75×(12.5%－7%)＝11.125%

$$收入乘数=\frac{4.6\%\times 74\%\times(1+6\%)}{12.125\%-6\%}=0.704$$

按收入乘数估价＝83.06×0.704＝58.47(元)

(四)市价/现金流量比率模型(PC)

市现率是股票价格与每股现金流量的比率。这种方法是假设影响企业价值的关键变量是现金流量，企业价值是现金流量的函数，现金流量越大则企业价值越大。既然企业价值是现金流量的一定倍数，那么目标企业的价值可以用现金流量乘以平均现金流乘数估计。

市现率＝股权市价÷现金流量＝每股市价÷每股现金流量

目标企业股权价值＝可比企业平均市现率×目标企业的现金流量

市现率可用于评价股票的价格水平和风险水平。市现率越小，表明上市公司的每股现金增加额越多，经营压力越小。对于参与资本运作的投资机构，市现率还意味着其运作资本的增加效率。不过，在对上市公司的经营成果进行分析时，每股的经营现金流量数据更具参考价值。表 3-3 给出了截至 2012 年 7 月 6 日沪市市现率从低到高的排名。

表 3-3　沪市市现率排名 20 强

序号	代码	名称	市现率(PC)
1	600000	浦发银行	0.63
2	601988	中信银行	0.83
3	600015	华夏银行	0.86
4	600050	中国联通	1.07
5	601166	兴业银行	1.31
6	601988	中国银行	1.38
7	600569	安阳钢铁	1.39

续 表

序号	代码	名称	市现率(PC)
8	601169	北京银行	1.44
9	900937	华电 B 股	1.55
10	600744	华银电力	1.59
11	601336	新华保险	1.70
12	600889	南京化纤	1.82
13	601939	建设银行	1.87
14	600246	万通地产	1.93
15	601288	农业银行	2.15
16	600726	华电能源	2.20
17	601009	南京银行	2.22
18	900909	双钱 B 股	2.30
19	600036	招商银行	2.31
20	900936	鄂资 B 股	2.63

(资料来源:根据 Wind 咨询统计整理。)

二、相对价值模型的应用

(一)可比企业的选择

相对价值法应用的主要困难是选择可比企业。通常的做法是选择一组同业的上市企业,计算出它们的平均市价比率,作为估计目标企业价值的乘数。

根据前面的分析可知,市盈率取决于增长潜力、股利支付率和风险(股权资本成本)。选择可比企业时,需要先估计目标企业的这三个比率,然后按此条件选择可比企业。在三个因素中,最重要的驱动因素是增长率,应给予格外重视。处在生命周期同一阶段的同业企业,大体上有类似的增长率,可以作为判断增长率类似的主要依据。如果符合条件的企业较多,可以根据规模的类似性进一步筛选,以提高可比性的质量。

按照这种方法,如果能找到一些符合条件的可比企业,余下的事情就好办了。

【例 3-6】甲企业是一个制造业企业,其每股收益为 0.6 元/股,股票价格为 18 元。假设制造业上市企业中,增长率、股利支付率和风险与乙企业类似的有 6 家,它们的市盈率如表 3-4 所示。用市盈率法评估乙企业的股价被市场高估了还是低估了?

表 3-4 根据可比企业对甲公司进行估价

企业名称	价格/收益
A	14.4
B	24.3
C	15.2

续表

企业名称	价格/收益
D	49.3
E	32.1
F	33.3
平均数	28.1

由于股票价值＝0.6×28.1＝16.86(元/股)，实际股票价格是18元，所以乙企业的股票被市场高估了。

"价格/收益"的平均数通常采用简单算术平均。

在使用市净率和收入乘数模型时，选择可比企业的方法与市盈率类似，只是它们的驱动因素有区别。

(一)修正的市价比率

选择可比企业的时候，往往没有像上述举例那么简单。经常找不到符合条件的可比企业，尤其是要求的可比条件较严格，或者同行业的上市企业很少的时候经常找不到足够的可比企业。在有些情形下，如果不考虑关键驱动因素而进行直接比较，得出的结论常常是不准确。比如，如果要比较一位身高2.3米和一位身高1.6米的男子谁长得更胖，直接进行体重的比较显然是不合适的，因为此时影响体重的关键驱动因素是身高，所以比较合理的处理方法应该是将身高对体重的影响剔除后进行比较。方法是将每个人的体重除以身高之后进行比较，也就是比较单位身高的体重(或称为体重密度)，这样才更具有可比性。

解决问题的办法之一是采用修正的市价比率。

1.修正市盈率。在影响市盈率的诸驱动因素中，关键变量是增长率。增长率的差异是市盈率差异的主要驱动因素。因此，可以用增长率修正实际市盈率，把增长率不同的同业企业纳入可比范围。

修正市盈率＝实际市盈率÷(预期增长率×100)

此处乘以100的作用仅仅在于将预期增长率转化为整数，便于比较。修正的市盈率，排除了增长率对市盈率的影响，剩下的部分是由股利支付率和股权成本决定的市盈率可以称为"排除增长率影响的市盈率"。

【例3-7】依【例3-6】数据，各可比企业的预期增长率如表3-5所示。

表3-5　可比企业的市盈率和预期增长率

企业名称	实际市盈率	预期增长率(%)
A	14.4	7
B	24.3	11
C	15.2	12
D	49.3	22
E	32.1	17
F	33.3	18
平均数	28.1	14.5

乙企业的每股净利是 0.5 元/股，假设预期增长率是 15.5%。

有两种评估方法：

(1)修正平均市盈率法。

修正平均市盈率＝可比企业平均市盈率÷(平均预期增长率×100)

＝28.1÷14.5＝1.94

乙企业每股价值＝修正平均市盈率×目标企业增长率×100

目标企业每股净利＝1.94×15.5%×100×0.5

＝15.04(元/股)

实际市盈率和预期增长率的“平均数”通常采用简单算术平均。修正市盈率的“平均数”根据平均市盈率和平均预期增长率计算。

(2)股价平均法。这种方法是根据各可比企业的修正市盈率估计乙企业的价值：

目标企业每股价值＝可比企业修正市盈率×目标企业预期增长率×100×目标企业每股净利

然后，将得出股票估价进行算术平均，计算过程如表 3-6 所示。

表 3-6 股价平均法

企业名称	实际市盈率	预期增长率(%)	修正市盈率	乙企业每股净利(元)	乙企业预期增长率(%)	乙企业每股价值(元)
A	14.4	7	2.06	0.5	15.5	15.9650
B	24.3	11	2.21	0.5	15.5	17.1275
C	15.2	12	1.27	0.5	15.5	9.8425
D	49.3	22	2.24	0.5	15.5	17.3600
E	32.1	17	1.89	0.5	15.5	14.6475
F	33.3	18	1.85	0.5	15.5	14.3375
平均数						14.8800

2. 修正市净率。市净率的修正方法与市盈率类似。市净率的驱动因素有增长率、股利支付率、风险和股东权益净利率。其中，关键因素是股东权益净利率。因此：

修正的市净率＝实际市净率÷(预期股东权益净利率×100)

目标企业每股价值＝修正平均市净率×目标企业股东权益净利率×100×目标企业每股净资产

3. 修正收入乘数。收入乘数的修正方法与市盈率类似。收入乘数的驱动因素是增长率、股利支付率、销售净利率和风险。其中，关键的因素是销售净利率。因此：

修正收入乘数＝实际收入乘数÷(预期销售净利率×100)

目标企业每股价值＝修正平均收入乘数×目标企业销售净利率×100×目标企业每股收入

如果候选的可比企业在非关键变量方面也存在较大差异，就需要进行多个差异因素的修正。修正的方法是使用多元回归技术，包括线性回归或其他回归技术。首先，使用整个行业全部上市公司甚至跨行业上市公司的数据，把市价比率作为因变量，把驱动因素作为自变量，求解回归方程。然后，利用该方程计算所需要的乘数。通常，多因素修正的数据处理量较大，需要借助计算机才能完成。

此外，在得出评估价值后还需要全面检查评估的合理性。例如，公开交易企业的股票流动性高于非上市企业。因此，非上市企业的评估价值要减掉一部分。一种简便的办法是按上市成本的比例减少其评估价值。当然，如果是为新发行的原始股定价，该股票将很快具有流动性，则无须折扣。再如，对于非上市企业的评估往往涉及控股权的评估，而可比企业大多选择上市企业，上市企业的价格与少数股权价值相联系，不含控股权价值。因此，非上市目标企业的评估值需要加上一笔额外的费用，以反映控股权的价值。

总之，由于认识价值是一切经济和管理决策的前提，增加企业价值是企业的根本目的，所以价值评估是财务管理的核心问题。价值评估是一个认识企业价值的过程，由于企业充满了个性化的差异，因此每一次评估都带有挑战性。不能把价值评估（或资产评估）看成是履行某种规定的程序性工作，而应始终关注企业的真实价值到底是多少，它受哪些因素驱动，尽可能进行深入的分析。

第四节 相对价值法在企业价值评估中的应用

在本章开头的案例中，中国石油天然气集团公司（CNPC，以下简称中石油）与中国海洋石油总公司（CNOOC，以下简称中海油）联手，向西班牙石油巨头雷普索尔－YPF公司提出了收购提议，收购金额达到1500亿元人民币，折合美元约226亿美元。现在，我们就能根据本章所学过的企业价值评估方法，对这一收购行为进行简要的分析和评价。

根据中石油集团网站的信息，Repsol公司成立于1987年9月，于1989年5月在西班牙、美国等国资本市场上市，1999年Repsol公司在1月份和6月份两次以大约180亿美元的代价，完成了对YPF公司的控制。至2007年，Repsol－YPF公司的资本价值在全球上市石油公司中的排名为第11位。

据悉，此次阿根廷YPF的资产出售由高盛担任顾问，摩根士丹利和摩根大通则分别担任中石油集团和中海油的顾问。“双方接触大约是今年6月中旬”。此前，中石油曾在2007年两次试图收购YPF都未成功。

一、YPF的价值评估

由于现金流量折现法中的股利现金流量模型、股权现金流量模型和实体现金流量模型的计算量非常庞大，并且在折现率的确定上主观意识较为强烈，易产生较大的不确定性；经济利润法、成本法和实物期权法在YPF收购案例中比较难以实现。所以在这里选择了市场法也称为相对价值法，来计算YPF的价值。

通过公开的数据资料，我们收集统计了YPF1999—2009年整十年的市盈率（P/E）、市净率（P/B）、市现率（P/C）、市销率（P/S），并收集YPF公司2009年财务年报中相关的财务数据为乘数因子，通过这些数据对YPF进行价值评估。2009年末，YPF账面净资产价值为46.57亿美元；截至2009年12月31日，YPF公司普通股股数为393.31百万股，企业整体市场价值为172亿美元。

因为市盈率(P/E)、市净率(P/B)、市现率(P/C)、市销率(P/S)都是动态指标,所以在计算过程中可能会受到以下四个因素的影响而发生变化:一是企业的近况和未来发展方向、前景等的预期;二是对企业未来新推出的产品或服务的预期;三是对石油行业的前景预期;四是其他,如市场气氛、新兴行业热潮等。如果在此期间出现了并购重组的信息或话题,一般也会推动企业股价上涨,使得上述四个比率提高,导致标的企业价值被高估。

通过统计、归纳和计算 YPF 公司十年(1999—2009)的四个相对指标,分别计算这出四个指标的平均值和标准差,然后把这些数据与 2009 年财务年报对应的财务数据相乘,得到一个价值图表,也称为价值矩阵。该图表包括了 YPF 过去十年分别根据四个估值指标计算的每股平均价值、最大值和最小值。最后,用股价乘以在普通股股数,得到的数据就是估算出的企业市场价值。从价值评估的理论来看,企业价值不是一个固定数值,而是一个估计价值区间,存在最高值和最低值,而收购的价格应该处于价值的最高值到最低值之间,而这个浮动区间则需要依靠并购双方在谈判过程中的谈判方式和谈判技能。

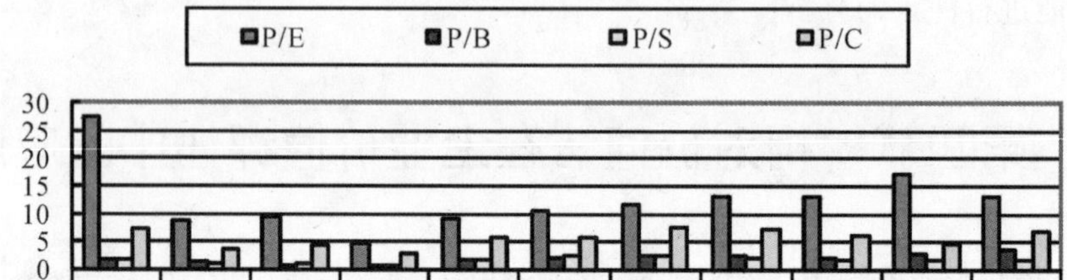

	1999	2000	2001	2002	2003	2004	2005	2006	2007	2008	2009
P/E	27.3	8.6	9.5	4.8	9.2	10.6	11.6	13	13.1	17.2	13.3
P/B	1.8	1.3	0.9	0.8	1.9	2.3	2.7	2.4	2.1	3.1	3.7
P/S	2	1.2	1	0.8	2	2.6	2.7	2.3	1.8	1.8	1.9
P/C	7.3	3.6	4.3	2.9	5.8	6	7.5	7.2	6.1	4.6	7

图 3-1 1999—2009 年 YPF 各项指标

(数据来源:雅虎财经的 YPF 历年报表数据。)

图 3-1 是根据上述方式估算出的价值表。该表的经济含义为:在过去十年间(1999—2009),在一个标准差范围内,按照 4 种相对比率估计的 YPF 股权价值,可能存在的最大值和最小值。

该价值矩阵表明,在过去十年间,用四个估值指标估算,市销率(P/S)下的企业估值水平最高,平均股价为 41.95 美元,企业市场平均价值达到 164.98 亿美元,最高点达到了 220.50 亿美元;采用市净率(P/B)、市现率(P/C)指标估算出的价值较低,平均价值分别约为 97.37 亿美元和 140.27 亿美元;采用市盈率(P/E)估算的平均价值结果为 163.06 亿美元,最高达到 238.87 亿美元。考虑到 YPF 在 2009 年动态估值因素比较稳定地反映了该企业最近 12 个月的市场预期,分别按照 13.3 倍市盈率(P/E)、3.7 倍市净率(P/B)、1.9 倍市销率(P/S)和 7 倍市现率(P/C)估算出 YPF 市场价值,得到从 171 亿一173 亿美元之间的价值范围(见表 3-7)。

表 3-7 YPF公司10年间的价值矩阵

	P/E	P/B	P/S	P/C
平均值	12.56	2.09	1.83	5.66
标准差	5.84	0.89	0.61	1.59
会计数据	3.30	11.84	22.96	6.30
每股平均价值（$每股）	41.46	24.76	41.95	35.66
最小值（$每股）	22.19	14.20	27.83	25.63
最大值（$每股）	60.73	35.31	56.07	45.70
企业平均价值（$百万）	16306.63	9737.36	16498.45	14027.22
最小值（$百万）	8725.77	5585.29	10945.93	10079.56
最大值（$百万）	23887.50	13889.44	22050.96	17974.88

从上述估值方法得出，上市公司的企业价值主要受到市场价格波动和会计数据的影响。影响市场价格波动的因素有很多，在一个有效的资本市场如美国证券市场，股票价值是信息的函数。由于从2007年以来YPF公司一直在被收购的预期中，该公司市盈率（P/E）一直高于同行业平均水平。在2007年中石油一度两次表达了收购意向，而在2009年和中海油联手对该公司股票进行收购，市场立即发生反应，股价升高导致估值水平上升。通过对YPF股价的最近十年走势（见图3-3）来看，在2009年3月份该公司股价达到最低点，随后攀升，之后更是屡次创造新高。

据媒体报道，中石油打算出价170亿美元，中海油亦出价56亿美元，合计226亿美元，这份报价远远高出了上述方法估算的YPF的理论价值。中石油和中海油的出价意味着：在393.31百万普通股下，收购时支付每股股价达到57.46美元，完全超过了YPF2009年一整年的平均股价。相对于2009年7月2日媒体披露中石油等接触商洽YPF母公司雷普索尔－YPF时31.99美元的股价，溢价高达80%，如果不考虑对时间和风险的贴现价值，购买市盈率（P/E）将达到21倍。而2000年，雷普索尔仅仅花费了180亿美元收购YPF，相当于每股38美元，溢价30%。

表 3-8 2009年YPF公司各项指标和市场价值

估值比率		每股数据		股价	企业价值（百万美元）
市盈率	13.3	盈利	3.30	43.890	17262.38
市销率	3.7	销售收入	11.84	43.810	17230.90
市净率	1.9	每股净资产	22.96	43.617	17155.10
市现率	7.0	每股现金流量	6.30	44.080	17337.01

二、YPF的赢利和成长空间分析

从YPF十年股价走势图中可以看出，2009年3月YPF的股价达到2002年以来的最低点—每股17美元。如果是战略性收购，应该对主要标的资产有较长期的关注，对其资产的价格波动要时刻注意，然后才有提前有布局和逢低收购之说。毫无疑问，从技术上讲，2009年3月才应该是中石油和中海油最佳出手时机。

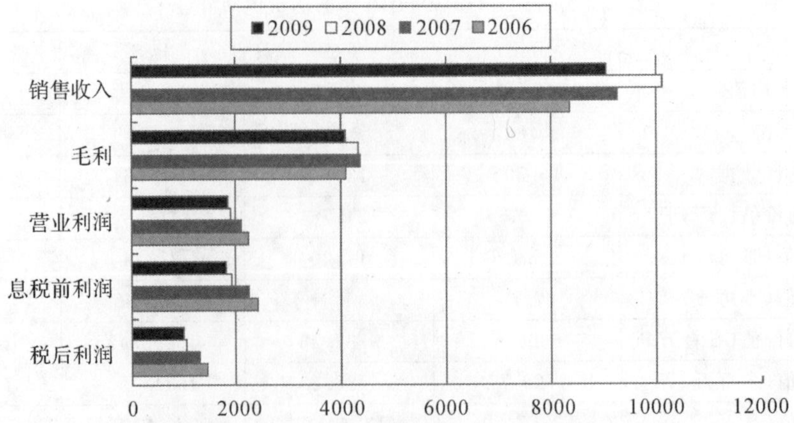

图 3-2 2000—2009 年 YPF 公司股价走势图

（来源：http://www.thestreet.com/quote/YPF/details/advanced-charts.html）

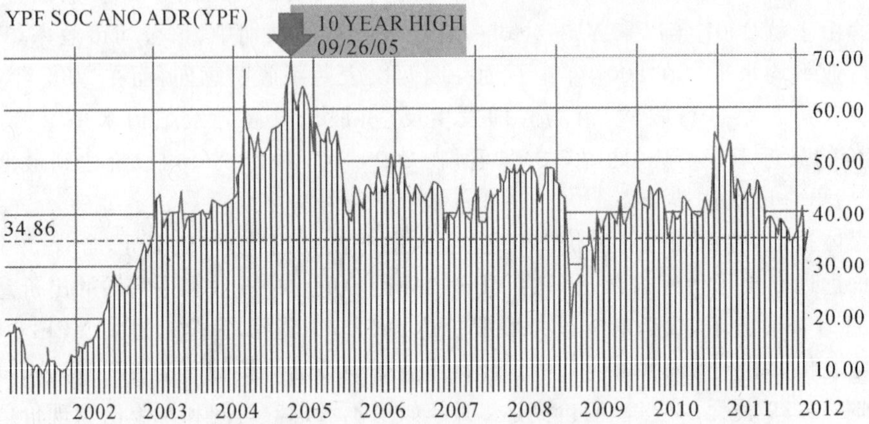

图 3-3 2009 年 YPF 公司股价走势图

与此同时，几个关键问题必须成为本次战略性收购所关注的重点，比如目标公司的盈利性、成长性、投资收回时间、支付方式、目标公司所在国的法律与监管背景等。

1. YPF 盈利下滑 。从 2006 年开始，在销售额提高的同时，YPF 的利润却在下降。进一步分析表明，YPF 的销货成本在同期销售额的比重在上升，而毛利、营业利润和息税前利润都在下降。而对增长率的分析表明，从 2006 年开始，营业利润和税后利润就是负增长了。

表 3-9 2006—2009 年 YPF 公司各项数据对比 单位：百万美元

	2006 年	2007 年	2008 年	2009 年
税后利润	1453	1297	1054	971
息税前利润	2435	2266	1937	1806
营业利润	2243	2114	1930	1841
毛利	4091	4357	4330	4058
销售收入	8357	9241	10099	9029

2. 成长空间亦待考证。盈利能力的下滑似乎印证了 YPF 母公司西班牙的 Repsol-YPF

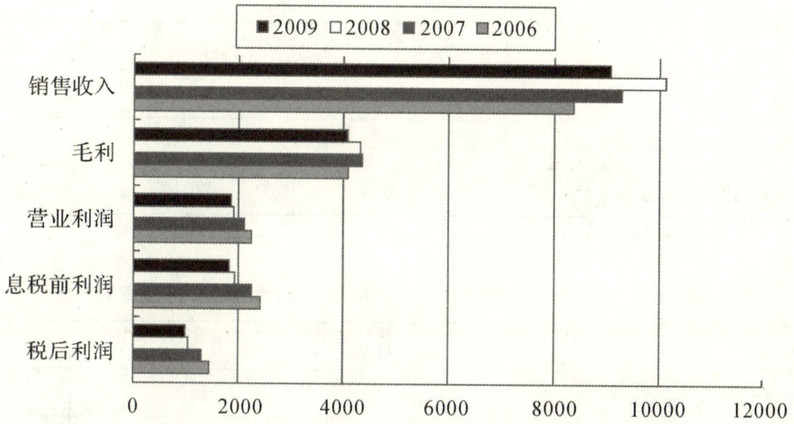

图 3-4 2006—2009 年 YPF 公司各项数据对比

在 2008 年 2 月，将 YPF15%的股份出售给阿根廷彼德森能源公司，且给予彼德森能源公司在未来两年时间里增购 YPF10%股份的权利，这也从侧面证明 Repsol 的管理层并不看好 YPF 的未来增长前景。

YPF 成立于 20 世纪 30 年代，是当时阿根廷最大的石油天然气公司，主要从事上游石油天然气的探测、开发和生产、发电、油气的提炼和炼化、销售和运输分销，主营产品包括广泛的石油产品、石油衍生品、石化产品和液体天然气。经过长达半个多世纪的勘探、开采、运营和生产，原油的可采量和产量都已下滑。更为严重的是，其油气储备也在严重下滑。据 Repsol2008 年披露，在过去两年时间里，YPF 已探明的储量下降了 20%，从 2007 年开始，现有产量的 51%需要开发新的油气田来保证供给，平均日产量从 2006 年开始平均每年下降 4.1%。2009 年 7 月 30 日，Repsol-YPF 第二财报显示，主要受炼油利润及油价急剧下降影响，利润从上年同期 6.94 亿欧元降至 2.65 亿欧元，锐减 62%。YPF 不得不努力通过提高技术水平来增加储量和开采量。但这需要大量的成本投入，同时也增加了风险因素，而且这些努力也无法保证就一定会成功。Repsol 有可能通过某些技术来延长阿根廷油田的开采生命，通过对老油井进行进一步开采来提高出油率和产量，但这将使石油的提取和炼化成本更高。

表 3-10 YPF 公司 2009 年第二季度与 2008 年第二季度对比数据

	2Q 2008	2Q 2009	2009/2008(%)
经营利润（百万欧元）	279	129	−53.8
调整经营利润(百万欧元)	324	95	−70.7
液化产量(Kboepd)	288	310	7.7
气化产量(百万 scf/d)	1,707	1,619	−5.2
全部产量（Kboepd)	592	598	1
石油产品销售额（千吨)	3,783	3,689	−2.5

续 表

	2Q 2008	2Q 2009	2009/2008(%)
石化产品销售额（千吨）	377	346	−8.2
液化石油气体销售额（千吨）	78	109	39.7
投资支出(百万欧元)	316	201	−36.4

（资料来源：根据 YPF 的年报整理。）

表 3-11 YPF 公司 2009 年 1—6 月与 2008 年 1—6 月数据对比

	2008 年 1—6 月份	2009 年 1—6 月份	2009/2008(%)
经营利润（百万欧元）	644	452	−29.8
调整经营利润(百万欧元)	735	247	−66.4
液化产量(Kboepd)	308	316	2.6
气化产量(百万 scf/d)	1,707	1,589	−6.9
全部产量（Kboepd)	612	599	−2.1
石油产品销售额（千吨）	7,488	7,228	−3.5
石化产品销售额（千吨）	783	615	−21.5
液化石油气体销售额（千吨）	192	223	16.2
投资支出(百万欧元)	566	437	−22.8

（资料来源：根据 YPF 的年报整理。）

2008 年 4 月份，Repsol-YPF 公司曾披露，截至 2007 年 12 月 31 日，该公司在阿根廷的油气探明储量（包括已开发和未开发的储量）为 12.8 亿桶石油当量，比 2005 年同期的 16.1 亿桶探明储量减少了 3.3 亿桶。而 Repsol-YPF 公司在提交给阿根廷布宜诺斯艾利斯证券交易所的一份声明中说，该公司在 2006 年和 2007 年分别生产了相当于 2.42 亿桶和 2.32 亿桶的石油。2006—2007 年正是全球石油价格最高的时期。在高油价面前，供给量不增反降，要么说明该公司在减少供给以制造更多的需求，要么传递出储备枯竭的信号。Repsol-YPF 公司 2008 年曾宣布了该公司在 2007 年获得了 12.9 亿美元的年利润，这个数字比 2006 年下降了 8.3%。这个数字似乎更倾向于印证后者，即储备枯竭，生产成本上升，导致公司利润下降。

同时，YPF 公司 2009 年 8 月向纽约证交所提交的年报称，阿根廷政府对石油和天然气产业进行广泛的干预和控制，居高不下的通货膨胀造成企业生产成本不断增加，持续多年高速增长的阿根廷经济陷入停顿，这些不利因素都对公司的赢利能力造成不容忽视的影响。

三、收购过程的其他注意事项分析

我们注意到，YPF 的赢利能力很强，每股分红也远超过同期行业平均水平，但是财务流动性和经营效率却低于行业水平。种种迹象表明，YPF 已经处于企业生命周期的晚期，已老态十足，是头不折不扣的“现金牛”。如果市场环境一旦变化导致这项业务的市场份额下降，公司就不得不从其他业务单位中抽回现金来维持“现金牛”的领导地位，否则这个强壮的现金牛可能就会变弱,甚至成为“瘦狗”。

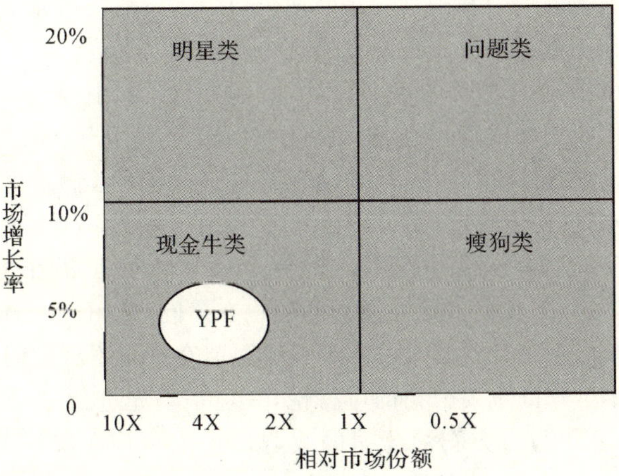

图 3-5 YPF 公司波士顿矩阵模型

YPF 公司员工平均销售和人均利润均远低于同行业水平,如人均销售额行业平均水平为 2298966.00 美元,而 YPF 的员工人均销售额仅为 892233.00 美元,不到行业平均水平的一半,这表明,该企业存在一定的人员冗余。在阿根廷、西班牙等国,削减员工是受到法律制约的,而该国的工资福利水平也高于我国国内,中国石油公司的低劳动力成本优势可能不明显。

从 YPF 的现金流看,2005 年至 2008 年间,YPF 每年都能稳定地从经营活动中获得近 30 亿美元现金,但为了维持产量获得新的油气储备,每年也需要资本性支出如购置新的固定资产近 20 亿美元。中石油如果成功竞购,为了提高产量,势必在现有基础上增加更多的投资。即使维持现状,按照每年能产生 12 亿美元自由现金流计算,226 亿美元的投资,在不考虑资金的时间价值和风险贴现因素的情况下,也需要至少十八年时间收回,且不说为了维持产量、提高出油率、探测储备额等需要追加额外的更多的投资。那么这笔投资就需要至少二十年以上时间回收了。按照该企业远高于同行业的 21 倍市盈率计算,这意味着回收期也在二十一年,回报率不足 5%。

表 3-12 YPF 的自由现金流量

	2009 年	2008 年	2007 年	2006 年	2005 年
净经营现金流	24.8	39.3	27.8	26.1	27.2
资本性支出	−14.7	−20.4	−19.6	−16.3	−12.3
差额≈自由现金流	10.1	18.9	8.2	9.8	14.9
2005—2009 年平均自由现金流:12.38 亿美元					

阿根廷的 YPF 的油气储备是否可供开采二十年,阿根廷政府是否会允许中国石油公司在自己的国土上进行更多石油的勘探和开采,在这二十年时间里,中国石油公司会获得什么样的受益,具体又是多少,这是一系列难以预测的问题。本次披露的收购 YPF 股权拟采用全现金支付方式,这再次彰显了中国国有企业“不差钱”的实力和收购特点。中石油和中海

油都是不差钱的主，2009 年一季报披露中石油货币资金达 930 亿元人民币，中海油也有 170 多亿元现金在握。大笔的现金和国内的垄断地位使中国石油公司完全有能力进行全现金收购。但收购以后面临经营时是盈利还是亏损这个问题难以探寻。

反观西方成熟市场，为了股东利益最大化，收购方在收购中会想办法尽量降低自己支付现金的比例和对借债收购的依赖，依次避免可能的财务困境和压力，因此都会设法促成完全换股或者股票和现金的混合收购，尤其是动辄几百亿美元的全现金巨型收购更是不常见。中石油和中海油都发行有 H 股，其实可以尝试着采用国际收购惯例进行股权互换支付、或者现金和股权支付模式，而阿根廷并不稳定的货币和汇率政策、潜在通胀、严格的外资企业利润外流所得税征管、劳工和环保等一系列问题也在拷问中国石油公司的信心。

由于分析依据仅限于公开资料，因此，分析中可能存在看不到的问题。中国石油公司愿意出大价钱收购一个国家的重要公司的可行性，一定是事先进行过严格论证的。但这仍旧无法否认：中国石油公司与西方石油公司的收购理念依然存在着很大区别。例如，Repsol 公司认为阿根廷市场的风险正在积聚和加大，而且开采油田日趋老化，需要大规模的投资，如果继续持有 YPF，将有损于股东的价值。相反，如果公司目前调整战略在巴西和墨西哥湾等地区进行石油开发，无论是投资风险还是所需资金都要小得多。而中国石油公司却不惜重金进行购买。也许双方对一家石油公司的价值判断存在根本性差异。

西方石油公司多数采取在稳定地区如加拿大、墨西哥、澳大利亚等地区进行小规模收购，成功率较高。而中国石油公司习惯于出没在不稳定区域进行收购。虽然表面看起来交易容易成功，但长期看来，国家和地区风险在累积增大。

中国石油公司动辄全部股权收购的方式可能也会让目标公司所在国、股东和管理层感到恐惧，甚至是危机感。在现在看来，2009 年中国石油公司联手收购阿根廷 YPF 全部股权收购没有成功，所以所有问题仍旧停留在理论层面。

而在 2012 年中 YPF 被阿根廷政府强行回购的行为表明，企业价值评估只是为并购提供了一个可供参考和调整的基础，收购是否真的能够进行，尤其海外的并购行为，还需考虑到更多非财务的因素。

第四章　企业并购运作

案例引导：中国平安如何以200亿元现金撬动深发展5000亿元的资产

2009年6月12日，中国平安（601318）发布公告，将持有深发展（000001）近30%的股权，从而成为深发展第一大股东。中国平安以200亿元左右的现金，撬动了约5000亿元的资产。中国平安是如何实现这一并购的？

一、并购的步骤分析

中国平安于2009年6月12日发布公告，其收购深发展分以下两步进行：

首先，作为中国平安的控股子公司，平安寿险认购深发展大于3.70亿股且小于5.85亿股的非公开发行的股份。每股认购价格为18.26元，获得深发展董事会的批准。

其次，中国平安从深发展的第一大股东新桥投资集团持有深发展的股份交易中得到5.204亿股，占16.76%的深发展的股份。新桥有两个选择，一是获得现金全额支付，折合人民币为22元每股，总额为114.50亿人民币；二是进行换股，以1股的中国平安H股换1.74股的深发展为换股比例。

不管在此次交易完成时，还是在本次交易完成前的任何时点，中国平安保证拥有深发展不超过当时已发行股份的30%。

二、并购所需资金分析

根据协议规定计算，中国平安控股子公司平安寿险认购深发展的股价18.26元计算，认购最高5.85亿股需要花费现金106.82亿元。

另外，根据并购协议，中国平安就收购新桥投资5.204亿股占深发展总股本的16.76%的股份提出了两种并购方案，以全现金的方法收购折合为22元每股或者用H股与深发展进行交换。假如以现金的方式进行全额收购，这将涉及114.50亿元人民币。

站在中国平安的角度来看，如果新桥选择换股的方式，其可以节省约114.50亿元人民币现金。这样一来，中国平安只需出资106.82（5.85×18.26）亿元人民币就可以收购深发展定向增发的股份。

将认购和收购新桥股份的所有资金量加起来为221.32（114.50+106.82）亿元，是此次交易金额的上限。假如交易能够顺利完成，中国平安最多以现金221.32亿元人民币，深发展的数千亿资产就可以由中国平安来支配。截至2009年3月底，中国平安和深发展的合计总资产为1.2万亿元人民币，中国平安可以完全控制这巨额的资产。

三、并购对双方的影响分析

在发布并购公告后，中国平安的股价一直走高，这不仅受市场对中国平安预期业绩的影响，此次并购中国平安所选择的交易方式对股价的影响也较大。中国平安H股按每股51.40港元与深发展26港元每股进行换股，那么新桥手中所持有的深发展的股票价值将会得到提高，为18.42亿港元(5.204÷1.74×51.40－5.204×26)。

协议中规定中国平安认购深发展的股票价格为18.26元每股，而深发展复牌后三日内，其在次级市场上的股票价格最高达到24.53元每股，差价为6.27元每股，按照中国平安所持有的1.40亿深发展的流通股来计算，可以获得8.78亿元的利润。如果是通过换股购进深发展16.76%的股份，中国平安需要花费106.82亿元，还要减去之前获益的8.78亿元，其实仅仅花费现金不到100亿元就能完成221亿元的收购。

从中国平安收购深发展的案例中可以看出，企业并购中不仅涉及企业价值评估，还涉及筹资、支付方式等一系列的问题，本章将会对这些问题进行阐述。

第一节 企业并购概述

并购是企业最常见的一种资本运作形式。并购也是企业实现快速扩张、更快地实现企业战略目标的重要途径。正如诺贝尔经济学奖获得者乔治·斯蒂格勒(George Stigler)所说："每一个美国大公司都是通过某种程度、某种方式的兼并收购而成长起来的，几乎没有一家大公司主要是靠内部扩张成长起来的。"

一、并购的含义

目前，与并购相关的概念很多，如合并、兼并、收购等。一般来说，并购可以有狭义和广义两种理解方式。

狭义的并购是指我国《公司法》中定义的企业合并，包括吸收合并和新设合并。吸收合并又称兼并，指一个公司吸收其他公司而存续，被吸收公司合并后解散。如A公司吸收合并B公司，合并后B公司注销，A公司存续。新设合并是指两个或两个以上公司合并设立一个新的公司，合并各方的法人实体地位都消失。如A公司与B公司合并，合并后成立C公司，A公司与B公司都注销。

【例4-1】2009年7月，新湖中宝(股票代码:600208)通过换股方式吸收合并新湖创业(股票代码:600840)，新湖中宝为吸收合并方和吸收合并完成后的存续方，新湖创业为被吸收合并方。该次换股吸收合并中的换股比例以双方市场化估值为基础确定。新湖中宝、新湖创业的换股价格以董事会审议通过该次吸收合并事项之决议公告日前20个交易日的交易均价确定为3.85元/股和7.11元/股，实施换股时新湖创业全体股东所持有的新湖创业股份将按照1∶1.85换股比例转换为新湖中宝股份；该次吸收合并完成后，新湖中宝将作为存续企业，新湖创业的资产、负债、业务和人员全部进入新湖中宝，新湖创业法人资格注销。

广义的并购，不仅包括狭义的并购活动，还包括为取得控制权或重大影响的股权或资产而进行的收购行为。这里的收购是指为了对目标企业实施控制或重大影响而进行的股权收购或资产购买。收购行为通常不是为了取得被收购方的全部股权或资产,而是为了实施控制或重大影响。例如,通过收购A公司60%的股权获得A公司的控股股东地位。

由于在运作中更注重广义的并购概念,兼并、合并与收购常统称为"并购"或"购并",泛指在市场机制作用下企业为了获得其他企业的控制权而进行的产权重组活动。

二、并购的类型

企业并购的形式多种多样,按照不同的分类标准可以划分为许多不同的类型。

(一)按并购双方产品与产业的联系不同划分

按并购双方产品与产业的联系不同,可将其分为横向并购、纵向并购和混合并购。

1.横向并购。当并购方与被并购方处于同一行业、生产或经营同一产品,并购使资本在同一市场领域或部门集中时,则称为横向并购。如,奶粉罐头食品厂合并咖啡罐头食品厂,两厂的生产工艺相近,并购后可按收购企业的要求进行生产或加工。这种并购投资的目的主要是确立或巩固企业在行业内的优势地位,扩大企业规模,使企业在该行业市场领域里占有垄断地位。

2.纵向并购。纵向并购指对生产工艺或经营方式上有前后关联的企业进行的并购,即同一产业链中上下游企业之间的并购。如,加工制造企业并购其上游的原材料生产企业,或者并购其下游的销售渠道。其主要目的是整合产业链条和实现产销一体化。纵向并购较少受到各国有关反垄断法律政策的限制。

3.混合并购。混合并购指对处于不同产业领域、产品属于不同市场,且与其产业部门之间不存在特别的生产技术联系的企业进行并购,如钢铁企业并购石油企业,因此产生多种经营企业。采取这种方式并购可通过分散投资、多样化经营降低企业风险,达到资源互补、优化组合、扩大市场活动范围的目的。

(二)按并购的实现方式不同划分

按并购的实现方式不同,将其分为承担债务式并购、现金购买式并购和股份交易式并购。

1.承担债务式并购。承担债务式并购指在被并购企业资不抵债或资产债务相等的情况下,并购方以承担被并购方全部或部分债务为条件,取得被并购方的资产所有权和经营权。

2.现金购买式并购。以现金形式购买目标企业的资产或股权,具体包括两种情况:(1)并购方筹集足额的现金购买被并购方全部资产,使被并购方除现金外没有持续经营的物质基础,成为有资本结构而无生产资源的空壳,不得不从法律意义上消失;(2)并购方以现金通过市场、柜台或协商购买目标公司的股票或股权,一旦拥有其大部分或全部股本,目标公司就被并购了。

3.股份交易式。股份交易式有两种情况:第一,以股权换股权,即换股并购。这是指并购公司向目标公司的股东发行自己公司的股票,以换取目标公司的大部分或全部股票,达到控制目标公司的目的。通过并购,目标公司或者成为并购公司的分公司或子公司,或者解散并入并购公司。第二,以股权换资产。并购公司向目标公司发行并购公司自己的股票,以换取目标公司的资产,并购公司在有选择的情况下承担目标公司的全部或部分责任。目标公司也要把拥有的并购公司的股票分配给自己的股东。

(三)按照收购股份方式的不同划分

按照对目标公司收购股份的方式不同,收购可分为协议收购和要约收购。

协议收购指收购方与目标公司的股东通过协商方式签订股份转让协议,收购方取得目标公司股份达到一定比例,并获得目标公司控制权的行为。协议收购是并购方与目标公司股东之间私下协商后,通过协议方式取得目标公司的控制权,因此其通常属于善意收购的方式。协议收购是目前我国上市公司并购的主要方式。

要约收购指并购方对目标公司所有股东发出收购上市公司全部或者部分股份的要约,以特定价格收购股东手中持有的目标企业股份的行为。根据我国《证券法》规定:"通过证券交易所的证券交易,投资者持有或者通过协议、其他安排与他人共同持有一个上市公司已发行的股份达到30%时,继续进行收购的,应当依法向该上市公司所有股东发出收购上市公司全部或者部分股份的要约。"要约收购是对公司的公开收购行为,收购方通过公开收购股份,达到一定比例就可以获得公司的控制权。因此,要约收购通常被视为一种敌意收购行为。

(四)按照是否以目标公司资产来支付收购资金划分

按照是否以目标公司资产来支付收购资金划分,收购可分为杠杆收购和非杠杆收购。

杠杆收购指并购方以债务融资方式进行的收购。在杠杆收购中,收购方以目标公司的资产或未来经营现金流作抵押发行债务,取得资金用以购买目标公司的股权,收购完成后,以目标公司的资产或经营现金流偿还债务。

杠杆收购的主要特点:第一,在杠杆收购交易中,大部分的资金来源于债务融资。收购方通常只需提供10%—30%的资金,其余部分通过债务融资方式筹集。债务融资中一部分为商业银行提供的短期和中期贷款,通常占5%—20%;另一部分为机构投资者、银行和杠杆收购基金提供的长期债务,比例达到40%—80%。因此,杠杆收购实际上是通过高负债、高风险实现"小鱼吃大鱼"的并购效果。第二,并购方并不是以自身资产作担保,而是以并购后的目标公司资产或现金流作担保和还款来源。目标公司的资产是并购债务资金的担保品,因此,并购交易中,贷款人只能向目标公司求偿,目标公司资产的抵押价值是贷款方关注的主要问题。并购方除了投资有限资金以外,并不以自身资产对债务承担担保责任。

非杠杆收购指不用目标公司的资产及所得作为并购融资的担保和还款来源的并购方式。非杠杆收购并不意味着不运用债务融资,只是债务融资的担保品并非目标公司,而是并购方以自身资产对债务融资承担担保责任。

三、企业并购的财务效益分析

在企业吸收合并和新设合并中,并购效益体现在并购前后公司股权价值的变化上。并购收益是指并购后新公司的价值超过并购前各公司价值之和的差额。例如,A公司与B公司新设合并组成C公司,并购前A公司的价值为V_A,B公司的价值为V_B,并购后形成的C公司的价值为V_{AB},则并购收益(S)为$S=V_{AB}-(V_A+V_B)$。

如果$S>0$,表示并购在财务上具有协同效应。一般情况下,并购方将以高于被并购方价值的价格P_B作为交易价,以促使被并购方股东出售其股票,$P=P_B-V_B$称为并购溢价。并购溢价反映了获得对目标公司控制权的价值,并取决于被并购企业前景、股市走势和并购双方讨价还价的情况。

对于并购方来说，并购净收益(NS)等于并购收益减去并购溢价、并购费用的差额，也就是并购后新公司的价值减去并购完成成本、实施并购前并购方公司价位的差额。

设 F 表示并购费用，则 $NS=S-P-F=V_{AB}-P_B-F-V_A$。

一项并购交易的财务可行性，需要满足以下两项基本条件：(1)并购能够产生并购收益，合并后的公司价值高于合并前公司价值之和，即并购产生的协同效应能够“把蛋糕做大”；(2)并购交易对目标公司股东和并购公司双方都有利可图，能够实现“双赢”，即并购双方都能在做大的蛋糕上各分一份。

【例 4-2】A 公司的市场价值为 4 亿元，拟收购 B 公司，B 公司的市场价值为 0.8 亿元。A 公司估计，由于经营效率、合并协同效应合并后新公司价值可达到 5.4 亿元。B 公司股东要求以 1.1 亿元价格成交。并购交易费用为 0.1 亿元。由此得到：

并购收益 $S=5.4-(4+0.8)=0.6$(亿元)

并购完成成本 $=1.1+0.1=1.2$(亿元)

并购溢价 $P=1.1-0.8=0.3$(亿元)

并购净收益 $=S-P-F=0.6-0.3-0.1=0.2$(亿元)

$=V_{AB}-V_A-P_B-F=5.4-4-1.1-0.1=0.2$(亿元)

上述并购使 A 公司股东获得净收益 0.2 亿元。可以说，这一并购活动对 A、B 两个公司都有利，这也是并购活动能够进行的基本条件。

公司并购是指两个或者两个以上的公司订立合并协议，依照相关法律法规，不经过清算程序，直接结合为一个公司的法律行为。并购筹资是实现并购战略的关键一步，主要内容包括预测并购资金需要量、确定并购支付方式以及选择适当的筹资渠道筹集资金。

第二节 企业并购筹资

一、并购资金需求量估计

一般来说，预测并购资金需求量时主要考虑以下四项因素。

(一)并购支付的对价

并购支付对价是指并购方企业为完成收购目标企业所付出的代价，即支付的现金或现金等价物的金额或者并购日并购方企业为取得对其他企业净资产的控制权而放弃的其他有关资产项目或有价证券的公允价值。

支付的对价与目标企业权益价值大小、控股比率和支付溢价率相关。可以通过公式计算：$PM=E_A\lambda(1+\alpha)$。

式中，PM 为并购支付的对价，E_A 为目标企业权益价值，λ 为控股比率，α 为支付溢价率。

被并购企业的权益价值是并购成本的核心构成，可以按照第三章介绍的方法进行估价。支付溢价率是指支付的对价高于被并购企业权益价值的比率。一般来说，公开收购、竞标收购或敌意收购往往要支付较高的溢价率，对控股权合并与一般的股权合并相比，也会有更高的溢价率。从西方国家的经验来看，溢价率在 30%—80%之间。

(二)承担目标企业表外负债和或有负债的支出

表外负债是指目标企业的资产负债表上没有体现但实际上要明确承担的义务,包括职工的退休费、离职费、安置费等。

或有负债是指由过去的交易或事项形成的潜在义务,其存在需要通过未来不确定事项的发生或不发生予以证实。或有负债是并购企业潜在的并购支付成本。所以,并购方应详尽了解并购目标企业的未决诉讼和争议、债务担保、纳税责任以及产品责任等项目,对或有负债做出判断。

(三)并购交易费用

并购交易费用包括并购直接费用和并购管理费用。并购直接费用主要指为并购融资注册和发行权益证券的费用,比如,如果是通过换股合并,则需要发行股票,如果是现金支付,有可能涉及发行债券筹集并购资金,主要包括支付给会计师、律师的咨询费用,以及其他各项评估费用等。并购直接费用与并购支付的对价密切相关,一般为支付对价的1‰—5‰,当然也可以根据审计费、资产评估费、律师咨询费,以及证券发行费用来确定。并购管理费用主要包括并购管理部门的费用,以及不能直接计入并购事项的费用。

(四)整合与运营成本

为了保证并购后企业的健康持续发展必须要支付长期的运营成本。一般来说,上述成本包括两项:一是整合改制成本,是指在对人事机构、经营方式、经营战略、产业结构等进行调整时发生的管理、培训等费用。二是注入资金的成本,并购时必须深入分析并购双方企业管理资源的互补性,合理估计并购方在现有基础上对目标公司的管理投入、资金投入成本。整合与运营成本具有长期性、动态性和难以预见性,并购决策中应力求使其保持最低。

二、并购中的支付方式

根据中国《公司法》的规定,公司并购可以采取新设合并和吸收合并两种形式——后者即日常所言的"兼并";而根据支付方式的不同(现金或股票),吸收合并又可以区分为现金式合并和换股合并两种方式。

任何实施并购的企业必须充分考虑采取何种方式完成并购,充分认识不同支付方式的差异,依据具体情况作出决策。实践中,企业并购的支付方式主要有三种,即现金支付、股票支付和混合证券支付。

(一)现金支付

现金支付是由主并企业向目标企业支付一定数量的现金,从而取得目标企业的所有权,一旦目标企业的股东收到了对其所拥有的股权的现金支付,就失去了任何选举权或所有权。现金支付是企业并购中最先被采用的支付方式,也是在企业并购中使用频率最高的支付方式。对目标企业的股东而言,现金支付可以使他们即时得到确定的收益,而其他非现金支付方式能给股东带来的收益受到市场状况、市场深度、主并企业的业绩及交易成本等因素的影响,不确定性较大。

现金支付对目标企业的股东来说,其不足之处是即时形成的纳税义务。世界上大多数国家(不包括我国)都规定,公司股票的出售变化是一项潜在的应税事件,在已实现资本收益的情况下,应缴纳资本利得税。目标企业股东在得到现金支付的同时,也意味着纳税义务的实现,没有其他递延或滞后纳税的可能。对主并企业而言,现金支付最大的好处是现有的股权结构不会受到影响，现有股东控制权不会被稀释。同时，现金支付可以使主并企业迅速完成并购，而若使用股票，主并企业必须到证券管理部门进行登记，经过审批，需花费较长的时间；而时间越长，目标企业的管理人员就越有可能建立起反并购防御措施，而且可能会促使更多的企业参与并购竞价，从而将使主并企业的并购成本上升，并购时间延长，并购难度加大。但是，现金支付会给主并公司造成一项沉重的现金负担。主并公司必须决定是动用公司现有的现金，还是专门筹集额外的资金来支付收购费用。

(二)股票支付

股票支付是指主并企业通过增加发行本企业的股票，以新发行的股票替换目标企业的股票，从而达到并购目的的一种支付方式。

采取这种方式的优势在于：上市公司作为合并方不必通过以现金支付的方式来购买被合并方的全部资产和股份，由此可以避免因吸收合并过程中大量的现金流出，保持合并方企业即存续公司的企业实力，有利于企业的长远发展。同时，并购完成后，目标企业的股东并不失去他们的所有权，而是成为并购完成后企业的新股东。但一般来说，主并企业的股东在经营控制权上占主导地位。由于目标企业的股东保留自己的所有者地位，因此，股票支付对于主并企业股东来说会使其股本结构发生变化，主并企业股权稀释的极端结果是目标企业的股东通过主并企业增加发行的股票取得了对并购完成后企业的主导控制权。股票支付的另一个不足之处是所需手续较多，耗时耗力，不像现金支付那样简捷迅速。

股票支付常见于善意并购，当并购双方的规模、实力相当时，被采用的可能性较大。1992年，美国化学银行发售15.7亿美元新股并购汉诺威制造银行就是一例。我国这几年也涌现了几例换股并购。最早成功的一个换股并购案例是1999年清华同方并购鲁颖电子。

【例4-3】清华同方是以清华大学企业集团为主要发起人，以社会募集方式设立的股份制公司，于1997年6月27日在上海证券交易所挂牌交易。它的主营业务集中在三个领域，即信息产业领域，人工环境领域和民用核技术、生物制药领域。鲁颖电子是一家在山东省企业产权交易所上市的股份有限公司，属于电子元件行业。1998年11月30日，清华同方和鲁颖电子的临时股东大会审议并通过了《关于公司吸收合并鲁颖电子股份有限公司的预案》，12月1日，双方正式签订协议；1999年6月8日，中国证监会批复双方的协议，合并协议正式生效。根据双方协议，清华同方向鲁颖电子定向发行人民币普通股，按照1∶1.8的换股比例(即1股清华同方换取1.8股鲁颖电子股份)换取鲁颖电子股东所持有的全部股份，鲁颖电子的法人地位消失。合并后，清华同方将以鲁颖电子经评估后的净资产出资，在山东省沂南县设立新的有限责任公司，新公司成为清华同方的控股子公司。

(三)混合证券支付

混合证券支付是指主并企业的支付方式为现金、股票、认股权证、可转换债券等[①]多种

---

① 可转换债券向其持有者提供一种选择权，在某一给定时间内可以某一特定价格将债券换为股票。从主并企业的角度看，采用可转换债券这种支付方式的好处是：1.通过发行可转换债券，企业能以比普通债券更低的利率和较宽松的契约条件出售债券；2.提供了一种能以比现行价格更高的价格出售股票的方式；3.当企业正在开发一种新产品或一种新的业务时，可转换债券也是特别有用的，因为预期从这种新产品或新业务所获得的额外利润可能正好是与转换期一致的。对目标企业股东而言，采用可转换债券的好处是：1.具有债券的安全性和作为股票可使本金增值的有利性相结合的双重性质；2.在股票价格较低时，可以将它的转换期延迟到预期股票价格上升的时期。

形式的组合。单一的支付工具总是有着不可避免的局限性，通过把各种支付工具组合在一起，能集中各种支付工具的长处而避免它们的短处。由于这种优势，近年来混合证券支付在各种出资方式中的比例呈现出逐年上升的趋势。

三、并购筹资方式

在并购过程中，并购筹资方式的选择往往取决于并购支付方式。按照上述三种支付方式，下面分别介绍与之相对应的筹资方式。

(一)现金支付时的筹资方式

现金收购往往会给主并企业造成一项沉重的现金负担。如果主并企业有充分的甚至比例过高的流动资产，那么它首先可以考虑用自己的流动资产(变现后)支付给目标企业。但通常情况下，并购一家企业需要的资金数量相当庞大，在采用现金支付方式时，主并企业通常都要到本企业外部去寻求必要的资金。常见的筹资方式有增资扩股、向金融机构贷款、发行公司债券、发行认股权证或上述几项的综合运用。

1. 增资扩股。主并企业在选择通过增资扩股来取得现金时，最为重要的是考虑增资扩股对主并企业股权结构的影响。但大多数情况下，股东更愿意增加借款而不愿扩股筹资。

2. 金融机构贷款。金融机构贷款无论在国外还是在国内，都是普遍采用的筹资方式。在向银行提出贷款申请时，首先要考虑的是贷款的安全性，即要考虑贷款将来用什么资金偿还。一般情况下，至少有一部分贷款的偿还需要目标企业未来的现金流入。这种现金流入有两种来源，即目标企业以后的生产经营所产生的收益和变卖目标企业一部分资产所获得的现金。

3. 发行企业债券。筹集现金的另一种方式是向其他机构或第三方发行债券。近十年来，高风险、高利率的“垃圾债券”成为美国企业并购中的重要筹资方式。1983 年，美国德雷塞尔银行首先提出把“垃圾债券”用于企业并购，使用这种“垃圾债券”为并购提供资金，银行按目标企业拥有多少资产而不是按照借款人拥有多少资金来放款。自此以后，“小鱼吃大鱼”就成为一种现实。“垃圾债券”在企业并购融资中的运用，在一定程度上增加了并购的范围，增大了并购的规模。大多数杠杆收购都通过发行“垃圾债券”方式筹资，然后通过目标企业的现金流入或资产变卖进行偿还。

我国《公司法》规定，企业如果为股份有限公司、国有独资公司和两个以上的国有企业或者其他两个以上的国有投资主体设立的有限责任公司，为筹集生产经营资金，可以发行公司债券；此时，还规定上市公司经股东大会决议可以发行可转换债券等。这项规定为主并企业通过发行债券为并购筹资提供了可能，同时也进行了限制。

4. 发行认股权证。认股权证通常和企业的长期债券一起发行，以吸引投资者来购买利率低于正常水平的长期债券。由于认股权证代表了长期选择权，所以附有认股权证的债券或股票，往往对投资者有较大的吸引力。从实践看，认股权证能在下列情况下推动公司有价证券的发行销售：当企业处于信用危机边缘时，利用认股权证，可诱使投资者购买企业债券，否则企业债券可能会难以出售；在金融紧缩时期，一些财务基础较好的企业也可用认股权证使其企业债券吸引投资者。

【例 4-4】A 公司为筹集 4 000 万美元资金，面临三种方案：发行可转换公司债券，发行附有认股权证的一般公司债券，发行普通股股票。公司筹资前的财务状况见表 4-1，其他相关财务资料如下：可转换公司债利率为6%，转换价格为50美元；一般公司债利率为7%，且每1000美元公司债可获3股60美元认股权证；普通股现行市价为每股40美元。

表4-1表明各种筹资方案对公司资本状态的影响：在所有可转换公司债券转换后，普通股由于增加了80万股而达到380万股，而公司资本总额仍为1 200万美元；认股权证持有人行使权利时，以每股60美元买了120 000股普通股，总计720万美元，而此时公司债仍然未改变，故资本总额由于增加了720万美元达到12 720万美元。可转换证券的转换（80万新股）较之认股权证的行使（12万新股）对普通股有更大的稀释作用。

表4-1 各种筹资方案对公司资本状态的影响 单位：百万美元

	吸收资金前	普通股	可转换公司债券		附认股权证公司债券	
			转换前	转换后	行使前	行使后
公司债			40		40	40
普通股（面值10美元）	30	40	30	38	30	31.2
资本公积		30		32		6.0
留存收益	50	50	50	50	50	50
股本净值	80	120	80	120	80	87.2
资本总额	80	120	120	120	120	127.2
普通股发行数（百万股）	3	4	3	3.8	3	3.12

表4-2表明三种不同的筹资方案对A公司每股收益的影响。假定：(1)本期税前收益总额为2 200万美元（含利息）；(2)这4 000万美元能使税前收益增加到3 000万美元（含利息）。与直接销售普通股相比，采用可转换债券或附有认股权证的公司债券的每股收益均比前者高；而后者之间每股收益差别并不明显，这是因为每股收益取决于认股权证（或公司债券）是否已购买（或已转换）了普通股。若股票市价上升足够高，以诱使权证持有者行权，那么相比之下，第二种方案较好。

表4-2 各种筹资方案对每股收益的影响 单位：百万美元

	吸收资金前	普通股	可转换公司债券		附认股权证公司债券	
			转换前	转换后	行使前	行使后
税前收益（含利息）	22	30	30	30	30	31.44
公司债利息			2.4		2.8	2.8
税前净收益	22	30	27.6	30	27.2	28.64
公司所得税（50%）	11	15	13.8	15	13.6	14.32
税后净收益	11	15	13.8	15	13.6	14.32
普通股发行数（百万股）	3	4	3	3.8	3	3.12
每股收益（美元）	3.67	3.75	4.60	3.95	4.52	4.60

（二）股票和混合证券支付的筹资渠道

在并购中，主并企业用股票或混合证券支付时，发行的证券要求是已经或者将要上市的。因为只有这样,证券才有流动性,并有一定的市场价格作为换股参考。

1. 发行普通股。主并企业可以通过将以前的库存股重新发售或者增发新股给目标企业的股东,换取目标企业的股权。普通股支付有两种方式:一是由主并企业出资收购目标企业的全部股权或部分股权,目标企业取得资金后认购主并企业的增资股,并购双方不需再另筹资金即可完成并购交易;另一种方式是由主并企业收购目标企业的全部资产或部分资产,目标企业认购主并企业的增资股,这样也达到了股权置换的目的。新发行的给目标企业股东的股票应该与主并企业原来的股票同股同权同利。

2. 发行优先股。有时向目标企业发行优先股可能会是主并企业更好的选择。比如,如果目标企业原来的股利政策是发放较高的股息,为了保证目标企业股东的收益不会因并购而减少,目标企业可能会提出保持原来的股利支付率的要求。对于主并企业而言,如果其原来的股利支付率低于目标企业的股利支付率,提高股利支付率的话,则意味着新老股东的股利都要增加,这会给主并企业的财务带来很大的压力。这时,发行优先股就可以避免这种情况。

3. 发行债券。有时主并企业也会向目标企业股东发行债券,以保证企业清算解体时,债务人可先于股东得到偿还。债券的利息一般会高于普通股票的股息,这样对目标企业的股东就会有吸引力。而对主并企业而言,收购了一部分资产,股本额仍保持原来的水平,增加的只是负债,从长期来看,股东权益未被稀释。因此,发行债券对并购双方都是有利的。

第三节 换股合并

由目前国内已经发生的吸收合并案例看,基本上都采取了以股换股的方式,这种吸收合并的方式不涉及现金的流动,与现金支付合并具有明显的优势,无论是上市公司吸收非上市公司还是上市公司之间,随着我国上市公司的发展壮大、产业整合的不断深入,换股合并势必成为诸多并购案例的首选模式。前面虽然已经对换股合并的概念进行了介绍,但由于换股合并十分重要和常见,本节对换股的注意事项进行详细阐述。

一、换股合并过程中的注意事项

(一)关于现金选择权的提供

现金选择权,是指当上市公司拟实施资产重组、合并、分立等重大事项时,相关股东按照事先约定的价格在规定期限内将其所持有的上市公司股份出售给第三方的权利。最早的现金选择权案例要追溯到 2006 年年初,中石化要约收购齐鲁石化、扬子石化、中原油气和石油大明,提出的要约收购价格较上一年的最高收盘价均溢价 10%以上①。

相比回售权而言,现金选择权实际是对投资者更好的保护。回售权是由上市公司收购

① 在 2007 年的牛市行情中,现金选择权一度引起各方广泛关注。在 2007 年中国铝业吸收合并旗下山东铝业和兰州铝业的并购案例中,兰州铝业没有任何股东进行现金选择权的申报,而山东铝业仅仅有 3540 股行使了现金选择权。此后,在一系列的并购重组案例中,现金选择权多数充当了“制度性花瓶”。然而随着牛熊更替,在攀钢系整合方案出台后,出现了停牌重组股的现金选择权价格远高于复牌后股价的情况,现金选择权似乎转眼变成“香饽饽”,并最终攀钢系整合成功完成。

股东的股权，而现金选择权可以由第三方行使，而且为促使交易的成功，往往提供比被吸收合并方现行股价更高的溢价。回售权的主要依据：根据《公司法》第七十五条的规定，公司合并、分立、转让主要财产的，对股东会该项决议投反对票的股东可以请求公司按照合理的价格收购其股权。2011 年经并购重组委审核的案例中，提供现金选择权的情况如表 4-3 所示。由表 4-3 可以看出，上述吸收合并中，除华邦制药吸收合并颖泰嘉和外，均为合并方或和被合并方提供了现金选择权。①

表 4-3　2011 年并购重组中现金选择权的提供情况

序号	案例名称	提供现金选择权的主体	备注
1	金隅股份吸收合并太行水泥	金隅集团和中国信达	吸收合并方的大股东和第三方
2	桂林集琦换股吸收合并国海证券	国海证券原全体股东为上市公司提供	被吸收合并方的股东
3	友谊股份换股吸收合并百联集团	海通证券	独立财务顾问
4	华邦制药吸收合并颖泰嘉和	未提供现金选择权	
5	赛马实业换股吸收合并宁夏建材集团	宁夏建材的股东中材股份或/和其他方	被吸收合并方的股东
6	申龙股份换股吸收合并海润光伏	江阴市新国联投资发展有限公司	第三方
7	中交股份换股吸收合并路桥建设	联席主承销商中银国际、国泰君安及中信证券	主承销商
8	济南钢铁换股吸收合并莱钢股份	由山东省国投公司和山钢集团为合并双方提供	有关联的第三方

【例 4-5】2008 年 11 月 11 日公告，上海电气(601727)首次公开发行 A 股暨换股吸收合并上电股份(600627)，换股与现金选择权实施，11 月 12 日为上电股份最后一个交易日。本次换股吸收合并中，每股上电股份(上海电气所持股份除外)可换得 7.32 股上海电气本次发行的 A 股。本次换股吸收合并将由第三方提供现金选择权，在 11 月 12 日登记在册的上电股份股东可以 28.05 元/股的价格全部或部分行使现金选择权，2008 年 11 月 11 日上电股份收盘价为 28.06 元/股，10 月 28 日最低 24.91 元。根据规定若未行使现金选择权，则其股份自动转换为存续公司上海电气股份，即相当于以 3.83 元/股的发行价购买了上海电气(601727)的股票。2008 年 12 月 5 日，上海电气(601727)上市交易首日开盘 5.94 元/股，盘中最高 7.60 元/股，收盘 6.74 元/股，涨幅高达 75.97%，对于当时 2008 年年底仅 1900 点的指数来说涨幅惊人。而最近上海电气(601727)最高价达 12.65 元，相当于 92.59 元的上电股份(600627)。历史上 2007 年 10 月 18 日上电股份的最高价为 91.83 元。同样，2006 年 9 月 26 日起上港集团(600018)换股吸收合并上港集箱(600018)也带来了大量的套利机会。

① 根据《公司法》的规定，合并时，股份回售权应当提供，但实际操作中，以下几种情形无需提供：(1)被吸收合并方可能为有限公司或非上市股份公司，且其股东均同意合并事项，无投反对票的股东，因此，无需提供回售权；(2)合并一方为上市公司时，均需提供回售权，但考虑到上市公司收购自己股份的程序较复杂，因此一般提供现金选择权，提供方可以为关联方，也可为非关联方、独立财务顾问或主承销商；(3)对于 H 股回归公司，不知是否受不同法律影响，一般不为其海外股东提供现金选择权。

(二)关于换股价格

目前,关于现金选择权的价格无明确法律规定,我们从各案例的情况总结实际操作中的情况。由表4-4可以看出,现金选择权的价格一般与换股价格相同,为董事会决议公告日前20个交易日均价。即使高于20个交易日均价,幅度也不会很大,且均低于换股价,因为,若现金选择权价格过高,则投反对票的股东增加,往往使得该项合并不能完成。因此即使有溢价,也会低于换股价格,如此,更多的股东会选择换股,以保证议案通过。

表4-4　2011年典型公司的换股合并的换股价格

序号	案例名称	现金选择权价格
1	金隅股份吸收合并太行水泥	10.65元/股,高于董事会决议前20日均价10.09元/股,但低于换股价格10.8元/股
2	桂林集琦换股吸收合并国海证券	3.72元/股,较停牌前20天均价溢价20.93%,与换股价格相同
3	友谊股份换股吸收合并百联集团	各自董事会决议公告日前20个交易日均价,与换股价格相同
4	华邦制药吸收合并颖泰嘉和	未提供
5	赛马实业换股吸收合并宁夏建材集团	22.13元/股,为董事会决议公告日前20个交易日均价,与换股价格相同
6	申龙股份换股吸收合并海润光伏	3.00元/股,为董事会决议公告日前20个交易日均价
7	中交股份换股吸收合并路桥建设	高于董事会决议前20日均价12.31元/股,但低于换股价格
8	济南钢铁换股吸收合并莱钢股份	各自董事会决议公告日前20个交易日均价,被合并方现金选择权价格低于换股价格

(三)关于盈利承诺

目前,上市公司重大资产重组过程中,为保护上市公司利益,往往会要求重组方对标的资产未来实现的利润情况进行承诺,但由于吸收合并的特殊性,被吸并方在重组完成后已不存在,不能单独经营,特别是在合并方仍保存部分业务的情况下,更难以确定被吸收合并方股东的责任。因此,目前大部分案例中均未进行承诺。仅申龙股份吸收合并海润光伏案例中,由于属借款上市,被吸并方的股东对未来赢利做了承诺。

(四)关于审核流程

在换股合并审核流程中,涉及国有资产的要经国家发改委、国有资产管理局等审批,涉及外资企业的需要经过商务部等批准以外,一般需要经过中国证监会的审核批准。

2012年2月2日,证监会核准了广州汽车集团股份有限公司换股吸收合并广汽长丰汽车股份有限公司的申请,在以往的操作实践中,此类申请由发行部审核发行股份,由上市部审核吸收合并,发审委和重组委均审议通过后,分别出具两个行政许可决定。证监会有关部门负责人表示:“这种操作实践环节较多,且分别核准会造成行政许可的不确定性,增加了申请人的成本。为此,证监会在本次审核广汽集团的申请中,对以往的操作方式进行了调整,按上市公司吸收合并一个行政许可项目予以审核。”

二、换股吸收合并案例

(一)上市公司吸收合并上市公司

【例 4-6】盐湖钾肥吸收合并盐湖集团

1.合并双方。

合并方:青海盐湖钾肥股份有限公司(以下简称盐湖钾肥)

证券代码:000792

被合并方:青海盐湖工业集团股份有限公司(以下简称盐湖集团)

证券代码:000578

2.合并方案及协议简介。

(1)合并方式。盐湖钾肥以新增股份换股吸收合并盐湖集团的方式实施合并;合并完成后,盐湖钾肥作为存续公司接收被合并方盐湖集团的整体资产、业务和人员,承继盐湖集团的全部债权、债务;

(2)换股比例及换股价格。此次换股吸收合并的换股比例和换股价格以盐湖钾肥与盐湖集团A股股票于定价基准日的二级市场价格为基准协商确定。盐湖集团于定价基准日前20个交易日的A股股票交易均价为25.46元/股,由此确定盐湖集团的换股基准价格为25.46元/股。盐湖钾肥于定价基准日前20个交易日的A股股票交易均价为53.53元/股,考虑到盐湖钾肥于2009年6月26日实施2008年度分红方案即每10股派发现金红利16.72元(含税),对上述价格进行除息调整,调整后的换股基准价格为51.86元/股。

(3)权利受限股份的处理。换股时,对于已经设定了质押、限售义务、被司法冻结的盐湖集团的股份,该等义务将在换取的盐湖钾肥的股份上继续有效存在。

(4)现金选择权。为保护盐湖集团股东的合法权益,换股吸收合并时,盐湖集团安排第三方为盐湖集团股东大会审议吸收合并议案时投反对票的股东持有的股份提供现金选择权。但该部分股份须由投反对票的股东自投票日起持续持有直至现金选择权实施日,如在投票日至现金选择权实施日期间出售股份或增持股份的,出售及增持部分的股份不再享有现金选择权。

(5)异议股份收购请求权。为维护盐湖钾肥股东的合法权益,盐湖钾肥为盐湖钾肥的股东安排了异议股份收购请求权,即盐湖钾肥股东对股东大会审议吸收合并的议案持异议或投反对票,并向盐湖钾肥提出申请要求盐湖钾肥或第三方购买其股份的,盐湖钾肥亦安排第三方以合理价格受让该部分股东持有盐湖钾肥的股份;但该部分股份须由投反对票的股东自投票日起持续持有直至异议股份出售实施日,如在投票日至异议股份出售实施日期间出售股份或增持股份的,出售及增持部分的股份不再享有收购请求权。

(6)合并的债务处理。双方在吸收合并前所有未予偿还的债务及未履行完毕的合同义务,在吸收合并完成后均由存续公司承继,并由存续公司承担偿还及履行义务;合并方案分别获得双方股东大会批准以后,由双方共同选定的第三方,对各自债权人于法定期限内提出提前清偿债务或为其另行提供担保的债权人提供担保;保证该部分债权人的债务能够得以清偿或能够获得新的担保;未能向盐湖集团或盐湖钾肥主张提前清偿或提供担保的债权人的债权将自交割日由吸收合并后的存续公司盐湖钾肥承担。

(7)人员安置。双方同意合并完成后,盐湖集团的全体员工将由盐湖钾肥全部接收;吸收合并满足生效条件后，盐湖钾肥与盐湖集团的全体员工重新签订《劳动合同》，盐湖集团全体员工的工龄连续计算，薪金待遇尽可能维持原状。

(8)资产交割。自交割日起，盐湖集团的全部业务、资产、负债将由盐湖钾肥享有和承担；自交割日起双方办理动产交接手续，以及所有要式财产的变更登记手续。自交割日起，盐湖集团的档案资料、所有银行账户资料、预留印鉴以及公司的所有印章移交给盐湖钾肥。

(9)股票登记。盐湖钾肥在换股实施股权登记日作为合并对价而向盐湖集团股东发行的新增股份登记至盐湖集团股东（包括由于现金选择权的行使而获得股份的第三方）名下。盐湖集团全体股东自新增股份登记于其名下之日起，成为盐湖钾肥的股东。

(10)过渡期损益的处理。双方约定以 2009 年 6 月 30 日为合并基准日，盐湖钾肥、盐湖集团于合并基准日起至交割日，过渡期间形成的损益，扣除为实施合并所应承担的税费及其他成本、费用后，由存续公司（吸收合并完成后的盐湖钾肥）享有或承担。

(11)过渡期安排。自协议签署日至交割日的过渡期间，双方约定：盐湖集团应当、并且应当促使其下属企业：①在正常业务过程中按照与以往惯例及谨慎商业惯例一致的方式经营主营业务；②为了盐湖集团及其下属企业的利益，尽最大努力维护构成主营业务的所有资产保持良好状态，维护与客户、员工和其他相关方的所有良好关系。

(12)生效条件。①合并方案获得双方股东大会参加投票的股东所持 2/3 以上有表决权的股份表决通过；②合并方案获得国有资产监督管理部门批准；③吸收合并取得反垄断执法机构的批准；④合并方案获得中国证监会的批准，且豁免青海国投要约收购义务。

(13)违约责任。任何一方违反其声明、保证、承诺或虚假陈述，不履行其在项下的任何责任与义务，即构成违约，违约方应当根据另一方的请求继续履行义务、采取补救措施，或给予其全面、及时、充分、有效的赔偿；非因双方的过错导致吸收合并不能生效或不能完成的，双方均无需对此承担违约责任。

3. 此次合并的特点分析。

(1)盐湖集团和盐湖钾肥都是上市公司，合并后盐湖集团退市。

(2)盐湖集团作为盐湖钾肥的控股股东拥有盐湖钾肥 30.60% 的股权，该交易构成关联交易且涉及同业竞争问题。

(3)换股吸收合并的被合并方盐湖集团的资产总额占盐湖钾肥 2008 年度经审计的合并财务会计报告期末资产总额的比例达到 50% 以上，在 2008 年度所产生的营业收入占盐湖钾肥同期经审计的合并财务会计报告营业收入的比例达到 50% 以上，资产净额占盐湖钾肥 2008 年度经审计的合并财务会计报告期末净资产额的比例达到 50% 以上且超过 5000 万元，参照《重组办法》第十一条的规定，构成重大资产重组，需报中国证监会核准。

(二)上市公司吸收合并非上市公司

【例 4-7】华邦制药吸收合并北京颖泰嘉和

1. 合并双方。

合并方：重庆华邦制药股份有限公司（以下简称华邦制药）

证券代码：002004

被合并方：北京颖泰嘉和科技股份有限公司

2. 交易方案。

(1)合同主体和签订时间。2009 年 9 月 29 日，公司与颖泰嘉和签署了《吸收合并协议》,2010 年 1 月 5 日,公司与颖泰嘉和签署了《吸收合并补充协议》。

(2)交易价格及支付方式。吸收合并所涉目标资产的评估值为 109617.22 万元,吸收合并交易价格为李生学等 18 名自然人股东享有的对应目标资产的权益 84686.21 万元,交易以 84686.21 万元作为交易价格。作为吸收合并的支付对价,华邦制药按照审议交易首次董事会决议公告日前 20 个交易日华邦制药股票交易均价(决议公告日前 20 个交易日公司股票交易总额除以决议公告日前 20 个交易日公司股票交易总量),即每股 23.86 元的价格向颖泰嘉和自然人股东发行 3549.30 万股的股份以换取自然人股东合计享有的颖泰嘉和 77.2563%的权益。

(3)资产交付及过户时间安排。颖泰嘉和与存续公司就颖泰嘉和全部资产变更至存续公司名下之日为交割日,双方应签署交割完成的确认函。双方应于股份发行日之前完成目标资产的交割,股份发行日应不晚于华邦制药收到中国证监会核准文件之日起 12 个月的对应日。双方应于本协议生效后开始办理颖泰嘉和全部资产的变更手续。对于可以实物交付方式移转的资产,颖泰嘉和应向华邦制药交付(或促使第三方向华邦制药交付)该等资产,确保华邦制药可以及时接管该等资产并开始经营;对于按照国家法律法规要求应当办理过户更名手续的资产,双方应当办理完毕该等资产转移至存续公司名下的全部必要手续,包括但不限于注册、变更登记或备案。华邦制药应在交割日起尽快向登记结算公司申请办理新增股份的登记手续。

(4)交易标的自评估基准日至交割日期间损益的归属。双方同意,自评估基准日起至目标资产交割日,根据交割日的审计结果,目标资产的期间收益(包括但不限于可分配利润)由存续公司享有。目标资产发生的期间亏损由颖泰嘉和全体股东按比例承担,在资产交割日由自然人股东以现金方式按其各自所应承担的比例向存续公司补足。

(5)协议生效条件。吸收合并事项经华邦制药董事会审议通过;吸收合并经出席华邦制药股东大会会议的股东所持表决权的 2/3 以上通过;吸收合并获得中国证监会的核准。

(6)违约责任。任何一方未能履行其在本协议项下之义务、责任或承诺或所作出的陈述或保证失实或严重有误,则该方应被视作违反本协议。违约方应依本协议约定和法律规定向守约方承担违约责任。如果双方均违约,各方应各自承担其违约引起的相应责任。

(7)其他补充条款。华邦制药实际控制人张松山已出具承诺,自 2010 年至 2012 年,每年减持的股份数量不超过其直接或间接持有华邦制药股份数量的 20%。华邦制药股东潘明欣已出具承诺,自 2010 年至 2012 年,每年减持的股份数量不超过其持有华邦制药股份数量的 20%。

颖泰嘉和承诺:自华邦制药首次董事会决议公告日至股份发行日期间不进行除权除息,除非吸收合并未获得经出席华邦制药股东大会会议的股东所持表决权的 2/3 以上通过,或吸收合并未经中国证监会核准。

3.此次合并的特点分析。

(1)合并双方一方为上市公司,另一方为非上市公司。上市公司通过增发股份合并非上市公司。

(2)此次合并双方不涉及关联交易且不涉及同业竞争问题。

(3)此次合并,华邦制药(合并方)并未提供现金选择权。

(4)此次交易标的资产的交易价格为 84686.21 万元,超过公司最近一个会计年度经审计的合并财务会计报表期末净资产额的50%，且超过5000万元。按照《重组办法》中关于重大资产重组的确定标准，此次交易构成重大资产重组行为。

第四节 企业杠杆并购

一、杠杆并购的概念与特点

杠杆并购是指并购方以目标公司的资产作为抵押，向银行或投资者融资借款来对目标公司进行收购，收购成功后再以目标公司的收益或是出售其资产来偿本付息。杠杆并购是并购企业通过负债筹集现金以完成并购交易的一种特殊情况，杠杆并购的实质是以现金支付并购对价的一种特殊的融资方式。

杠杆并购的特点主要有三点。首先，杠杆并购的负债规模（相对于总的并购资金）较一般负债筹资额要大，其用于并购的自有资金远远少于完成并购所需要的全部资金，前者的比例一般为后者的10%—20%；其次，杠杆并购不是以并购方的资产作为负债融资的担保，而是以目标公司的资产或未来或有收益为融资基础，并购企业用来偿还贷款的款项来自目标企业的资产或现金流量，也就是说，目标企业将支付它自己的售价；最后，杠杆并购的过程中通常存在一个由交易双方之外第三方担任的经纪人，这个经纪人在并购交易的双方之间起促进和推动作用。

人们常常将杠杆并购与“垃圾债券”联系在一起，甚至将两者画上等号。尽管“垃圾债券”往往是杠杆并购中的一种主要筹资工具，但杠杆并购并非一定与“垃圾债券”相联系。财务杠杆的意义是在资本结构中，以小比例的自有资金支持大比例的负债资金。负债资金可以是银行贷款，也可以是企业债务或其他形式的债务。杠杆并购的融资结构往往是混合融资方式。许多杠杆收购是以债券为主要融资工具，主并企业以目标企业的资产作为担保或抵押，发行回报率高的次级债券，吸引投资者。但是，在一揽子融资安排中，也并非都是以“垃圾债券”占主导地位。在一些杠杆并购中，一级和次级银行贷款所占的融资比例可高达60%，债券融资比例大约为30%，优先股、普通股占10%。杠杆并购的融资方式多种多样，主并企业可以充分利用银行信贷额度、抵押贷款、长期贷款、商业票据、高级债券、次级债券、可转换债券、认股权证、优先股、普通股等多种融资工具。与杠杆并购多样的融资方式相对应的是参与融资机构的广泛，通常有商业银行、投资银行、保险公司、投资基金及其他非银行金融机构等。资信高的金融机构参与其中，可提高并购的可信度，吸引投资者，能够促进并购交易的顺利进行。

二、杠杆并购成功的条件

选择何种企业作为并购的目标是保证杠杆并购成功的重要条件。一般来说，具有以下特点的企业宜作为杠杆并购的目标企业。

（一）具有稳定连续的现金流量

由于杠杆并购中巨额利息和本金的偿还需要目标企业的收益和现金流来支付，所以目标企业收益及现金流的稳定性和可预测性是非常重要的。目标企业收益及现金流的质量是债权人关注的重点，在他们看来，现金流量的稳定性、连续性在某种程度上比利润规模大小还重要。

（二）拥有人员稳定、责任感强的管理者

考虑到贷款的安全性，债权人往往对目标企业的管理人员要求很高。只有管理人员勤勉尽职，才能保证贷款本息的如期偿还。管理人员的稳定性，通常根据管理人员任职时间的长短来判断，时间越长，债权人倾向于认为其在并购完成后留任的可能性就越大。

（三）被并购前的资产负债率较低

由于杠杆并购是以增加大量的负债为根本特征的，并购完成后，企业的资产负债率必将大大提高。如果并购完成前，目标企业的资产负债率较低，一方面增加负债的空间相对较大，另一方面在增加相同数量的负债的情况下，与并购前资产负债率就已经比较高的企业相比，有较多的资产可以用于抵押，能够增强债权人的安全感。

（四）拥有易于出售的非核心资产

杠杆并购中巨额负债的偿还途径：一是目标企业的收益以及由此形成的现金流，另外就是变卖目标企业的部分资产。如果企业拥有易于出售的非核心资产，则它就可以在必要的时候出售这些资产来偿还债务，从而也能增强对债权人的吸引力。

一般而言，以技术为基础的知识、智力密集型企业，进行杠杆并购比较困难，因为企业只拥有无形资产和智力财富，未来收益和现金流量难以预测，并且难以变卖获得现金。但这也不是绝对的，如果债权人认为这些企业的管理水平高、无形资产能够变卖、企业现金流量稳健，也同样能给予贷款。

【例 4-8】美国 KKR 公司是世界有名的专门做杠杆收购的公司。该公司向外大量举债，专找营运业绩欠佳，但却很有发展潜力的公司。对于拥有众多资产而又经营不善的公司，KKR 公司一旦介入，通常将其部分资产出售，整顿后再以高价卖出。

1988 年，KKR 公司以 250 亿美元成功收购纳比斯克（RJR）公司。当时，RJR 公司股价一直偏低，主要是因为该公司主力产业烟草业过去有多家公司被吸烟人要求损害赔偿，而使投资人对该产业没有信心。该公司最高执行主管打算以 MBO（4.3 节将进行介绍）加上 LBO 的方式，通过协议银行协助，以每股 75 美元要约（当时市价为 55 美元），其资金以银行贷款及发行“垃圾债券”偿付。该主管也打算出售一些资产来偿债，且已接洽过潜在买主。但此消息传出后，KKR 公司立即出价 90 美元参与收购竞争，于是 RJR 股东及董事会宣布重新择期竞标。之后 KKR 公司首先将要约升至 94 美元，RJR 公司最高执行主管接着提出 100 美元竞价，KKR 公司又将出价升至 106 美元，并且承诺原公司大部分业务不出售，并对员工提供更多福利与保障。最后 KKR 公司以 109 美元中标，成交金额为 251 亿美元。此收购案例中，KKR 公司自己仅出资 15 亿美元，其他约 50%—70%的收购资金由两家投资银行及银行集团贷款，其余则为发行“垃圾债券”。

三、杠杆收购的极致——明星电力的陨落

（一）收购背景

明星电力是四川遂宁市 380 万人口水、电、气的主要供应商。表 4-5 给出了 2002 年 12 月 31 日明星电力的资产负债表，表 4-6 给出了明星电力 2002 年底的关键财务指标。由这些指标可以看出，当时的明星电力外债很少，资产负债率很低，货币资金很多，流动性很强。

2002 年 8 月，明星电力第一大股东遂宁市政府打算转让明星电力 28.14%，共计 4778 万股股票，转让价为 3.8 亿元。周益明得知明星电力欲转让 28.14%的国有股股权时，明星电力良好的资产状况引起了他的强烈兴趣，他开始积极筹划准备。

表 4-5　2002-12-31　明星电力的资产负债表　　单位：亿元

项目	余额	项目	余额
货币资金	2.3	短期借款	0.2
应收账款	0.24	长期借款	1.4
其他应收款	0.23	股本	1.7
存货	0.23	资本公积	5.4
长期投资	0.4	盈余公积	1.7
固定资产	9.7	未分配利润	1.5
资产合计	14.3	负债和所有者权益合计	14.3

表 4-6　2002-12-31　明星电力的主要财务指标

每股净资产	每股收益	流动比率	速动比率	净资产收益率	资产负债率
6 元	0.44 元	1.86	1.67	7.64%	23%

（二）周益明的筹划准备

1. 虚假审计，11 万变为“亿万负翁”。周益明立即着手成立深圳市明伦集团与遂宁市政府接洽，但当时他的净资产实际为负数，而按照规定，收购上市公司的资金不能超过集团公司净资产的 50%，周益明和他的明伦集团根本没有资格和实力收购明星电力股份，这似乎是个“不可能完成的任务”。

为了达到收购资格，2003 年 3 月，周益明让人找到深圳市中喜会计师事务所，要将公司净资产做到 10 亿元以上。而在拿到公司资料的第二天，这家事务所就做出了一份总资产 27 亿元、净资产 12 亿元的 2002 年度资产审计报告。更离谱的是，由于收购上市公司需要有连续两年的财务审计报告，中喜会计师事务所又补充了一份 2001 年度的假审计报告。周益明一夜之间从“负翁”变成了“身价 27 亿元的富翁”，而付出的代价仅仅是给中喜会计师事务所 11 万元审计费①。

2. 银行高管出谋划策，贷款成为收购资金。在明星电力案中，银行内部“潜规则”被周益明发挥得淋漓尽致，他不仅用银行贷款组建了集团公司，还凭借与几个银行高管的“深交”，违法获取贷款直接用作收购资金。

据遂宁市公安机关侦查，2002 年 8 月，周益明得知明星电力部分股权将转让的消息时，

① 中喜会计师事务所所长吴光影事后承认，整个审计报告出炉过程中，事务所根本没有派人到明伦集团进行资产核对。在此之前他甚至都没听说过有明伦集团这么一家公司。事实上，这家于 1995 年成立的会计师事务所曾因违规受到过警告处分，后于 2005 年更名，同年又因违规被注销。多年来，这样一个屡次违规的会计师事务所一直活跃在这一行业，据公安机关透露，中喜会计师事务所两年内出具的虚假审计报告竟然多达 5000 份！

他的企业还只是深圳市明伦实业有限公司，周益明一边虚构明伦集团与遂宁市政府洽谈收购事宜，一边临时组建所谓的集团公司。他先以10万元买来深圳某公司，用8000万元银行贷款进行反复倒账，虚增母公司及7个子公司的注册资本金3亿元，直到2002年12月，明伦集团才正式完成了工商注册。

此时的周益明可谓“万事俱备，只欠东风”。虽然顶着“27亿元身价”的光环，但他仍拿不出一分钱来收购明星电力股权，他的眼睛又盯在了银行贷款上。而按证券市场管理的有关规定，银行贷款严禁用于上市公司收购，这似乎又是个“不可能完成的任务”，但周益明与银行高管的“深交”发挥了关键作用。

据公安机关侦查，周益明与华夏银行广州分行行长郭俊明和上海浦东发展银行深圳罗湖支行行长韩茂胜等人“交情匪浅”。郭俊明曾接受过周益明的两台高级小轿车，逢年过节还有银行卡等“过节费”可拿，周还曾许诺送他一栋别墅。而韩茂胜曾为了增加银行存款业绩，找周益明帮过不少忙，韩也在其中得到“政绩”和“实惠”。

据事后郭、韩等交代，2003年周益明向他们明确提出收购明星电力资金上有缺口，希望他们能“支持一下”。但银行资金不得用于上市公司收购，为了规避监管，华夏银行广州分行、浦发行深圳罗湖支行及广发行深圳分行春风路支行都做了一个“过桥贷款”的方案：以收购后明星电力的股权作为抵押，以企业流动资金的名义给周益明放贷，使得他获得了3.8亿元资金，完成了“空手套白狼”式的资本运作。具体的流程如图4-1所示。

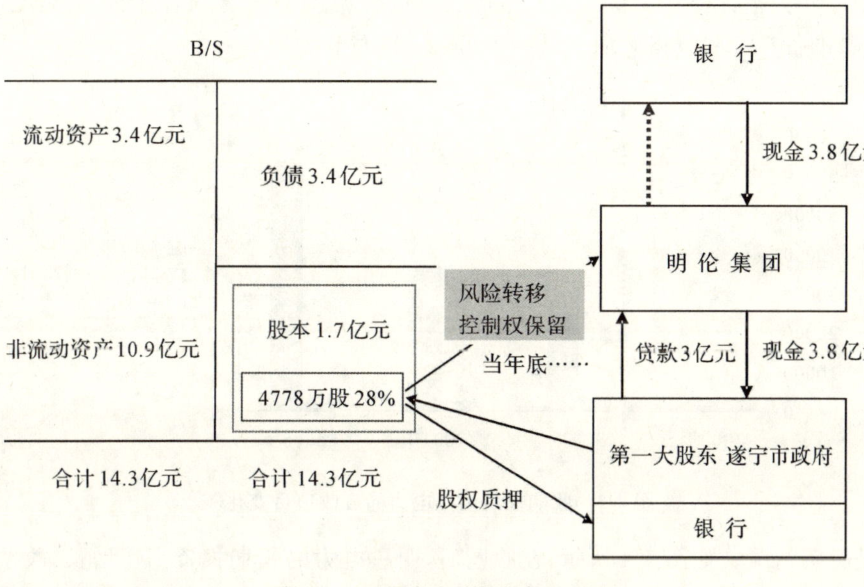

图4-1 明星电力的股权转让过程

3.股权质押后的风险分析。企业股权代表对企业经营权、资产处置权以及最后的索偿权，也是股东出资后的权利在会计账上的体现。当股权质押后，原股东等于没有出资，但企业经营权、资产处置权还存在。此时原股东会设法掏空企业资产，以无力偿还为借口，将企业送给借款单位。可惜如果企业真的要清偿，谁是优先索偿者：债权人还是质押后的股东？

（三）收购后明星电力财务上的变化

2003年7月，周益明掌控的深圳明伦集团收购上市公司明星电力28.138%国家股，从而成为明星电力第一大股东，周益明因此当选明星电力董事长。我们先来看看收购后两年内明星电力业绩的变化。

1. 盈利能力。收购后，如图 4-2 所示，电力业绩迅速下滑，每股净资产和每股收益在 2005 年都大幅下滑，每股收益更是在收购后第三年出现亏损，每股净资产也大幅度下降。

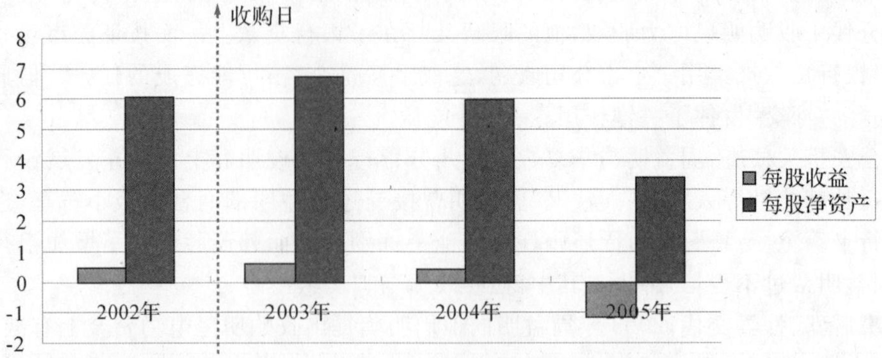

图 4-2 收购前后明星电力的盈利能力

2. 流动性。由图 4-3 可知，明星电力的应收账款在收购前后几年未发生大的变化，但值得引起注意的是其他应收款在收购后发生急剧增长，2005 年达到惊人的 6.2 亿元，坏账准备在 2005 年大幅计提 2.9 亿元。其他应收款的大幅度增长意味着什么？为什么要计提大额的坏账准备？这些数据后面有哪些不可告人的秘密？

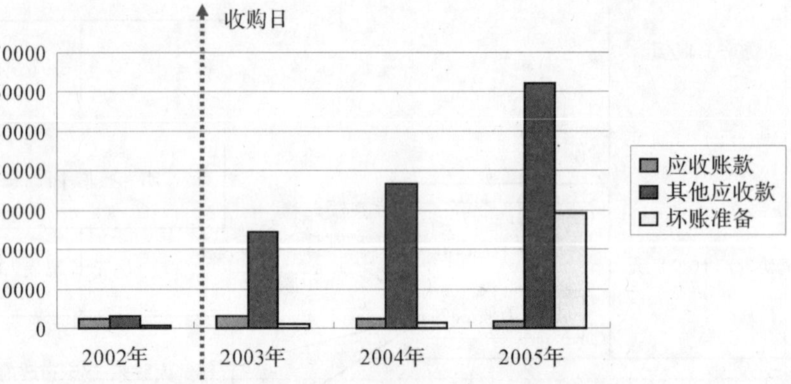

图 4-3 收购前后明星电力的应收项目变化

3. 投融资情况。如图 4-4 所示，在收购后，明星电力的长期投资高速增长，收购当年便急剧增加 3.8 亿元，2003 年和 2004 年保持了相当高的水平。短期借款在收购后急剧增加，从 2003 年一直到 2005 年都保持了相当高的水平，远远高于收购前的水平。长期借款在收购前后保持相对稳定。借款的急剧增加与长期投资的高速增长之间有着必然的联系，然而，周益明把这些资金都投到了哪些领域？这些投资的效益又如何呢？

这些变化的背后，究竟隐藏着什么？这还需要从收购后周益明的一系列活动来看。

(四)收购后周益明掏空明星电力的准备

在收购完成后，周益明就迫不及待地从各个方面为掏空上市公司做好积极准备。他主要从三个方面进行。

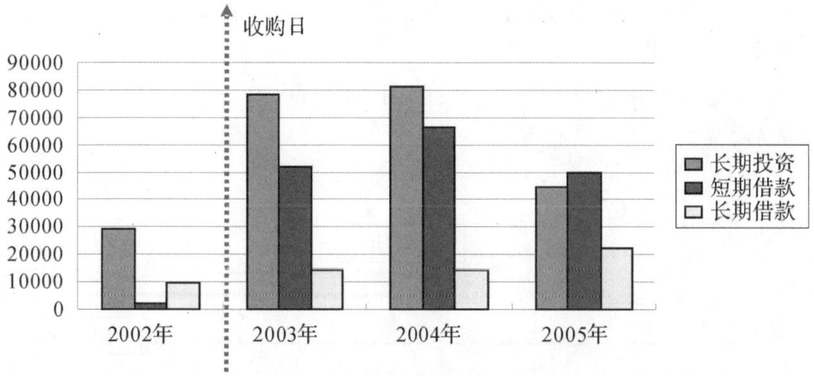

图 4-4 收购前后明星电力的投资情况

第一,改组董事会,修改公司章程,全面掌控资金和经营权。为全面掌控资金和经营权,周益明从以下四个方面进行了准备:一是改组董事会,原董事会成员 13 名(其中董事 11 名,独立董事 2 名),保留 2 名,其他全部换成自己的人马;新董事会成员 11 名(董事 7 名,独立董事 4 名),原 2 名独立董事被换下,新当选的 4 名独董全部为周益明提名。二是更换管理层,为达到掌控资金的目的,周换了财务总监,掌握资金控制;贿赂总经理,从而掌控了经营权。三是修改公司章程,缩小独立董事表决范围。原章程规定独立董事需对以下事项发表独立意见:占公司资产 30%以上的资产置换、收购或出售方案;占公司净资产 10%以上的风险投资、担保及财产损失方案。而新章程规定独立董事不需要发表独立意见。四是修改公司章程,扩大董事会权力。将董事会投资权限由 8%提高到 30%,有权对 3 亿元项目批准投资,重大投资、担保、资金调拨决策绕开股东大会,可以直接由董事会进行决定,从而为后续的掏空上市公司做好了制度上的准备。

第二,银行贷款,开源"增流"。收购完成后,明星电力的短期借款迅速上升,从其 2004 年 12 月 31 日的资产负债表来看,明星电力从银行取得 6.5 亿元的短期贷款,短期借款从期初的 0.2 亿元迅速上升到 6.7 亿元,账面上的货币资金也迅速从 2.3 亿元增加了 8.8 亿元。明星电力为什么要增加这么多的贷款?其实,公司在 2001 年刚刚施行配股,刚刚募集资金 3.4 亿元,现有资金能够满足公司正常业务发展需要。事实证明,新增贷款大部分都被秘密转移出去!

(五)收购后周益明掏空明星电力的手段

周益明主要以三种手段对上市公司明星电力的资金进行了转移。

首先,对外投资,转移资产。在周益明的一手操纵下,明星电力投资在深圳设立两个子公司,实现多元化经营。投资 2.7 亿元设立明星康桥,控股 77%进入房地产领域;投资 1.5 亿元设立明星商社,控股 75%,进入国际贸易领域。但事实上,这两家公司根本没进行实际运营,而是成为了资金转移的一个渠道而已。周益明利用这两家公司的资金拆借给下家,在这两家子公司账面上一共形成了 4.2 亿元的其他应收款,而这两家子公司表现在明星电力的账上就是长期股权投资。周益明的基本思路是以明星电力的优质资产作为平台,从银行获得贷款,然后对外投资,资金再从控股子公司转移到自己名下。通过这种手段,明星电力账面上的真金白银 4.2 亿元(货币资金)变成了虚无缥缈的长期股权投资 4.2 亿元。

其次,违规拆借,虚假贸易。2003年和2004年间,明星电力和其关联企业之间的违规拆借高达9亿元,通过和天津杰超、香港立亿之间的虚假贸易骗取1.4亿元,导致明星电力账面上的货币资金进一步减少。和关联企业以及以上两家公司之间的往来导致其他应收款从并购前的0.23亿元迅速上升到2004年12月31日的3.53亿元。而到了2005年东窗事发时,其他应收款竟然高达6.2亿元。

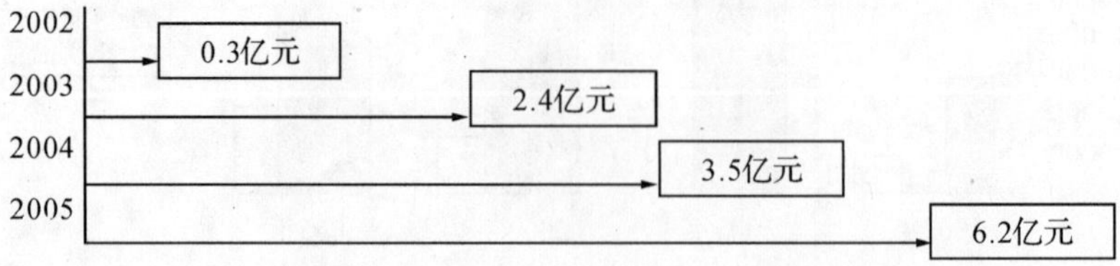

图4-5 明星电力其他应收款的变化

最后,违规担保,表外承诺表内殃。利用上市公司对关联企业贷款担保,资金没到上市公司,最终却都要上市公司偿债。周益明还利用明星电力作为上市公司的良好平台作用,大肆违规为其他关联企业提供担保贷款。而一旦这些被担保的关联公司不能按期还款,则银行会直接将资金从明星电力的账上划走,而在明星电力的账面上又再次形成其他应收款。对外担保还会形成预计负债,也会影响到公司损益。这也可以解释明星电力在主业企业经营还不错的情形下,为什么会出现亏损的原因。表4-7给出了明星电力对外担保的情况。

表4-7 明星电力违规担保一览 单位:万元

贷款公司	担保标的	金额	担保形式	目前情况	与明伦集团关系
明伦集团	银行贷款	2000	商业承兑汇票	银行起诉	——
深圳溢时丰实业有限公司	银行承兑汇票	4800	存单质押	银行扣除	子公司
深圳银龙源实业有限公司	银行承兑汇票	5710	存单质押	银行扣除	不详
深圳升达实业有限公司	银行承兑汇票	5300	存单质押	银行扣除	子公司
深圳市日盛汇实业有限公司	银行贷款	2000	连带责任	银行起诉	不详
深圳市索祺实业有限公司	银行贷款	4000	连带责任	银行起诉	子公司
明伦光电技术有限公司	银行贷款	3800	连带责任	银行起诉	子公司
深圳市索祺实业有限公司	银行贷款	3350	连带责任	银行起诉	子公司
深圳市日盛汇实业有限公司	银行贷款	3800	连带责任	银行起诉	不详
明伦光电技术有限公司	银行贷款	1950	连带责任	银行起诉	子公司
明星康桥	银行贷款、汇票	10000	连带责任	代偿本息	关联

(六)事后的疑点和反思

通过上述分析,一幅"民营企业家"掏空国有上市公司的犯罪流程图跃然纸上:第一步,中介机构疯狂造假,一夜之间虚构出周益明27亿元的身价;第二步,银行高管出谋划策,让周益明用贷款收购股权;第三步,国有股权转让决策草率,引狼入室;第四步,国企高管内外勾结,放任周益明大肆侵吞国有资产。这四步欺诈术其实并不高明,但是几乎所有监管环节都被击穿,周益明顺利地实现了"空手套白狼",涉案金额高达7.6亿元。在周益明并不高明的骗术面前，层层监管部门，竟变成了“瞎子”和“聋子”，而公司国有股东代表不仅没有履行监管职责，反而收受贿赂，与犯罪分子沆瀣一气。

在股权转让前，遂宁市曾派出考察组到深圳市考察明伦集团。周益明经过精心安排，带着他们到自己合作伙伴的企业参观，并称是自己的企业。这样赤裸裸的欺诈，竟然成功地蒙混过关。[①]

中喜会计师事务所出具的两份审计报告，粗略一看，发现漏洞百出。如，反映2002年“借款”一项，期末数有13笔，其中上千万元的达10笔，仅5000万元的就有2笔，但合计仅313万多元。如此漏洞百出的假报告，竟成了“购买”明星电力的“通行证”。

而据案发后对周益明提供的这两份假报告的重新审计，2002年底明伦集团的总负债已高达2.8亿元，净资产实际为负647万元。事实上，遂宁当地干部对记者透露，当时曾有人提出，明伦集团到底有没有实力，不能光凭周益明提供的审计报告下结论，应该聘请会计师事务所重新审计一下，但建议最终没有被采纳。

周益明在被捕后交代，他原本打算“捞”上几亿元后，就让明伦集团破产，以便抽身退出。他在入主公司后不到4个月，就从明星电力划走了5亿元。然而面对这样庞大的可疑资金流出，作为公司国有股代表的总经理周某不仅没有履行自己的监管职责，反而收受周益明的贿赂，坐看国有资产大量流失。目前明星电力原总经理已被“双规”，初步查明其收受贿赂达百万元以上。

尽管周益明是以“涉嫌挪用资金罪”被逮捕的，公安机关是以“合同诈骗罪”对明星电力案进行侦查的，目前案件即将进入诉讼阶段。有学者认为，一旦将最高可判无期徒刑的“合同诈骗罪”引入明星电力案的审理，将为我国资本市场的规范发展祭起一把“达摩克利斯剑”，从而极大地改变当前对资本市场犯罪打击不力的现状。

西南政法大学经济法学院院长唐清阳认为，近年来大股东违法犯罪的手法大多类似，表现为虚假注册资金、挪用资金、违规担保等，但最终目的都是为了套取上市公司资金。而目前我国司法实践中，往往将大股东这一系列行为割裂对待，仅以虚假注册、挪用资金等罪名分别定罪量刑，而忽略了其行为从整体上看就是一种欺诈行为，不仅在量刑上会大大降低打击力度，也无法从根本上保护国有资产和广大股民的利益。因此，在遵循“罪刑法定”的原则下，对待类似案件应该有新的思维，加大刑法打击力度。

公安机关认为，周益明采用一系列的欺诈手段取得了上市公司控股权，大肆侵吞上市公司资金。周益明收购明星电力股权的整个过程，实际上就是实施诈骗的过程，符合刑法第二百二十四条中“合同诈骗罪”的相关规定。如果周的合同诈骗罪名成立，不仅最高可判处无期徒刑，而且他的全部非法所得将被没收，其典型意义是改变“打击乏力”的现状，为规范我国资本市场和打击国企改制犯罪树立“严刑峻法”。

---

① 事后当地的许多干部表示，揭穿周益明的骗术其实并不难。明伦集团号称有27亿元总资产，那样大的规模总该有各方面的数据和事实支撑。只要到当地工商部门查一下注册资本金、到税务部门查一下税收、到企业库房看一看产品、参观企业时看一下营业执照，就不难发现明伦集团的真面目。

第五节 管理层收购

一、管理层收购的概念与成因

管理层收购指目标公司的管理层利用外部融资购买本公司的股份，从而改变本公司所有者结构、控制权结构和资产结构，进而达到重组本公司的目的并获得预期收益的一种收购行为。管理层收购是杠杆并购的一种特殊形式，当杠杆并购中的主并方是目标企业内部管理人员时，杠杆并购也就是管理层收购。

从理论上说，管理层收购有助于降低代理成本、有效激励和约束管理层、提高资源配置效率。

与所有权与经营权分离不同的是，管理层收购追求的恰恰是所有权与经营权合一，从而实现管理层对企业决策控制权、剩余控制权和剩余索取权的接管，降低了成本。管理层收购后，管理者拥有企业的股权，企业的经营绩效与管理者的个人报酬直接相关，管理者有动力挖掘企业潜力，有利于降低管理者与股东之间的代理成本。此外，管理层收购常常需要借助于高负债的杠杆作用得以完成，高负债可以进一步约束管理者的经营行为，有利于公司现金流量的及时回收。

从激励的角度来讲，管理层收购有利于激发企业家充分发挥管理才能。控制权和报酬是企业家的两大激励因素。控制权可以满足其施展才能、“自我实现”的心理需求，也能满足其处于负责地位的权力需求。而报酬则满足其物质需求和价值实现的心理需求。

管理层收购有利于企业内部结构优化，进行产业转换，实现资源优化配置。20 世纪 80 年代以来，管理层收购作为一种产权变革的新模式在西方企业广为应用。通过管理层收购，企业可以较为方便地转移经营重点或产业调整，集中资源，开展核心业务。

【例 4-9】四通集团以 2 万元借款起家，发展成为拥有 10 亿元资产、25 个联营企业的大型跨国企业。随着公司逐步扩大，由产权不清带来的问题日益尖锐，严重影响了企业的增长，成为企业向现代化、国际化企业跃升的严重阻碍。产权改革成为四通集团最为紧迫的任务。经过内部研讨和外部专家咨询，四通集团最后决定采用 MBO 进行此次产权改革，经理层通过贷款买下公司股权，达到对公司的绝对控制，并且四通集团的所有职工共同参与了此次管理层收购。

1999 年，四通首先成立了职工持股会，接着，集团公司经理、员工共同出资组成“四通投资有限公司”，即新四通。新四通由四通集团投资 49%，四通集团职工持股会投资 51%共同组成。职工持股会由四通集团 616 名职工注资 5 100 万元形成，在认购总额中，总裁段永基和董事长沈国钧各占 7%，14 个核心成员共占 50%左右。这样，管理层通过绝对控股职工持股会对新四通实现绝对控股。新四通将分期分批私募扩股，逐步购买四通集团原有资产，从而完成产权重组、产业重组和机制重组的目标。

二、管理层收购的方式与程序

国外管理层收购的方式主要有三种：收购上市公司、收购集团的子公司或分支机构、公营部门的私有化。

(一)收购上市公司

在完成管理层收购后,原来的上市公司转变为非上市公司。这种类型的收购动机主要有四种:基层管理人员的创业尝试;防御敌意收购;机构投资者或大股东转让大额股份;摆脱上市公司制度的约束。

(二)收购集团的子公司或分支机构

大型企业在发展过程中为了重点发展核心业务或者转换经营重心进入新领域,通常需要出售一部分资产和业务,或者是曾经被收购的子公司在经营价值得以提升以后被再次出售套现收益,这些情况下,往往会以 MBO 方式进行资产的剥离和重组。管理层收购的优点在于管理人员往往具有信息优势,作为内部人员,容易满足保密要求,被收购单位与原来集团的业务联系会继续保持,从而有利于平稳持续的经营。

(三)公营部门的私有化

管理层收购是实现公营部门私有化的主要方式之一,其优势主要体现为两方面:一是可以引入资本市场的监督机制;二是可以激励管理层提升企业经营效益。

无论是哪种类型的 MBO,成功地进行管理层收购应综合考虑以下三个因素:首先,目标公司的产业成熟度。一般来说,当公司所处的产业比较成熟时,其收益和现金流比较稳定,能满足收购后企业巨额的利息支付和分期偿还贷款需求。其次,目标公司的资本结构。一般要求目标公司有形资产的质量和比重都较高,资本结构具有一定的负债空间。最后,经营管理的状态。经营管理越好的企业,其可以挖掘的潜在价值就越大,管理层收购后通过业务重组,获得较高现金流和超额收益回报的可能性就越大。

(四)管理层收购的步骤

管理层收购的实现一般需要经过前期准备、实施收购、后续整合、重新上市四个步骤。

第一步,前期准备。主要内容是筹集收购所需资金、设计管理层激励体系。在国外,一般由管理层领导的收购集团提供 10%的资金,作为新公司的权益基础,余下的 90%由外部投资者提供。其中约 50%—60%的资金可以通过银团抵押贷款获得,其余 30%—40%的资金可以通过对机构投资者进行私募或发行"垃圾债券"的方式筹集。管理层激励体系一般以股票期权或认股权证的形式向管理层提供基于股票价格的薪酬,这样,管理层的股份将不断增加,一般最终都会超过 30%。

第二步,实施收购。收购的方式可以采取收购目标公司的股票或资产两种形式。其收购方法与一般的收购并无本质区别。

第三步,后续整合。收购完成以后,管理者的身份发生了变化,成为公司新的所有者。为了增加利润和现金流量,他们会通过削减成本或改变市场战略进行整合,同时调整生产设备,加强库存管理、应收账款管理,调整员工结构。为了偿还并购中的银行贷款,减少负债,可能会进一步降低投资、出售资产甚至裁员。

第四步,重新上市。后续整合之后,如果公司实力增强,达到投资人预期的目标,为了向现有股东提供更大的流动性便利,投资人可能会选择使公司重新上市。

第六节 并购防御战略

并购防御(又称反并购)是针对并购而言的,指目标公司的管理层为了维护自身或公司的利益,保全对公司的控制权,采取一定的措施,防止并购的发生或挫败已经发生的并购行为。通常只有在敌意并购中,才会出现对并购的防御或抵制。并购防御的战略主要可分为两大类,一是经济手段,二是法律措施。本部分主要介绍并购防御的经济手段。

一、提高并购成本

(一)资产重估

通过资产重估,资产的账面价值与实际价值更加接近,提高净资产的账面价值,从而抬高收购价格,抑制收购。

(二)股份回购

公司一方面可以用现金回购股票,另一方面可以发行公司债券以回收股票,达到减少流通在外股份数的目的,从而抬高公司股价,迫使收购方提高每股收购价。

(三)寻找"白衣骑士"

目标企业为免遭敌意收购而自己寻找的善意收购者通常被称为"白衣骑士"。当公司在遭到收购威胁时,为不使本企业落入恶意收购者手中,可选择与其关系密切的有实力的公司,以更优惠的条件达成善意收购。一般来讲,如果收购者出价较低,目标企业被"白衣骑士"拯救的希望就大,而如果买方公司提供了很高的收购价格,则"白衣骑士"的成本提高,目标公司获救的机会就相应减少。但"白衣骑士"的介入常常会引发一场并购战,目标公司的股价会因此明显上升,也会增加收购成本,可能使敌意收购公司知难而退。

(四)"降落伞"计划

"降落伞"反收购计划主要是通过事先约定对并购发生后导致管理层更换和员工裁减时对管理层或员工的补偿标准,从而达到提高并购成本的目的。其中,"金色降落伞"是指目标公司董事会通过决议,由公司董事及高层管理人员与目标公司签订合同,一旦目标公司被并购,其董事及高层管理人员被解雇,则公司必须一次性支付巨额的退休金(解职费)、股票选择权收入或额外津贴。与之类似的是,"灰色降落伞"主要是向中级管理人员提供类似的保证,目标公司承诺,如果该公司被并购,中级管理人员可以根据工龄长短领取数周至数月的工资。而"锡降落伞"指目标公司的普通员工在公司被并购后一段时间内被解雇的话,则可领取员工遣散费。

二、降低并购收益

(一)出售"皇冠上的珍珠"

从资产价值、盈利能力和发展前景等方面来衡量,公司内经营最好的企业或子公司被称为"皇冠上的珍珠",因此也往往成为其他公司并购的目标。为保全其他子公司,目标公司可将"皇冠上的珍珠"这类经营好的子公司卖掉,降低主并公司的预期收益,从而达到反收购的目的。作为替代方法,也可把"皇冠上的珍珠"抵押出去。

(二)“毒丸计划”

“毒丸计划”主要有“负债毒丸计划”和“人员毒丸计划”两种。前者是目标公司在收购威胁下大量增加自身负债,降低企业被收购的吸引力。例如,发行债券并约定在公司股权发生大规模转移时,债券持有人可要求立刻兑付,从而使收购公司在收购后立即面临巨额现金支出,降低其收购兴趣。“人员毒丸计划”则是公司的绝大部分高级管理人员共同签署协议,在公司被以不公平价格收购,并且这些人中有一人在收购后被降职或革职时,全部管理人员将集体辞职。这一策略会使收购方慎重考虑收购后更换管理层给公司带来的巨大影响。当企业拥有非常精锐的管理层时,该策略的效果将会十分明显。

(三)“焦土战术”

当公司在遇到敌意收购而无力反击时,迫不得已可能会采取两败俱伤的做法。例如,将公司中引起收购者兴趣的资产出售,使收购者的意图难以实现,或是提高公司的负债比例,使收购者因考虑收购后严重的负债问题而放弃收购。

【例 4-10】2005 年 2 月 18 日,盛大互动娱乐有限公司(纳斯达克代码:SNDA)及其某些关联方向美国证监会提交了 13-D 表备案,披露其拥有新浪已发行普通股 19.5%的股权。由此互联网业惊天收购大案正式拉开序幕。而新浪方则启动了“毒丸”——购股权计划,以保障股东的利益。按照这一计划,股权确认日(预计为 2005 年 3 月 7 日)当日记录在册的每位股东,均将按其所持的每股普通股而获得一份购股权。

在购股权计划实施的初期,购股权由普通股股票代表,不能于普通股之外单独交易,股东也不能行使该权利。只有在某个人或团体获得 10%或以上的新浪普通股或是达成对新浪的收购协议时,该购股权才可以行使,即股东可以按其拥有的每份购股权购买等量的额外普通股。一旦新浪 10%或以上的普通股被收购(就盛大及其某些关联方而言,再收购新浪 0.5%或以上的股权),购股权的持有人(收购人除外)将有权以半价购买新浪公司的普通股。盛大已经持有 19.5% 的新浪股份。如果盛大再购买 0.5%的新浪股份,“毒丸”将使新浪股东有权以半价购买股票,收购方的股权和股票含金量都会被稀释,收购方持股比例会下降。对盛大来说意味着收购成本将是原来的 3 倍,分析师表明盛大收购新浪的股份可能要付出每股 93 美元的代价。“毒丸计划”启动后,2 月 22 日新浪股价立刻大涨至 28.42 美元,“毒丸计划”起到了明显的反收购之效。

三、收购并购者

收购并购者又称为帕克曼防御策略,目标公司通过反向收购,以达到保护自己的目的。主要方法是当获悉收购方有意并购时,目标公司反守为攻,抢先向收购公司股东发出公开收购要约,使收购公司被迫转入防御。

实施帕克曼防御策略使目标公司处于可进可退的主动位置,进可使收购方反过来被防御方进攻,退可使本公司拥有收购公司部分股权,即使后者收购成功,防御方也可能分享部分利益。

但是,帕克曼防御策略要求目标公司本身具有较强的资金实力和相当的外部融资能力。同时,收购公司也应具备被收购的条件,一般应为上市公司,否则目标公司股东将不会同意发出公开收购要约。

四、建立合理的持股结构

(一)交叉持股计划

即关联公司或关系友好公司之间相互持有对方股权,在其中一方受到收购威胁时,另一方伸出援手。比如,甲公司持有乙公司10%的股份,乙公司又购买甲公司10%的股份,双方之间达成默契,彼此忠诚、相互保护,在甲公司成为收购目标时,乙公司则锁住其持有的甲公司的股权,从而加大收购者收购股份的难度;同时乙公司在表态和有关投票表决时也支持甲公司的反收购,从而达到防御收购的目的。同理,乙公司受到收购威胁时,甲公司也会同样予以支持。

(二)员工持股计划

国外许多公司还通过员工持股增加敌意并购时股份收购的难度,其原理与交叉持股相同。但在我国由于员工持股比例非常低,还不足以构成有效的反并购计划。

五、修改公司章程

(一)董事会轮选制

公司章程可以对董事的更换比例做出规定,如规定董事的更换每年只能改选1/4或1/3等。这样,收购者即使收购到了"足量"的股权,也难以通过董事会达到控制公司的目的。公司未更换的董事可以决定采取增资扩股或其他办法来稀释收购者的股票份额,也可以决定采取其他办法来达到反并购的目的,如吞下"毒丸"或售卖"皇冠上的珍珠",使收购者的初衷不能得到实现或使公司股票贬值,造成并购者损失。

(二)绝对多数条款

我国新《公司法》第一百零四条规定,股东大会做出修改公司章程、增加或者减少注册资本的决议,以及公司合并、分立、解散或者变更公司形式的决议,必须经出席会议的股东所持表决权的2/3以上通过。可以说,我国当前的《公司法》对公司特殊事项已经做出了绝对多数表决权的规定,绝对多数的比例高于2/3是合法的。

在并购防御中,目标公司可以在章程中对公司合并时需要获得的出席股东大会绝对多数投赞成票的比例做出规定,如80%;同时,还可以规定对这一反收购条款的修改也需要绝对多数股东同意才能生效。这样,大大增加了敌意收购者的收购成本和难度。

【例4-11】蚂蚁向狮子的进攻——收购与反收购的经典案例

1984年,世界著名的大企业美国联合碳化物公司在印度博帕尔市的一家大型化工厂发生严重的毒气泄漏事故,当场造成了近2000人丧身,一时间国际舆论大哗,美国公司动用全力解决问题,不仅关闭工厂,而且答应了天文数字的经济赔偿。美国公司一时债务缠身,财务困难,股票价格更是一泻千里,长期不振。

本来美国联合碳化物公司是世界数一数二的大型企业,一般人是不敢与他争斗,更不敢梦想吃掉他,毕竟瘦死的骆驼比马大。但在美国金融界就有一帮不信邪的年轻人,再说了,狮子再瘦肉也比羊多,在他病的时候不趁机咬上一口哪能算是正常人呢?多少人千方百计地想趁这千载难逢的机会吃上一口;如果真吃上了,哪怕只在这狮子身上割一磅肉,对于那些类似蚂蚁的小企业都是一生享受不尽的财富。

美国GAF公司就是由一帮小蚂蚁组成的小公司,这家公司建立的目的就是要咬一口狮子肉。GAF公司经过金融界行家的帮助后，悄悄地募集了一笔风险投资基金，自1985年夏天开始暗中陆续低价买进美国联合碳化物公司的股票，到了9月份，GAF公司突然向公众宣布它已经拥有美国联合碳化物公司10%的股份，并向美国纽约证交所递交申请，公开收购意向。

这时的美国联合碳化物公司正为印度事件焦头烂额，每天不断地拆东墙补西墙，想办法解决棘手的印度事件。当听到GAF公司强行收购的消息后，董事会和经理们顿时都傻呆了，连夜开会，一开就是三天。原来的管理精英也六神无主，没有钱怎么能面对这虎视眈眈的饿狼？眼看自己没有办法，最后只有做出了一个最无奈的决定："向摩根斯坦利投资银团求救，雇佣一家从事投资兼并专业的律师事务所，请他们商量对策，并授权他们全力营救企业。"

1985年2月7日，GAF公司宣布："以每股68美元的价格用全部现金收购美国联合碳化物公司"。消息传出去后，美国联合碳化物公司大吃一惊，用现金收购固然很有诱惑力，但股价太低了，与目前的每股接近100美元的价格相差悬殊，如果GAF公司提出的价格超过85美元一股，董事会就考虑接受。但GAF公司的胃口实在太大，咬得太狠了。结果征求了摩根斯坦利银团和律师事务所的意见后考虑了三种对策：(1)寻找另一家愿意充当"白衣骑士"的公司收购美国联合碳化物公司，并替代GAF公司；(2)由摩根银团筹集资金并帮助寻找其他银团支持，进行反收购GAF公司，杀个回马枪；(3)采用交换报价的方式，以每股85美元的价格回购35%的公司股票(其中现金25美元，债券60美元)，这样一来，加上公司目前自己控制的股票就可以保住公司控制权。

在美国的各个金融投机商们一听美国联合碳化物公司要找"白衣骑士"，这种天赐良机可是百年不遇的好机会，怎么能放过呢？于是就纷纷赶来想趁机也咬上一口，哪怕吃不上肉也要喝口汤。但美国联合碳化物公司实在是太大了，一般的公司如果没有充分准备怎么能有这样的实力来帮助它起死回生？结果只有一家名叫KKP的美国公司符合要求并愿意充当"白衣骑士"。他提出了比GAF更好的价格来收购美国联合碳化物公司，但提出了要全面更换美国联合碳化物公司管理班子。美国联合碳化物公司的董事会和经理们一听简直是气疯了，这样的"白衣骑士"与GAF公司的全面收购没有任何区别，无疑是前门拒狼，后门进虎，GAF公司收购后还有一博，让KKP公司帮忙反倒连博的机会都没有了，大家一起失业滚蛋。

摩根银团对于美国联合碳化物公司也是极力帮忙，但无奈这联合碳化物公司已经被印度事件搞得名誉扫地，资本市场对它信心不足，再加上联合碳化物公司自己本身资金吃紧，生意一落千丈。而GAF公司因为收购打劫成功在望，股票价格一路狂飙，想在资本市场上再进行决战已属不易。而采用第二种方式反收购GAF公司的风险极大，稍有不慎损失更为惨重。按照公司章程，股东们将有权利追究董事会和经理们的法律责任。在这种情况下，美国联合碳化物公司已经是走投无路，只有采取交换报价回购股票的方式与GAF公司在股票市场上争购股票。

到了圣诞节后，GAF又利用美国百姓节后缺钱的心理，将收购股票的价格提高到了74美元一股。然后又表示："如果美国联合碳化物公司董事会愿意友好协商，GAF可以将收购价格提高到78美元一股"。美国联合碳化物公司此时的心情已经极为慌张了，看到GAF公司因为收购战已经从一个小蚂蚁成长为一头老虎，股票市场上GAF公司已经成为赚钱的标志，早就忘掉了另一个GAF公司的真正目的。在股票市场上，GAF公司用募集来的资本以现金收购股票很显然就比联合碳化物公司的部分现金收购有更多的吸引力。结果在这种形势下,联合碳化物公司更加被动。

半月后,联合碳化物公司董事会不得不作出了最痛苦的决定:"出售公司最赚钱的几家企业,将回购股票的份额提高到55%,增加剩余股票的分红派息"。

联合碳化物公司此举可以是鱼死网破之举。其一是将企业最赚钱的企业出售,让收购公司没有办法得到实际利益,即使是GAF收购成功,得到的也是没有了摇钱树的空壳企业。其二是增加现金,使其回购股票的能力增加。

1986年1月,GAF公司一看自己已经没有更多的实力去赢得收购,而且在收购战中已经取得利润,于是就撤回报价,宣布放弃收购。

历时半年的企业收购战宣告结束。

这次收购是国际金融史上最有名的收购战,涉及时间长达半年,金额也高达百亿美元。这也是国际收购史上唯一一个现金收购失败的案例。

GAF公司本是一个没有经济实力的小公司,但他看准了美国联合碳化物公司的弱点,巧妙地利用了时间和资本市场及股民的心理,对这家世界级的巨人企业狠狠地咬上了一口。在这次收购战中,GAF公司顺手牵羊地掠走了美国联合碳化物公司310万股股票,并在收购战中抢走了联合碳化物公司1.35亿美元的税前利润;本身的股票也扶摇直上,一下就升值数倍,摇身一变成为大型企业。

在这次收购战中,参与的投资银行和律师事务所也是极大的获利者,总共从中抢得了7400万美元。

可怜的美国联合碳化物公司在这次收购战中受伤最重,本来就因为印度事件伤痕累累,这次又将债务增加一倍,股东权益减少四分之一,公司里最赚钱的企业也被出售,损失惨重,苦不堪言。本来在国际金融界就是弱肉强食的地方,但只要机会找得好,善于利用资本市场,想在这里吃口肉还是有很多机会。

生意市场就如同是一个金字塔,诸如贸易和生产企业都是金字塔下面的基础,这里生意机会多,但经营的人更多,拼杀竞争程度远比上层要残酷。相反,金融界是生意市场的顶端,空间虽小,但同样竞争程度也小,毕竟能进去的人不多,只要你抓住机会,得到的利益永远会比在金字塔底层得到得多。在金融界,只要你有足够的智力和胆量,一夜致富并不是梦。请记住,狮子身上的肉永远比羊多,再小的一块肉都够蚂蚁一生享用。

第五章　金融衍生品与企业风险控制

案例引导：冰火两重天——金融危机中金融衍生品的双刃剑作用

自2008年夏天以来，美国和其他发达国家的金融市场爆出的次级抵押贷款流动性风波，升级为一场金融危机，而且祸及了全球市场，并向实体经济渗透。这场危机给中国部分使用金融衍生品的企业带来巨额损失。依据公开信息披露，28家央企参与金融衍生品套期保值业务亏损的占大多数(见表5-1)。如香港的中信泰富、东方航空、江西铜业等公司就在金融衍生品上遭受了重大的损失，这引发了社会各界对金融衍生工具套期保值功能的争论。

表5-1　2008年金融危机中使用金融衍生品遭受重大损失的几大国有企业 单位：亿元

公司	当年净利润	套保损失	套保损益贡献	套保基础资产	套保工具	操纵方式	交易场所
⋆ST东航(600115)	−139.28	−62	45%	原油价格	结构性金融期权	零成本结构性期权	场外
国航(601111)	−92.60	−77	83.22%	同上	同上	同上	场外
⋆ST上航(600115)	−12.49	−1.7	5.6%	同上	同上	同上	场外
中国远洋(601919)	108.30	−53.80	50%	运费	同上	同上	场外
深南电A(000037)	0.11	——	——	原油价格	复杂远期合约	累股杠杆式合约	场外
中信泰富(HK0267)	−117.54	−147	125%	汇率价格	复杂远期合约	累股杠杆式合约	场外

(资料来源：根据新浪财经和上市公司年报整理。)

表5-2　美国西南航空公司2001—2007年的净利润与套保收益 单位：百万美元

年份	2001	2002	2003	2004	2005	2006	2007
税前收益	631	417	483	554	779	790	1058
套保收益	80	45	171	455	892	634	686
套保收益占比(%)	12.6	10.79	35.40	82.13	114.51	80.25	64.84
净利润	511	241	442	313	484	499	645

(资料来源：根据雅虎财经和上市公司年报整理。)

然而,在这场危机中,中外企业在应用金融衍生品的实践当中却出现了冰火两重天的局面。在中国企业折戟金融衍生品业务时,美国西南航空公司却能合理利用对航油的套期保值,保证了公司业绩的稳定和增长,利用原油套期保值已经成为了美国西南航空公司有效控制成本,稳定收益的重要手段(见表 5-2)。中国国航等国内多家企业在利用套期保值业务时为何遭遇惨败?而美国西南航空却能自如地运用套期保值工具进行成本控制以降低企业经营风险?本章将从金融衍生品的角度出发,解决如下问题:

1. 何为金融衍生品?金融衍生品主要包括哪几种?各有何特点?
2. 如何利用金融衍生品进行套期保值以有效降低企业的风险?
3. 中国国航利用套期保值业务失败的原因何在?
4. 美国西南航空利用套期保值控制企业风险成功的奥秘在哪里?

第一节　金融衍生品的概念

金融衍生品是什么?简单说来,金融衍生品就是一纸合约,是关于什么的合约?是关于某些商品或产品在未来价格变动等的合约,它是合约双方对未来价格的一种"对赌协议"而已。在大多数人的眼中,觉得金融衍生品是十分复杂而又难以理解的概念。因此,在正式介绍金融衍生品的概念之前,让我们来看一个有关基础金融工具与金融衍生品的小故事。

【例 5-1】小明的同学小甲会制作弹弓,于是他就花了 10 块钱向小甲买了个弹弓玩。不久就玩腻了,于是小明就以 12 元的价格把弹弓卖给了小乙,可后来小明又想拿弹弓弹人家玻璃,于是想问小乙买回。小乙趁机喊价 14 元,小明不得不多花 2 元买下。不久他又玩腻了,于是以 16 元的价钱卖给了小丙。小明最终赚了多少?

A. 小明最终不赚不亏;

B. 小明最终赢利 2 元;

C. 小明最终赢利 4 元;

D. 小明最终赢利 6 元。

正确答案应该是赢利 4 元。因为小明其实只做了两笔交易,第一次 10 元买入 12 元卖出,第二次 14 元买入 16 元卖出,分别获利 2 元。错误答案中选择 B 的比例较大,他们在计算的过程中,把小明 12 元卖出后 14 元买入算作了 2 元亏损,于是得出赢利 2 元的答案。

小甲原本做弹弓就是爱好,但他后来以 10 元的价格把弹弓卖给了小明,这个过程称为 IPO,即首次公开发行弹弓。如果小甲原本不认识小明,而是通过邻居二狗子牵线搭桥才做成的交易,那么邻居二狗子就被称作上市承销商,或者叫保荐机构,由二狗子保证这个弹弓是能弹玻璃的好弹弓。

大部分投资银行的主要收入来源就来自二狗子做的事。二狗子如果是个聪明人,他就会在每年二、三月份把各种玩具介绍给小孩子,因为那时候小孩手里压岁钱较多,能卖出好价钱。

所以我们会看到,但凡牛市总会伴随着大量的 IPO,而熊市很少有 IPO。如果小甲主动找二狗子要求他帮忙推销弹弓的,那这个过程称为"路演(Road-show)",字面意思就是小贩们在路边展示货色好坏。

现在二狗子被小甲说服了,打算帮他推销弹弓,于是找到小明试探他愿意出多少钱买,这个过程称为“公开询价”，他们问下来觉得一个弹弓差不多能卖8—10元钱(价格区间)，但由于当前正好是三月份，小孩子们手里压岁钱很多，于是最终价格是区间的上限10元。此后弹弓就转手到了小孩子们的手里，其中小明、小乙和小丙都是投资者，但他们之间也有区别。小明要买弹弓是为了玩，这相当于很多投资者买股票是为了拿到固定的分红，只要分红比银行利息高就会一直持有；小乙纯粹是个投机分子，他买到弹弓之后很快就高价脱手了，还赚了2元钱；小丙以16元的高价买下了弹弓，假设他没办法脱手，那他就是最后的倒霉蛋，被深度套牢。我们的例子大大简化了，现实中的小明、小乙和小丙何止千千万万。

中国的情况还有点特殊，小甲最初的那些弹弓以及制作弹弓的工具是别人送给他的，并不是他劳动赚来的，在他想卖出弹弓的时候就遇到了很多反对声，居委会大妈跳出来说：你卖掉弹弓就是国有资产流失。小甲争辩说：可是我一个人玩不了这么多弹弓啊，最后这些东西还是要烂在我手里。大妈说：这我不管，你要是卖了，你就有钱了，有钱就会腐化堕落，就会学坏，去网吧、去游戏机房，何况凭什么你有这些宝贝别人却没有，大家一样都是人啊，根本就不公平嘛，我就是不喜欢！

小甲有些失望，他发现弹弓的价钱和自己无关了，因为反正他也不可能再卖弹弓，但小孩子们的需求很大，他们要更多更好的弹弓。小甲两手一摊，说：你们爱找谁找谁，反正我这儿是没有。就这样，弹弓熊市来了。

二狗子一看没了收入来源可不答应了，他动员爷爷出来说句公道话。爷爷说：玩弹弓嘛，是好事。那个居委会大妈就当她不存在，反正她也不能拿你们怎么样。以前的陈年旧账别去管它，天天翻旧账还做不做事情了，我们要向前看嘛，小甲你还是继续卖弹弓，这算是老店新开张，但之前别人买过你10个弹弓，你就再送人家3个，大优惠之后呢，你再恢复原价。于是“股改”开始了，大优惠活动又被称为“支付对价”。

小甲能继续制造弹弓，而且他手头也还有一大批弹弓，他忽然发现最近弹弓非常流行，但凡是个小男孩都要买一个，于是他可以做两件事：第一，他可以制作更多的弹弓卖给大家，这就是“增发新股”，如果他把弹弓全部卖给二狗子而不卖给别人，那就是“非公开的定向增发”；第二，他可以把手头现有的弹弓脱手，这就是“大股东减持”，一般是他觉得弹弓价格太高了，想要马上套现。如果只能卖一点点，就是“小非”，很多的话就是“大非”了。

弹弓市场日渐火爆，精明的二狗子又想到了赚钱的好办法，他注意到小孩子们需求的多样化，有些小孩现在没钱，可几个月后会有钱，但他们担心到时候就买不到便宜弹弓了；还有些小孩预期自己几个月后就会对弹弓失去兴趣，希望玩腻了还能高价卖掉。

于是二狗子立马找到小甲，告诉他有个靠卖白纸就能赚钱的好办法，小甲很感兴趣。二狗子说：“你在一张白纸上写‘保证你半年后能以10元的价格从我手里买弹弓’，另一张写‘保证你半年后能以8元的价格把弹弓卖给我’。只要这么写了，白纸也能赚钱。”小甲半信半疑，但还是照做了。

果然，两张白纸上市当日就被抢购一空。他还隐约从小孩子们口中听到“认购权证”“认沽权证”之类的词，二狗子告诉他，这就是指那两张白纸。

不久之后，弹弓市场的火爆程度已经超出了所有人的预想。忽一日，二狗子东游，见两小儿辩斗，问其故。

一儿曰：“我以当下弹弓价高，而三月后价廉也。”

一儿曰：“我以当下弹弓价廉，而三月后价高也。”

二小儿互不能决，问二狗子。二狗子亦不能决。

二小儿笑曰："孰为汝多知乎?"二狗子大惭不能言。

二狗子回到家一拍脑袋想到个赚钱妙计，他发现那两个小孩并没有在玩弹弓，他们只是坐在路边谈弹弓的价钱会涨还是会跌，于是他找到爷爷，要求爷爷借给他一间房，二狗子要开个赌局，把路边的小孩请进来，让他们在赌局里赌涨跌。现在这个赌局已经开张了，大门口写了四个大字"股指期货"和"股票期权"。

"认购权证""认沽权证"和"股指期货"都属于衍生品交易，言下之意他们都是衍生出来的东西，交易的对象并不是那个弹弓，但多少总和弹弓有关。

金融衍生产品是指其价值依赖于基础资产价值变动的合约。这种合约可以是标准化的，也可以是非标准化的。标准化合约是指其标的物(基础资产)的交易价格、交易时间、资产特征、交易方式等都是事先标准化的，因此此类合约大多在交易所上市交易，如期货。非标准化合约是指以上各项由交易的双方自行约定，因此具有很强的灵活性，比如远期协议。

金融衍生产品是与金融相关的派生物，通常是指从原生资产(英文为 Underlying Assets)派生出来的金融工具。其共同特征是保证金交易，即只要支付一定比例的保证金就可进行全额交易，不需实际上的本金转移，合约的了结一般也采用现金差价结算的方式进行，只有在满期日以实物交割方式履约的合约才需要买方交足货款。因此，金融衍生产品交易具有杠杆效应。保证金越低，杠杆效应越大，风险也就越大。

金融衍生产品的作用有规避风险和价格发现，它是对冲资产风险的好方法。但是，任何事情有好的一面也有坏的一面，风险规避了一定是有人去承担了，衍生产品的高杠杆性就是将巨大的风险转移给了愿意承担的人手中，这类交易者称为投机者，而规避风险的一方称为套期保值者，另外一类交易者被称为套利者。这三类交易者共同维护了金融衍生产品市场上述功能的发挥。

金融衍生产品交易不当将导致巨大的风险，有的甚至是灾难性的，国外的有巴林银行事件、宝洁事件、LTCM 事件、信孚银行事件，国内的有国储铜事件、中航油事件、中国国航事件等。

第二节 期货与企业风险控制

期货是一种在经济活动交易中被普遍应用的金融工具。英国伦敦有一家露天餐厅，该餐厅靠近泰晤士河，环境非常优美。如果天气正常，前来就餐的人非常多。但如果刮风下雨，基本无人光临。因为是露天餐厅，餐厅要么生意火爆，要么非常清淡，餐厅在财务上的表现非常不稳健。为此，该餐厅和另外一家期货公司购买了一份"天气期货合约"，合约中对该地区未来的天气做了预测，双方约定：如果某天天气不好，则期货公司需要向该餐厅付费，该餐厅虽然因为天气不佳没有客人而生意惨淡，但可以在期货合约上挣到钱；反之，如果天气与餐厅预测的相反，则餐厅需要向期货公司付费，此时，餐厅虽然需要向期货公司付费，但是却因为生意火爆而挣钱了。通过期货这种合约锁定餐厅的风险，不论天气如何变化，餐厅都有钱挣。

一、期货的概念

(一)期货概念

所谓期货,一般指期货合约,就是指由期货交易所统一制定的、规定在将来某一特定的时间和地点交割一定数量实物商品或金融商品的标准化合约。① 所谓标准化合约,是指合约的数量、质量、交货时间和地点等都是既定的,唯一的变量是价格。对期货合约所对应的现货,可以是某种商品,如铜或原油,也可是金融工具,如股票和债券,甚至可以是股票指数。

(二)期货的分类

期货主要分为商品期货和金融期货,商品期货包括石油、各种金属、农产品等,金融期货中包括外汇期货、利率期货、股指期货等。具体的分类如表 5-3 所示。

表 5-3　期货的分类

期货	商品期货	农产品期货
		金属期货(基础金属期货、贵金属期货)
		能源期货
	金融期货	外汇期货
		利率期货(中长期债券期货、短期利率期货)
		股指期货

二、期货与套期保值

套期保值是指利用期货市场规避现货市场价格波动的操作行为,是期货市场规避价格风险基本功能的具体体现,其实质是以一个市场的盈利来弥补另一个市场的亏损。

【例 5-2】2008 年 9 月 15 日,中粮集团一下属公司在美国采购一船 6 万吨的大豆,价格是 4300 元每吨。10 月份运达国内时,此时大豆价格只有 3000 元每吨,仅这船现货,中粮集团就要面临 7800 万元的亏损。但该公司利用商品期货的套期保值功能,规避了这段时间大豆价格波动风险。购入大豆现货的第二天(9 月 16 日),中粮集团在期货交易所卖出了 1 万吨豆油和 3.6 万吨大豆的商品期货。直至现货大豆运到国内时,该期货交易行为盈利了 7710 万元,期货盈利与现货亏损相抵,公司仅亏损 90 万元。上述案例就说明了企业以期货市场的赢利弥补现货市场的亏损,利用期货市场规避了现货市场大豆价格下跌导致公司的大额损失。

参与期货交易的各类投资者包括套期保值者和投机商。套期保值者是从事商品生产、储运、加工以及金融投资活动的主体。他们利用期货市场的价格发现机制来完成对现货市场交易的套期保值,同时放弃在期货市场赢利的目的。比如,我们在本节中讲到的“天气套保合约”,从本质上来看就属于一种套期保值业务。

(一)期货套期保值的基本原理和方法

1. 套期保值的概念。套期保值是指把期货市场当做转移价格风险的场所,利用期货合约作为将来在现货市场上买卖商品的临时替代物,对其现在买进准备以后售出商品或对将

---

① 期货的英文为 Futures,是由“未来”一词演化而来。其含义是:交易双方不必在买卖发生的初期就交收实货,而是共同约定在未来的某一时候交收实货,因此中国人就称其为“期货”。

来需要买进商品的价格进行保险的交易活动。

2.套期保值的基本特征。套期保值的基本做法是,在现货市场和期货市场对同一种类的商品同时进行数量相等但方向相反的买卖活动,即在买进或卖出实货的同时,在期货市场上卖出或买进同等数量的期货,经过一段时间,当价格变动使现货买卖上出现盈亏时,可由期货交易上的亏盈得到抵消或弥补,从而在“现”与“期”之间、近期和远期之间建立一种对冲机制,以使价格风险降到最低限度。

3.套期保值的逻辑原理。套期之所以能够保值,是因为同一种特定商品的期货和现货的主要差异在于交货日期前后不一,而它们的价格则受相同的经济因素和非经济因素影响和制约;而且,期货合约到期必须进行实货交割的规定性,使现货价格与期货价格还具有趋合性,即当期货合约临近到期日时,两者价格的差异接近于零,否则就有套利的机会,因而,在到期日前,期货和现货价格具有高度的相关性。在相关的两个市场中,反向操作,必然有相互冲销的效果。

(二)套期保值的策略

随着我国经济的市场化和国际化程度的不断提高,国内企业的经营环境变得更加复杂,市场风险也不断加大。在企业生产经营活动中面对的各种外部不确定因素的影响,很多都会通过市场价格的波动来体现。

1. 买入套期保值。又称多头套期保值,是在期货市场中购入期货,以期货市场的多头来保证现货市场的空头,从而规避价格上涨的风险。

【例 5-3】油脂厂 3 月份计划两个月后购进 100 吨大豆,当时的现货价为每吨 0.22 万元,5 月份期货价为每吨 0.23 万元。该厂担心价格上涨,于是买入 100 吨大豆期货。到了 5 月份,现货价果然上涨至每吨 0.24 万元,而期货价为每吨 0.25 万元。该厂于是买入现货,每吨亏损 0.02 万元;同时卖出期货,每吨盈利 0.02 万元。

两个市场的盈亏相抵,有效地锁定了成本。

2. 卖出套期保值。又称空头套期保制值,是在期货市场出售期货,以期货市场上的空头来保证现货市场的多头,从而规避价格下跌的风险。

【例 5-4】5 月份供销公司与橡胶轮胎厂签订 8 月份销售 100 吨天然橡胶的合同,价格按市价计算,8 月份期货价为每吨 1.25 万元。供销公司担心价格下跌,于是卖出 100 吨天然橡胶期货。8 月份时,现货价跌至每吨 1.1 万元。该公司卖出现货,每吨亏损 0.1 万元;又按每吨 1.15 万元价格买进 100 吨的期货,每吨盈利 0.1 万元。

两个市场的盈亏相抵,有效地防止了天然橡胶价格下跌的风险。

(三)套期保值的适用对象

适合套期保值的主要是产成品或原材料存在风险敞口的企业需要进行套期保值。具体分为两类:一是产成品价格面临市场风险的企业,原材料价格相对固定的。比如,具备自有矿产资源的冶炼企业。这类企业适合卖出套期保值。二是原材料和产成品价格都面临较大的市场风险。如,加工制造型企业和贸易企业。这类企业往往需要同时开展卖出和买入套期保值,以锁定中间利润。具体而言,有以下三种情形。

1.生产者的卖期保值。不论是向市场提供农副产品的农民,还是向市场提供铜、锡、铅、石油等基础原材料的企业,作为社会商品的供应者,为了保证其已经生产出来准备提供给市场或尚在生产过程中将来要向市场出售商品的合理的经济利润,以防止正式出售时价格的可能下跌而遭受损失，可采用卖期保值的交易方式来减小价格风险，即在期货市场以卖主的身份售出数量相等的期货作为保值手段。

2. 经营者卖期保值。对于经营者来说，他所面临的市场风险是商品收购后尚未转售出去时，商品价格下跌，这将会使他的经营利润减少甚至发生亏损。为回避此类市场风险，经营者可采用卖期保值方式来进行价格保险。

3. 加工者和贸易者的综合套期保值。对于加工者来说，市场风险来自买和卖两个方面。他既担心原材料价格上涨，又担心成品价格下跌，更怕原材料上升、成品价格下跌局面的出现。只要该加工者所需的材料及加工后的成品都可进入期货市场进行交易，那么他就可以利用期货市场进行综合套期保值，即对购进的原材料进行买期保值，对其产品进行卖期保值，就可解除他的后顾之忧，锁牢其加工利润，从而专门进行加工生产。

(四)套期保值的原则

为了更好实现套期保值目的，企业在进行套期保值交易时，在操作套期保值中必须符合四大原则，其中任何一条原则的忽略都有可能影响套期保值交易的效果，甚至改变套期保值的性质。一是种类相同或相关原则；二是数量相等或相当原则；三是月份相同或相近原则；四是交易方向相反。

三、期货与投机套利

套期保值者之所以要进行期货交易，其目的是要把正常经营活动所面临的价格风险转移出去。那么，谁来承担这个风险呢？这就是另一类期货交易参与者——风险投资者，即投机者。投机者在期货市场中的交易行为包括投机和套期图利两大类，构成期货交易中的又一重要业务。投机商是以自己在期货市场的频繁交易，低买高卖赚取差价利润的主体。他们是期货市场的润滑剂和风险承担者，没有投机商的参与就无法达到套期保值的目的。在现实市场中，投机商与套期保值者并不是截然可分的。

(一)期货投机交易的概念

期货投机交易是指在期货市场上以获取价差收益为目的的期货交易行为。投机者根据自己对期货价格走势的判断，做出买进或卖出的决定。如果这种判断与市场价格走势相同，则投机者平仓出局后可获取投机利润；如果判断与价格走势相反，则投机者平仓出局后承担投机损失。由于投机的目的是赚取差价收益，所以，投机者一般只是平仓了结持有的期货合约，而不进行实物交割。统计数据证明：期货市场上95%以上的交易都是投机交易。

所谓价差投机，是指投机者通过对价格的预期，在认为价格上升买进、价格下跌时卖出，然后待有利时机再卖出或买进原期货合约，以获取利润的活动。

(二)期货投机的功能作用

第一，承担价格风险。期货投机者承担了套期保值者力图回避和转移的风险，使套期保值成为可能。

第二，提高市场流动性。投机者频繁地建立仓位，对冲手中的合约，增加了期货市场的交易量，这既能使套期保值交易容易成交，又能减少交易者进出市场所可能引起的价格波动。

第三，保持价格体系稳定。各期货市场商品间价格和不同种商品间价格具有高度相关性。投机者的参与，促进了相关市场和相关商品的价格调整，有利于改善不同地区价格的不合理状况，有利于改善商品不同时期的供求结构，使商品价格趋于合理；并且有利于调整某一商品对相关商品的价格比值，使其趋于合理化，从而保持价格体系的稳定。

第四，形成合理的价格水平。投机者在价格处于较低平时买进期货，使需求增加，导致价格上涨，在较高价格水平卖出期货，使需求减少，这样又平抑了价格，使价格波动趋于平稳，从而形成合理的价格水平。

(二)期货投机的常见方式

1.买空投机。

【例 5-5】某投机者判断 7 月份的大豆价格趋涨，于是买入 10 张合约(每张 10 吨)，价格为每吨 2345 元。后来果然上涨到每吨 2405 元，于是按该价格卖出 10 张合约。

获利 :(2405 元/吨－2345 元/吨)×10 吨/张×10 张＝6000 元

2.卖空投机。

【例 5-6】3 月份金属铜的期货价格是 63000 元/吨，根据技术分析和基本面的分析，5 月份铜的价格预计跌到 56000 元/吨。投资者可在 3 月份期货上卖出 10 吨铜的期货合约，5 月份如果铜真的跌到 56000 元/吨，则可以按照 3 月份签订的期货价格 63000 元/吨卖出 10 吨铜的期货合约，并从中赚取 70000 元的差价。

第三节 期权与企业风险控制

期权理论与实践是近三十年来金融和财务学最重要的一项新发展。1973 年在芝加哥期权交易所首次进行有组织的规范化交易，1980 年纽约证券交易所的期权交易量超过股票交易量，此后期权交易迅速发展并成为最活跃的衍生金融工具之一。1973 年布莱克—斯科尔斯期权定价模型被提出，由于对期权定价问题研究的杰出贡献，斯科尔斯和默顿获得 1997 年诺贝尔经济学奖，此后有关期权的理论和估价方法的研究方兴未艾，成为投资学和财务学的重要组成部分。

期权虽然最先在金融领域出现，但它更广泛地被应用于投资评估。公司的许多财务决策都具有期权特征，问题在于人们往往未能识别这些期权。例如，是否建立一家新的工厂，是否扩建或放弃现有的工厂，是否购置长期资产，应当在什么时机开采矿产资源等，都涉及期权。高层管理人员和其他职工的薪酬支付，也涉及期权。

公司的高级管理人员，尤其是财务经理必须关注期权。首先，公司经常需要利用商品期权、货币期权和利率期权来降低风险；其次，公司的许多资本投资都含有期权，例如投资项目的未来扩展期权、延迟开发期权、项目终止期权等；再有，公司发行的证券常常随附期权，例如认股权证和可转换证券。

会计师和审计师也需要掌握期权估价的方法。会计准则要求期权的计量和报告采用公允价值，而公允价值的确定需要使用期权定价模型。如果对期权本身缺乏必要的了解，对它的计量、报告和审计也很难做到真实、客观和公允。

一、期权的基本概念

(一)期权的定义

期权是指一种合约，该合约赋予持有人在某一特定日期或该日之前的任何时间以固定价格购进或售出一种资产的权利。

【例 5-7】A 公司 2012 年 1 月购入一批商品 1000 元每箱，同时签订了一项期权合约，该合约赋予 A 公司在 2012 年 7 月 25 日或者此前的任何时间，以 1200 元每箱的价格将商品出售给 B 公司的权利。如果在到期日之前该商品的市场价格高于 1200 元每箱，A 公司则不会执行期权，而在市场上出售。如果该商品市价在到期日之前低于 1200 元每箱，则 A 公司可以选择执行期权。从这个案例中，我们可以看出 A 公司买入一个卖权，支付期权费，锁定了该商品价格下跌时公司的损失。在期权操作中，我们可以通过做一个和现货市场种类相同、数量相当、时间相近，交易方向相反的期权合约，可以控制价格大幅波动的风险。

期权定义的要点如下：

1. 期权是一种权利。期权合约至少涉及购买人和出售人两方。获得期权的一方称为期权购买人，出售期权的一方称为期权出售人。交易完成后，购买人成为期权持有人。期权赋予持有人做某件事的权利，但他不承担必须履行的义务，可以选择执行或者不执行该权利。持有人仅在执行期权有利时才会利用它，否则该期权将被放弃。在这种意义上说，期权是一种“特权”，因为持有人只享有权利而不承担相应的义务。

期权合约不同于远期合约和期货合约。在远期和期货合约中，双方的权利和义务是对等的，双方互相承担责任，各自具有要求对方履约的权益。当然，与此相适应，投资人签订远期或期货合约时不需要向对方支付任何费用，而投资人购买期权合约必须支付期权费，作为不承担义务的代价。

2. 期权的标的资产。期权的标的资产是指选择购买或出售的资产。它包括股票、政府债券、货币、股票指数、商品期货等。期权是这些标的物“衍生”的，因此称衍生金融工具。

值得注意的是，期权出售人不一定拥有标的资产。例如，出售 IBM 公司股票期权的人，不一定是 IBM 公司本身，他也未必持有 IBM 的股票，期权是可以“卖空”的。期权购买人也不一定真的想购买标的资产。因此，期权到期时双方不一定进行标的物的实物交割，而只需按价差补足价款即可。

一个公司的股票期权在市场上被交易，该期权的源生股票发行公司并不能影响期权市场，该公司并不从期权市场上筹集资金。期权持有人没有选举公司董事、决定公司重大事项的投票权，也不能获得该公司的股利。

3. 期权的到期日。双方约定的期权到期的那一天称为“到期日”。在那一天之后，期权失效。按照期权执行时间分为欧式期权和美式期权。如果该期权只能在到期日执行，则称为欧式期权。如果该期权可以在到期日或到期日之前的任何时间执行，则称为美式期权。

4. 期权的执行。依据期权合约购进或售出标的资产的行为称为“执行”。在期权合约中约定的、期权持有人据以购进或售出标的资产的固定价格，称为“执行价格”。

对于期权的理解，必须与基础金融工具相结合，以下的例子有助于帮助理解何为金融衍生品。

(二)期权的分类

按照合约授予期权持有人权利的类别，期权分为看涨期权和看跌期权两大类。

1. 看涨期权。看涨期权是指期权赋予持有人在到期日或到期日之前，以固定价格购买标的资产的权利。其授予权利的特征是“购买”，因此也可以称为“择购期权”“买入期权”或“买权”。

【例 5-8】一股每股执行价格为 80 元的 ABC 公司股票的 3 个月后到期的看涨期权，允许其持有人在到期日之前的任意一天，包括到期日当天，以 80 元的价格购入 ABC 公司的股票。如果 ABC 公司的股票确实超过 80 元时，期权持有人有可能会以执行价格购买标的资产。如果标的股票的价格一直低于 80 元，持有人则不会执行期权。他并不被要求必须执行该期权。期权未被执行，过期后不再具有价值。

看涨期权的执行净收入，被称为看涨期权到期日价值，它等于股票价格减去执行价格的价差。看涨期权的到期日价值，随标的资产价值上升而上升，如果在到期日股票价格低于执行价格，则看涨期权没有价值。期权到期日价值没有考虑当初购买期权的成本。期权的购买成本称为期权费(或权利金)，是指看涨期权购买人为获得在对自己有利时执行期权的权利所必须支付的补偿费用。期权到期日价值减去期权费后的剩余，称为期权购买人的“损益”。

2. 看跌期权。看跌期权是指期权赋予持有人在到期日或到期日前，以固定价格出售标的资产的权利。其授予权利的特征是“出售”，因此也可以称为“择售期权”“卖出期权”或“卖权”。

【例 5-9】一股每股执行价格为 80 元的 ABC 公司股票的 7 月份看跌期权，允许其持有人在到期日之前的任意一天，包括到期日当天，以 80 元的价格出售 ABC 公司的股票。当 ABC 公司的股票低于 80 元时，看跌期权持有人会要求以执行价格出售标的资产，看跌期权的出售方必须接受。如果标的股票的价格一直高于 80 元，持有人则不会执行期权。他并不被要求必须执行该期权。期权未被执行，过期后不再具有价值。

看跌期权的执行净收入，被称为看跌期权到期日价值，它等于执行价格减去股票价格的价差。看跌期权的到期日价值，随标的资产价值下降而上升，如果在到期日股票价格高于执行价格则看跌期权没有价值。看跌期权到期日价值没有考虑当初购买期权的成本。看跌期权的到期日价值减去期权费后的剩余，称为期权购买人的“损益”。

期权交易分为有组织的证券交易所交易和场外交易两部分，两者共同构成期权市场。

目前，世界上许多证券交易所都进行期权交易。上市期权的标的资产包括股票、外汇、股票指数和许多不同的期货合约。

在证券交易所交易的期权合约都是标准化的，特定品种的期权有统一的到期日、执行价格和期权价格。表 5-4 列示了芝加哥期权交易所的期权报价方法。

表 5-4 期权报价(2012 年 5 月 20 日) 单位:美元

<table>
<tr><th>公司名称:ABC
前一个交易日收盘价</th><th colspan="2">到期日和执行价格</th><th>看涨期权价格</th><th>看跌期权价格</th></tr>
<tr><td rowspan="10">53</td><td rowspan="4">2012 年
9 月</td><td>55</td><td>3.75</td><td>5.25</td></tr>
<tr><td>60</td><td>2.125</td><td>8.50</td></tr>
<tr><td>65</td><td>1.25</td><td>12.50</td></tr>
<tr><td>70</td><td>0.50</td><td>17.00</td></tr>
<tr><td rowspan="6">2013 年
1 月</td><td>45</td><td>12.00</td><td>2.75</td></tr>
<tr><td>50</td><td>8.50</td><td>4.125</td></tr>
<tr><td>55</td><td>5.75</td><td>6.50</td></tr>
<tr><td>60</td><td>3.75</td><td>9.75</td></tr>
<tr><td>65</td><td>2.25</td><td>2.25</td></tr>
<tr><td>70</td><td>1.25</td><td>17.50</td></tr>
</table>

表 5-4 中的第一列显示标的股票的名称和前一日该股票的收盘价。

第二列是期权的到期日。同一股票可以有不止一种期权，它们有不同的到期时间。ABC 公司的股票有两种到期日的期权。到期日只标明了月份，具体时间是指到期月的第三个星期六。

第三列显示执行价格。同一到期日的期权可以有不同的执行价格，成为不同的期权品种。通常，执行价格的间隔为 2.5 美元(适用股票价格低于 25 美元的期权)、5 美元(适用股票价格高于 25 美元低于 200 美元的股票期权)或 10 美元(适用股票价格高于 200 美元的股票期权)。9 月到期、执行价格 55 美元的看跌期权，处于实值状态，其执行净收入为 2 美元(55－53)，但不会被立即执行，因为期权价格为 5.25 美元(大于 2 美元)。

第四列和第五列分别显示看涨期权和看跌期权的交易价格。从期权价格的变化中我们可以看出：到期日相同的期权，执行价格越高，看涨期权的价格越低，而看跌期权的价格越高。执行价格相同的期权，到期时间越长，期权的价格越高，无论看涨还是看跌期权都如此。

私下的期权交易由来已久。金融机构和大公司双方直接进行的期权交易称为场外交易。近年来场外交易越来越普遍，其中外汇期权和利率期权尤为活跃。场外交易的优点是金融机构可以为客户“量身订制”期权合约，其执行价格、到期日等不必和场内交易相一致。

(三)期权的到期日价值

为了评估期权的价值，需要先知道期权的到期日价值。期权的到期日价值，是指到期时执行期权可以取得的净收入，它依赖于标的股票的到期日价格和执行价格。执行价格是已知的，而股票到期日的市场价格此前是未知的。但是，期权的到期日价值与股票的市场价格之间存在函数关系。这种函数关系，因期权的类别而异。

期权分为看涨期权和看跌期权两类，每类期权又分为买入和卖出两种。下面我们分别说明这四种情景下期权到期日价值和股价的关系。

为简便起见，我们假设各种期权均持有至到期日，不提前执行，并且忽略交易成本。

1. 买入看涨期权。买入看涨期权形成的金融头寸，被称为“多头看涨头寸”。

【例 5-10】投资人购买一项看涨期权，标的股票的当前市价为 100 元，执行价格为 100 元，到期日为 1 年后的今天，期权价格为 5 元。买入后，投资人就持有了看涨头寸，期待未来股价上涨以获取净收益。

多头看涨期权的净损益有以下 4 种可能。(1)股票市价小于或等于 100 元，看涨期权买方不会执行期权，没有净收入，即期权到期日价值为零，其净损益为－5 元(期权价值 0 元－期权成本 5 元)。(2)股票市价大于 100 元并小于 105 元，例如股票市价为 103 元，投资人会执行期权。以 100 元购买 ABC 公司的 1 股股票，在市场上将其出售得到 103 元，净收入为 3 元(股票市价 103 元－执行价格 100 元)，即期权到期日价值为 3 元，买方期权净损益为－2 元(期权价值 3 元－期权成本 5 元)。(3)股票市价等于 105 元，投资人会执行期权，取得净收入 5 元(股票市价 105 元－执行价格 100 元)，即期权到期日价值为 5 元。多头看涨期权的净损益为 0 元(期权价值 5 元－期权成本 5 元)。(4)股票市价大于 105 元，假设为 110 元，投资人会执行期权，净收入为 10 元(股票市价 110 元－执行价格 100 元)，即期权的到期日价值为 10 元。投资人的净损益为 5 元(期权价值 10 元－期权成本 5 元)。

综合上述 4 种情况，可以概括为以下表达式：

多头看涨期权到期日价值＝Max(股票市价－执行价格，0)

该式表明：如果股票市价＞执行价格，会执行期权，看涨期权价值等于“股票市价－执行价格”；如果股票市价＜执行价格，不会执行期权，看涨期权价值为零：到期日价值为上述两者中较大的一个。

多头看涨期权净损益＝多头看涨期权到期日价值－期权价格。

看涨期权损益的特点是：净损失有限（最大值为期权价格），而净收益却潜力巨大。那么，是不是投资期权一定比投资股票更好呢？不一定。例如，你有资金100元。投资方案一：以5元的价格购入前述ABC公司的20股看涨期权。投资方案二：购入ABC公司的股票1股。如果到期日股价为120元，购买期权的净损益＝20×(120－100)－20×5＝300（元），收益率＝300÷100＝300%；购买股票的净损益＝120－100＝20（元），收益率为20÷100＝20%。投资期权有巨大杠杆作用，因此对投机者有巨大的吸引力。如果股票的价格在此期间没有变化，购买期权的净收入为零，其净损失100元；股票的净收入为100元，其净损失为零。股价无论下降得多么厉害，只要不降至零，股票投资人手里至少还有一股可以换一点钱的股票。期权投资人的风险要大得多，只要股价低于执行价格，无论低得多么微小，他们就什么也没有，投入的期权成本全部损失了。

2. 卖出看涨期权。看涨期权的出售者，收取期权费，成为或有负债的持有人，负债的金额不确定。他处于空头状态，持有看涨期权空头头寸。

【例5-11】卖方售出1股看跌期权看涨期权，其他数据与前例相同。标的股票的当前市价为100元，执行价格为100元，到期日为1年后的今天，期权价格为5元。其到期日的损益有以下4种可能：

(1)股票市价小于或等于100元，买方不会执行期权。由于期权价格为5元，空头看涨期权的净收益为5元（期权价格5元＋期权到期日价值0元）。

(2)股票市价大于100元并小于105元，例如股票市价为103元，买方会执行期权。卖方有义务以100元执行价格出售股票，需要以103元补进ABC公司的股票，他的净收入（即空头看涨期权到期日价值）为－3元（执行价格100元－股票市价103元）。空头看涨期权净收益为2元（期权价格5元＋期权到期日价值－3元）。

(3)股票市价等于105元，期权买方会执行期权，空头净收入－5元（执行价格100元－股票市价105元），空头看涨期权的净损益为0元（期权价格5元＋期权到期日价值－5元）。

(4)股票市价大于105元，假设为110元，多头会执行期权，空头净收入－10元（执行价格100元－股票市价110元）。空头看涨期权净损益为－5元（期权价格5元＋期权到期日价值－10元）。

空头看涨期权到期日价值＝－Max(股票市价－执行价格，0)

空头看涨期权净损益＝空头看涨期权到期日价值＋期权价格

对于看涨期权来说，空头和多头的价值不同。如果标的股票价格上涨，多头的价值为正值，空头的价值为负值，金额的绝对值相同。如果价格下跌，期权被放弃，双方的价值均为零。无论怎样，空头得到了期权费，而多头支付了期权费。

3. 买入看跌期权。看跌期权买方拥有以执行价格出售股票的权利。

【例5-12】投资人持有执行价格为100元的看跌期权，到期日股票市价为80元，他可以执行期权，以80元的价格购入股票，同时以100元的价格售出，获得20元收益。如果股票价格高于100元，他放弃期权，什么也不做，期权到期失效，他的收入为零。

因此，到期日看跌期权买方损益可以表示为：

多头看跌期权到期日价值＝Max(执行价格－股票市价，0)

多头看跌期权净损益＝多头看跌期权到期日价值－期权成本

4.卖出看跌期权。看跌期权的出售者，收取期权费，成为或有负债的持有人，负债的金额不确定。

【例 5-13】看跌期权出售者收取期权费 5 元，售出 1 股执行价格 100 元、1 年后到期的 ABC 公司股票的看跌期权。如果 1 年后股价高于 100 元，期权持有人不会去执行期权，期权出售者的负债变为零。如果情况相反，1 年后股价低于 100 元，期权持有人就会执行期权，期权出售者必须依约按执行价格收购股票。他将损失股票市价与执行价格之间的差额，即损失掉期权的价值。

因此，到期日看跌期权卖方损益可以表示为：

空头看跌期权到期日价值＝Max(执行价格－股票市价，0)

空头看跌期权净损益＝空头看跌期权到期日价值＋期权价格

综上所述，4 种期权的概念和净损益如表 5-5 所示。期权的买权卖权不对称性见表 5-6 所示。

表 5-5 四种期权概念及净损益

	含义	净损益
买入看涨期权	买入买权，支付费用，获得在约定时间按照约定价格和约定数量买入某基础资产的权利	Max(市价－执行价格，0)－期权价格
买入看跌期权	买入卖权，支付费用，获得在约定时间按照约定价格和约定数量卖出某基础资产的权利	Max(执行价格－市价，0)－期权价格
卖出看涨期权	卖出买权，获得费用，必须在约定时间履行按照约定价格和数量卖出某基础资产的义务	－Max(市价－执行价格，0)＋期权价格
卖出看跌期权	卖出卖权，获得费用，必须在约定时间履行按照约定价格和数量买入某基础资产的义务	－Max(执行价格－市价，0)＋期权价格

表 5-6 买权卖权不对称性

	权利和义务不对称性	风险和收益不对称性
买权	买权方付出期权费，获得买(卖)的权利	买权方付出期权费，获得无限受益权，和有限损失(费用)
卖权	卖权方获得期权费，履行卖(买)的义务	卖出方获得有限收益(期权费)，承担无限损失

二、期权的投资策略

前面我们讨论了单一股票期权的损益状态。买入期权的特点是最小的净收入为零，不会发生进一步的损失，因此具有构造不同损益的功能。从理论上说，期权可以帮助我们建立任意形式的损益状态，用于控制投资风险。这里只介绍三种投资策略。

(一)保护性看跌期权

股票加看跌期权组合，称为保护性看跌期权。单独投资于股票风险很大，同时增加一股看跌期权,情况就会有变化,可以降低投资的风险。

【例 5-14】购入 1 股 XYZ 公司的股票,购入价格 $S_0=100$ 元;同时购入该股票的 1 股看跌期权,执行价格 $X=100$ 元,期权成本 $P=5$ 元,1 年后到期。在不同股票市场价格下的净收入和损益,如表 5-7 所示。

表 5-7 保护性看跌期权的损益 单位:元

	股价小于执行价格			股价大于执行价格		
	符号	下降 20%	下降 50%	符号	上升 20%	上升 50%
股票净收入	S_r	80	50	S_r	120	150
期权净收入	$X-S_r$	20	50	0	0	0
组合净收入	X	100	100	S_r	120	150
股票净损益	$S_r - S_0$	−20	−50	S_r-S_0	20	50
期权净损益	$X-S_r-P$	15	45	$0-P$	−5	−5
组合净损益	$X-S_0-P$	−5	−5	S_r-S_0-P	15	45

保护性看跌期权锁定了最低净收入(100 元)和最低净损益(−5 元)。但是,同时净损益的预期也因此降低了。上述 4 种情景下,投资股票最好时能取得 50 元的净收益,而投资于组合最好时只能取得 45 元的净收益。

(二)抛补看涨期权

股票加空头看涨期权组合,是指购买 1 股股票,同时出售该股票 1 股股票的看涨期权。这种组合被称为"抛补看涨期权"。抛出看涨期权承担的到期出售股票的潜在义务,可以被组合中持有的股票抵补,不需要另外补进股票。

【例 5-15】依前例数据,购入 1 股 XYZ 公司的股票,同时出售该股票的 1 股股票的看涨期权。在不同股票市场价格下的收入和损益,如表 5-8 所示。

抛补期权组合缩小了未来的不确定性。如果股价上升,锁定了收入和净收益,净收入最多是执行价格(100 元),由于不需要补进股票也就锁定了净损益。相当于"出售"了超过执行价格部分的股票价值,换取了期权收入。如果股价下跌,净损失比单纯购买股票要小一些,减少的数额相当于期权价格。

出售抛补的看涨期权是机构投资者常用的投资策略。如果基金管理人计划在未来以 100 元的价格出售股票,以便套现分红。他现在就可以抛补看涨期权,赚取期权费。如果股价上升,他虽然失去了 100 元以上部分的额外收入,但是仍可以按计划取得 100 元现金。如果股价下跌,还可以减少损失(相当于期权费收入),因此成为一个有吸引力的策略。

表 5-8 抛补看涨期权的损益 单位:元

	股价小于执行价格			股价大于执行价格		
	符号	下降 20%	下降 50%	符号	上升 20%	上升 50%
股票净收入	S_r	80	50	S_r	120	150
看涨期权净收入	−(0)	0	0	$-(X-S_r)$	−20	−50

续 表

	股价小于执行价格			股价大于执行价格		
	符号	下降 20%	下降 50%	符号	上升 20%	上升 50%
组合净收入	S_r	80	50	X	100	100
股票净损益	S_r-S_0	−20	−50	S_r-S_0	20	50
期权净损益	$P-0$	5	5	$-(S_r-X)+P$	−15	−45
组合净损益	S_r-S_0+P	−15	−45	$X-S_0+P$	5	5

(三)对敲

对敲策略分为多头对敲和空头对敲,我们以多头对敲来说明该投资策略。多头对敲是同时买进一只股票的看涨期权和看跌期权,它们的执行价格、到期日都相同。

对敲策略对于预计市场价格将发生剧烈变动,但是不知道升高还是降低的投资者非常有用。例如,得知一家公司的未决诉讼将要宣判,如果该公司胜诉预计股价将翻一番,如果败诉预计股价将下跌一半。无论结果如何,对敲策略都会取得收益。

【例 5-16】依前例数据,同时购入 XYZ 公司股票的 1 股看涨期权和 1 股看跌期权。在不同股票市场价格下,多头对敲组合的净收入和损益如表 5-9 所示。

表 5-9 多头对敲的损益 单位:元

对敲	股价小于执行价格			股价大于执行价格		
	符号	下降 20%	下降 50%	符号	上升 20%	上升 50%
看涨期权净收入	0	0	0	S_r-X	20	50
+看跌期权净收入	$(X-S_r)$	20	50	$+0$	0	0
组合净收入	$(X-S_r)$	20	50	S_r-X	20	50
看涨期权净损益	$0-P$	−5	−5	S_r-X-P	15	45
看跌期权净损益	$X-S_r-C$	15	45	$0-C$	−5	−5
组合净损益	$X-S_r-P-C$	10	40	$S_r-X-P-C$	10	40

对敲的最坏结果实股价没有变动,白白损失了看涨期权和看跌期权的购买成本。股价偏离执行价格的差额必须超过期权购买成本,才能给投资者带来净收益。

四、影响期权价值的因素

期权价值是指期权的现值,不同于期权的到期日价值。影响期权价值的主要因素有股票市价、执行价格、到期期限、股价波动率、无风险利率和预期红利。

(一)股票的市价

如果看涨期权在将来某一时间执行,其收入为股票价格与执行价格的差额。如果其他因素不变,随着股票价格的上升,看涨期权的价值也增加。

看跌期权与看涨期权相反,看跌期权在未来某一时间执行,其收入是执行价格与股票价格的差额。如果其他因素不变,当股票价格上升时,看跌期权的价值下降。

(二)执行价格

执行价格对期权价格的影响与股票价格相反。看涨期权的执行价格越高,其价值越小。看跌期权的执行价格越高,其价值越大。

(三)到期期限

对于美式期权来说,较长的到期时间,能增加看涨期权的价值。到期日离现在越远,发生不可预知事件的可能性越大,股价变动的范围也越大。此外,随着时间的延长,执行价格的现值会减少,从而有利于看涨期权的持有人,能够增加期权的价值。

对于欧式期权来说,较长的时间不一定能增加期权价值。虽然较长的时间可以降低执行价格的现值,但并不增加执行的机会。到期日价格的降低,有可能超过时间价值的差额。例如,两个欧式看涨期权,一个是1个月后到期,另一个是3个月后到期,预计标的公司两个月后将发放大量现金股利,股票价格会大幅下降,则有可能使时间长的期权价值低于时间短的期权价值。

(四)股票价格的波动率

股票价格的波动率指股票价格变动的不确定性,通常用标准差衡量。股票价格的波动率越大,股票上升或下降的机会越大。对于股票持有者来说,两种变动趋势可以相互抵消,期望股价是其均值。

对于看涨期权持有者来说,股价上升可以获利,股价下降时最大损失以期权费为限,两者不会抵消。因此,股价的波动率增加会使看涨期权价值增加。对于看跌期权持有者来说,股价下降可以获利,股价上升时放弃执行,最大损失以期权费为限,两者不会抵消。因此,股价的波动率增加会使期权价值增加。

表5-10 股价变动性与期权价值 单位:元

概率	0.1	0.25	0.3	0.25	0.1	合计
A股票						
未来股票价格	40	46	50	54	60	
股票价格期望值	4	11.5	15	13.5	6	50
期权执行价格	48	48	48	48	48	
期权到期日价值	0	0	2	6	12	
期权到期日价值期望值	0	0	0.6	1.5	1.2	3.3
B股票						
未来股票价格	30	40	50	60	70	
股票价格期望值	3	10	15	15	7	50
期权执行价格	48	48	48	48	48	
期权到期日价值	0	0	2	12	22	
期权到期日价值期望值	0	0	0.6	3	2.2	5.8

在期权估价过程中,价格的变动性是最重要的因素。如果一种股票的价格变动性很小,其期权也值不了多少钱。

【例 5-17】有 A 和 B 两种股票现行价格相同，未来股票价格的期望值也相同(50 元)。以该股票为标的的看涨期权有相同的执行价(48 元)，只要股价的变动性不同，则期权价值就会有显著不同(如表 5-10 所示)。

这种情况说明，期权的价值并不依赖股票价格的期望值，而是股票价格的变动性(方差)。这是期权估价的基本原理之一。为便于理解，此处的举例说的是期权的“到期日价值”，对于期权的现值该原理仍然使用。

(五)无风险利率

利率对于期权价格的影响是比较复杂的。一种简单而不全面的解释是：假设股票价格不变，高利率会导致执行价格的现值降低，从而增加看涨期权的价值。还有一种理解的办法：投资于股票需要占用投资人一定的资金，投资于同样数量的该股票的看涨期权需要较少的资金。在高利率的情况下，购买股票并持有到期的成本越大，购买期权的吸引力越大。因此，无风险利率越高，看涨期权的价格越高。对于看跌期权来说，情况正好与此相反。

(六)期权有效期内预计发放的红利

在除息日后，红利的发放引起股票价格降低，看涨期权价格降低。与此相反，股票价格的下降会引起看跌期权价格上升。因此，看跌期权价值与预期红利大小成正向变动，而看涨期权与预期红利大小成反向变动。

以上变量对于期权价格的影响，可以汇总如表 5-11 所示。

表 5-11 一个变量增加(其他变量不变)对期权价格的影响

变量	欧式看涨期权	欧式看跌期权	美式看涨期权	美式看跌期权
股票价格	+	−	+	−
执行价格	−	+	−	+
到期期限	不一定	不一定	+	+
股价波动率	+	+	+	+
无风险利率	+	−	+	−
红利	−	+	−	+

第四节 中国国航期权套期保值案例分析

套期保值原本是企业用来锁定原材料成本或销售利润，规避市场价格风险，熨平利润波动性的金融工具，从而帮助企业有效抵御市场价格波动风险，获得未从事套期保值企业所没有的竞争优势。然而，中国国航等几家公司利用“套期保值”的操作不仅没有锁定风险，反而引发巨额亏损。以下部分以中国国航利用套期保值进行理财失利为例，总结出企业在今后该怎样正确运用套保来进行风险控制。

一、期权套期保值的基本原理

从理论上来分析，原油价格的变化有两个方向，看涨和看跌。假设原油价格持续上涨，买入买权，锁定买入成本，保障收益。如果看空原油价格，则买入一个沽权，锁定卖出价格，保障收益。买权和卖权的现金流向分别如表 5-12 和表 5-13 所示。

一般而言，航空公司主要通过买入看涨期权来规避燃油价格上涨的风险。从上述金融期权原理可以看出，一份简单的买权足以保障作为航油消耗者航空公司的成本波动。2002—2008 年期间，由于国际原油价格持续“高烧不退”，航空商们纷纷进入期油市场作对冲以应对高油价。也就是通过支付一定的期权费买入原油看涨期权，在原油价格上涨时能够以固定的价格购入原油，通过这一交易，航空商能够有效地规避油价上涨所带来的成本提高，从而有效地保持自身的竞争力。

表 5-12　价格看涨，买入看涨期权

(国航)买入看涨期权，如约定 100 美元买入，市价 120 美元。收益：(120－100)×A－5%×100×A；损失：支付对方期权费	交纳期权费，获得无限上涨收益 收取期权费，承担由于价格上涨带来的无限损失	(对家)卖出看涨期权，如约定 100 美元卖，市价为 120 美元。损失：(100－120)×A＋5%×100×A；收益：收益对家期权费

表 5-13　价格看跌，买入沽空期权

(对家)买入看跌期权，如约定 60 美元卖出，市价为 40 美元。收益：(60－40)×A－5%×60×A；付出期权费	交纳期权费，获得无限下跌收益 收取期权费，承担由于价格下跌带来的无限损失	(国航)卖出看跌期权，如约定 60 美元买入，市价为 40 美元。损失：(40－60)×A＋5%×60×A

二、案例背景

中国经济的飞速增长，推动民航业的快速发展，航空公司总成本中航油成本占据了很大一块，而航油套期保值是航空公司控制航油成本、实现盈利、规避风险的必要措施之一。在全球油价达到最高点时，美国西南航空公司的燃油成本只占总成本比例的 25%，与同行业平均水平相比，占了很大的优势，美国西南航空公司对航油成本的控制得益于对航油的套期保值。航油套期保值作为金融衍生工具，由于其可以规避风险，被世界各国航空公司普遍采用。运用衍生工具管理盈余风险是一半以上美国上市公司所采用的方法，在风险管理方面美国银行也总结出了许多经验。2008 年国内航空公司航油成本约占总成本 40%以上。作为第一个“吃螃蟹”的中国国航，燃料成本占总成本的 40%左右，而国际上平均航油成本只占航空公司运营成本的 10%－15%，为了减少运营压力，最大限度降低成本，各大航空公司广泛采取航油套期保值这一方式。根据有关资料可知，国航从 2001 年就开始进行航油的套期保值业务，在 2005 年至 2007 年三年间，国航的航油衍生工具的净收益为 0.95 亿元、1.13 亿元和 2.36 亿元。由于在此期间，原油价格保持上升的趋势，公司的航油套期保值业务很好地降低了公司的燃油成本和业绩波动。

然而，在 2008 年的原油套期保值业务中，除南航航油套期保值没有出现亏损外，东航航油套保亏损了 62 亿元，国航衍生品交易亏损了 77 亿元。究竟是什么原因致使东航、国航

2008年航油套期保值出现巨亏？对此我们以国航2008年航油套期保值合约，分析寻找国航发生如此巨大亏损的原因所在。

三、中国国航的套期保值过程分析

(一)国航的套期保值合约内容

根据中国国航(601111)披露的燃油套期保值亏损的提示性公告，“……本公司现套期保值合约结构是‘下方卖出看跌期权和上方买入看涨期权’，公司目前持有的套期保值合约分别于2008年间订立，期限最长至2011年，购入量不超过公司董事会授权(2008年度为实际燃油采购量的50%±10%)”。

(二)国航套期保值合约存在问题

通过分析国航航油套期保值损失的公告，发现四个问题。

问题一：上述套期保值方案没有采用简单的“买入看涨期权”来锁定原油价格上涨，而是通过“上方买入看涨期权和下方卖出看跌期权”这种结构性衍生工具；

问题二：合约签订时间不是在原油价格低峰开始而是在原油价格最高峰2008年6月至7月签订；

问题三：套期保值期限不是按照实际用油时间进行年度套保，而是长时间进行套保，最长保值期限直至2011年；

问题四：所有交易都在场外进行，而不是场内交易；同时交易对手或财务顾问不是传统意义上的通过银行等中介机构，而是通过国际知名投行进行套期保值。

(三)国航结构性期权和侥幸心理分析

案例中“下方卖出看跌期权和上方买入看涨期权”的套期保值合约实际上是一种在场外交易的被称为“零成本结构性期权套保”合约，是利用金融资产的可加性和可拆分性创造出的新的金融期权衍生品，并不是场内交易的标准化期权合约。结构性金融期权大部分是在在场外交易，所采用合约往往根据双方协商而定。按照国内航空公司的套期保值合约，当未来实际航油价跌破约定价格，航空公司必须以约定价格(高于市场价格)接受对方卖出的航油，这就是国航套期保值合约中“下方卖出看跌期权”的经济含义。根据各航空公司披露的信息来看，航空公司主要是想用下方卖出看跌期权所得的期权费收入抵冲买入看涨期权所处的期权费用，因此签订了这种“上方买入看涨期权/买权，同时下方卖出看跌期权/沽权”奇异期权合约，达到所谓的零成本对冲，这就是航空公司的真实意图。其操作过程如下。

步骤一：航空公司通过银行或国际投行买入看涨期权，锁定航油成本，如约定买入价格为120美元至140美元每桶不等。

步骤二：与此同时卖给对家看跌期权，如卖给对方航空公司约定数量的航油70美元每桶。

步骤三：由于买入期权方需要支付期权费给卖出方。因此，为了抵冲买入看涨期权支付的期权费，在买入看涨期权的同时卖出看跌期权就可以获得一笔数量相当的期权费，达到所谓的“零成本结构性期权套保”。

该套期保值合约考虑了两点：一是预计航油价格不会大幅下跌至卖权约定的行权价；二是零成本，让买一个买权支付的期权费和卖一个卖权获得期权费相抵。国航试图通过该合约达到“一石二鸟”的效果，既锁定原油上涨成本，又对冲掉套保所需期权费用。不过，要实现该目的的前提条件是国际原油价格大幅度下降的几率很小，即跌破约定卖权价格的概率很小。国航签订这种“零成本结构性期权套保”合约显然是在“赌”原油价格涨跌幅度和方向。

在场外，国际投行依据上述简单期权根据客户需求进行结构化设计。如果预计原油价格不会跌破至约定价格之下，依照结构性期权，国航签订的“买一个买权，卖一个卖权”的合约，既可以在原油价格上涨的同时锁定航油成本，又可以对冲掉由于买入买权而支付的期权费（预计大概是几千万美元）。问题是，国航在签订“零成本结构性期权套保”合约时可能心存侥幸，认为原油价格跌破卖权价格的可能性小，就选择承担了小概率无限大风险，以获得大概率有限收益。

2008 年 7 月 11 日，国际油价达到历史高峰，每桶油价为 147.50 美元。高盛甚至预测国际油价将达到 200 美元每桶的历史高位。而国内的公司看来也认可了高盛对于原油价格的预测，认为油价只涨不跌，于是签署了这种结构性期权合约。根据上买下卖合约，当国际油价跌破 70 美元每桶的低位时，国航的卖出认沽期权（如 70 美元每桶）导致航空公司必须按照 70 美元每桶买入交易对手（期权买方）卖出的航油，导致航油成本锁定在当时的高位，公允价值浮亏在所难免。

现在看来，国航为了节省几千美元期权费的小利而签订了卖权，致使了更大损失。这个卖权已经违背了套期保值的原理和初衷。如果采用简单的期权合约，国航就不用费心去“猜”油价走势了。

（四）国航套期保值的时机分析

根据公告，国航的套期保值合约大概是在 2008 年 7 月间订立，此时是油价最高点。从油价历史数据分析可以看出，每年的七、八月份都是油价的高峰期，在此时作为原油销售和生产商而言，应该在价格高位买入卖权，即获得以约定价格卖出既定数量原油的权利，从而以固定价格出售原油获取收益；作为原油消费厂商，可以买入买权，以锁定原油成本。而且，消费者正确的套保时机应该是在价格低点买入看涨期权，而不是临时决定套保。

国航航空公司公告称套期保值期限最长至 2011 年。按照美国商品期货交易委员会对套期保值概念的界定，真正的套期保值交易必须遵守以下几个原则，期货交易和现货经营品种相同或相关，方向相反，（现货和期货）时间相当或相近，数量相当，目的是锁定企业能够或愿意承担的成本或利润。中国国航作为一家上市公司，其成本核算应该是按照年度核算的，套期保值也应该是对年度内耗油进行套保。在原油价格高点作反向套保（即不是买一个买/卖，而是卖一个卖）本身就是风险相当大的决策。套期保值期限长达 3 年之久，即违背了套期保值的原则，也不是正常套利者的行为。

（五）国航的套保比例分析

关于套保比例，没有明确的规定，而以管理者对现货的经验和风险容忍度为依据，如果管理者能接受更大的风险，套期保值比例可以较低，使风险敞口较大，以此可以获得或承担现货价格波动的收益或风险；如果管理者风险容忍度小，就需要提高套保比例，降低风险敞口。但是，从套期保值而非套利获得收益目的出发，较高的套保比例是合适的。

（六）国航场外交易风险分析

场内交易与场外交易最大的区别在于，场外交易不通过期货交易所进行交易；场外基本没有监管；不通过清算所进行合约清算；且往往只是交易双方私下的协定，没有标准合约和对冲机制；也没有限仓和大户报告制度。甚至，由于中国国航所签订的属于结构性期权合约，合约条款是国际投行为国航量身定做的，因此在原油价格发生巨大波动时很难找到平仓交易对手。这些都是导致场外交易的风险比场内交易更大。而聚集在场外的，大都是诸如摩根斯坦利、美林、高盛、瑞银等国际投行，他们或作为交易对手或作为套期保值的财务顾问出现。国际投行们一贯以“唱多做空”和“唱空做多”来逐利，国航可能就是因为轻信了高盛这些投行的商业报告才会在价格高点做出反向交易的决策。

四、中国国航期权套期保值的启示

通过对国航利用金融衍生品套期保值业务进行企业理财的案例发现，国航招致重大损失的根源并不在于衍生品本身。套期保值是进行风险规避的工具，是国际上最为流行和普遍使用的规避价格风险的工具，但本身又是双刃剑。中国公司由于接触金融衍生品的历史较短，经验不足，衍生品市场主要话语权基本上掌握在国外投行等金融机构手中，但中国企业不能因为有几家企业套期保值失败就因噎废食。[①] 而是要积极加深对衍生品业务风险的认识，增进对套期保值业务和金融衍生品的了解和掌握，加快培养这方面的人才。

此外，国家主管部门应该适度放宽对套期保值业务的资质限制，允许更多有业务需求有资质的企业从事衍生品交易，大力发展衍生品市场，加大中国在这个市场上的话语权。根据2009年3月24日，国资委发布《关于进一步加强中央企业金融衍生业务监管的通知》，其指导精神包括六点。

第一，严格合规运作：国家对从事境外衍生品业务实行审批制，得到批准的才可以做，没有得到批准的就不能去做。得到国资委同意后，还必须经过董事会或类似决策机构的决策流程。

第二，明确目的，严格操作原则：要坚守套保原则，即期货交易和现货经营品种相同或相联系，方向相反，数量相当，时间相当或相近，国有企业做衍生品业务，目的只有一个，就是为了锁定成本，规避风险，绝不是为了投机。

第三，加强董事会治理和内部控制：严格审批程序，董事会在作出决策时要懂得期货、套保此类金融衍生品的复杂业务，使董事会实质治理重于形式治理。

第四，有效管控风险：第一，要建立完善的业务流程和风险控制制度，前、中、后台职责和人员分离原则要严格执行。第二，加强内部控制的有效管理，不让内部控制流于形式。第三，做好定期的风险评估，以便及时调整套保策略。

第五，正确选择中介机构和交易对手。企业需要选定可靠的中介机构和交易对手，形成长期合作伙伴关系，以降低交易风险。这要求套保企业进行场内交易，而非场外交易；签署标准化合约而非标准化合约；依靠有专业能力的银行而非投资银行。

第六，不断提升专业操作水平。首先，要选择诚信专业的期货服务商。其次，企业应加强自身专业人才的培养。

---

① 2008年至2009年，由于国际经济形势的急剧变化，国际原油期货价格从最高的147美元每桶跌至后来的不足40美元每桶，同时由于中国国航使用了不恰当的对冲工具，由此造成油料套期保值业务损失77亿元。自此以后，中国国航在有关部门的要求下停止了航空油料的保值业务。截至2011年11月，中国国航在两年前停止保值业务前签订的约20万吨航油套保头寸也已到期。

第五节 美国西南航空期权套期保值案例分析

一、公司简介

美国西南航空(Southwest Airlines)是于1971年6月,由罗林·金和赫伯·凯莱赫联合创建。总部位于德克萨斯州达拉斯,以票价低廉而闻名,是民航业中"廉价航空公司"经营模式的先驱,是美国的第二大航空公司。从载客量看,它是世界第三大航空公司。与美国国内其他竞争对手相比,它是以"打折航线"而闻名于世的,于1973年开始它每年都处于赢利的状态。虽然它票价很低,但是它拥有友善的客户服务,可靠安全、高频率和便捷的航班,舒适的客舱和旅行经历,流畅的候机楼登机程序。

以前,很多的航空公司曾经把美国西南航空公司的不少作为当做"不正规",并且在相当长的一段时间内曾被其他航空公司所看不起。但是西南航空在短短几年内快速地发展,成为以美国国内城际间的航线为主的航空公司,有力地回击了那些航空公司的不屑。

二、公司近年来财务业绩简介

美国西南航空快速发展,从成立之初几年之内就成为以美国国内城际间航线为主的航空公司,并且创造了许多项纪录。其负债经营率较低,利润净增长率高,资信等级在美国民航业中是排第一位的。作为美国廉价航空公司的代表,西南航空公司以低成本的运营模式获得公司长期稳定发展,是美国唯一一家自1973年以来连续36年都盈利的航空公司。即使在2008年全球经济危机引发的航空运输需求急剧萎缩的恶劣环境下,西南航空仍然取得了1.78亿美元的净收入。西南航空的成功,除其一直秉承的低成本运营模式和设备的高利用率以外,一定程度上还要归功于公司长久坚持的航空煤油套期保值策略。1999年以来,西南航空因航油套保业务已经节约了大约45亿美元的油费支出。

2004年以来,随着航油价格持续攀升,西南航空支出呈现逐年上升的趋势。从表5-14中可以看出,2009年至2011年西南航空支出占收入比例保持在47%左右,总体来看还是比较稳定的。

表5-14 2009—2011年西南航空总支出占收入比

年份	2009	2010	2011
支出占收入比例	45.09%	44.27%	50.24%

图5-1描述了2009—2011年美国西南航空公司的收入。可以看出,由于油价的上涨,2009—2011年美国西南航空的总收益呈现逐年上升的趋势,总支出也伴随着总收入的上升而上升。

从图5-2可以看出,2009—2011年西南航空的资产是呈逐年上升的趋势,负债也随着资产的上升而逐年上升;但是负债的上升速度略低于资产的上升速度。

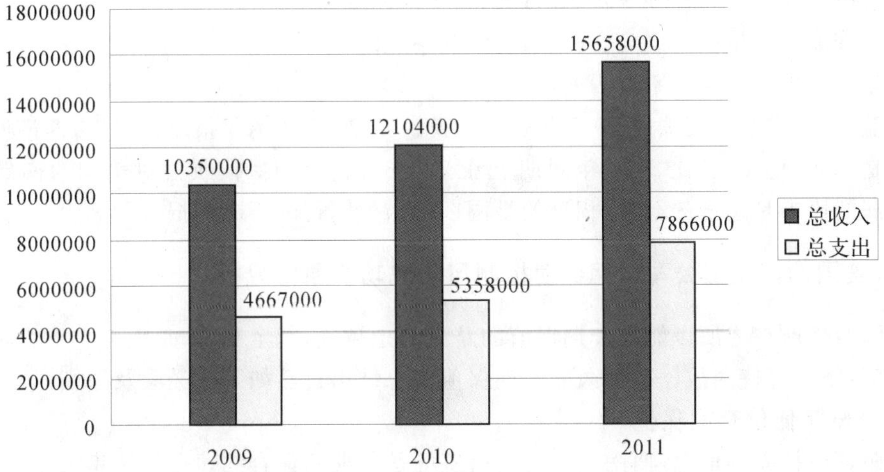

图 5-1 西南航空 2009—2011 年总收入及支出

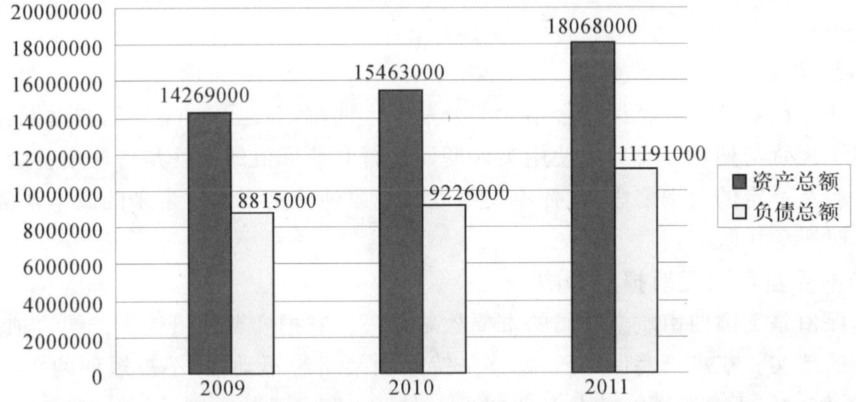

图 5-2 2009—2011 年西南航空资产总额

三、西南航空利用套期保值的历程和效果分析

"9·11 事件"后，绝大部分的美国航空公司都陷入前所未有的困境，2005 年高涨的燃油价格和运力大量过剩使得整个美国的航空公司行业一共亏损了 100 亿美元，美国若干知名航空公司相继申请破产法保护。原油价格上涨导致航空公司成本大幅度增长。而美国西南航空则利用套期保值使得成本得到有效的控制。

自 1973 年以来美国西南航空公司保持连续 33 年盈利，是连续盈利时间最久的航空公司。美国西南航空的长期成功归功于以低成本战略赢得市场和自己对航油的套期保值策略的成功执行。

在 1998 年之前，西南航空主要是买入原油看涨期权，以此来实现对航油的套保。在 1998 年 12 月，它开始把看涨期权与固定价格掉期协议相结合，以此来进行航油套期保值。此时虽然缺少场内航油期货或者期权，但是汽油、原油等产品的场内交易市场的流动性很好。所以，使用和航油价格高度相关联的取暖油、无铅汽油等为基础的衍生工具对航油进行套保是美国西南航空的主要方式。美国西南航空所使用的主要航油套保衍生工具有看涨期权、固定价格掉期等。到 2008 年 12 月为止，美国西南航空已使用超过 500 种不一样的金融工具来管理航油价格波动风险、外汇风险和利率风险。

对航油实施套期保值不仅为西南航空公司带来非常大的收益，并有力稳定着公司的息税前收益，就算在油价高涨的 2007 年也是如此。从 2007 年的年报可以看出，西南航空公司净利润是 6.45 亿美元，比 2006 年同期上涨 29.26%。套期保值收益对美国西南航空公司税后利润的影响是递增的，与之相反的是同期国内外同行的不断亏损。

四、美国西南航空公司套期保值控制风险成功的原因分析

美国西南航空之所以能在套期保值的路上越走越远，越走越好，是因为它不为短期的利益所迷惑，坚持打持久战。从长久的套期保值中总结出自己如下的经验及原则。

（一）长期低位套期保值

依照媒体披露的信息，西南航空公司所签的是长期套保合约。但是从年报上可以看出，大部分航空公司仅仅进行一到两年的套期保值，某些年份甚至缺少套保头寸。部分航空公司在油价还较低的时候对套保战略习惯的培养还没有引起重视，最后只能在高位套保，收益被限制。更有甚者，被误导而进行反方向操作。

（二）简单至上

美国西南航空公司的套保组合中大部分是买入期权，并混合一定比例的远期合约，这有效地保障了现货与期货的对冲。使用买入期权进行套期保值的好处是将使用金融衍生工具的风险控制在一定的范围之内，这样不仅可以享受原油价格下降时带来的成本下降，在原油价格上涨时避免风险。

（三）不受盈利和短期损益影响

套期保值是美国西南航空公司的重要战略之一。它把套期保值作为公司一项基本业务稳扎稳打的落实。在进行套保期间，始终坚持此项策略绝不动摇，不被短期的损益所打动。至少，西南航空绝不会因寥寥的几个期权买入费而改变自己的原则。

（四）套期保值时机和期限选择恰当

美国西南航空最早从海湾战争时期就开始对航油进行套保，但是由于经验不足等原因，当时的套保头寸还是很少的。随着经验的不断积累和业务的不断深入，公司的套保比例不断增加。从 1999 年开始进行超过 70%的大比例套保，到了 2007 年，套保比例已高达 90%以上。除了 2007 年的短期套保之外，美国西南航空公司还对长期用油进行一定比例的套保。例如，早在 2007 年就已对 2012 年的航油进行套保，套保期限达 5 年之久。

根据公告，东航、国航等航空公司的套期保值合同大约是在 2008 年 7 月间订立的，此时正是油价的最高点。历年 7—8 月份都是油价的高峰期，在此刻对原油生产和销售商而言，应该在价格高位买入卖权，即获得以约定价格卖出既定数量原油的权利，从而从出售价格中获得收益；作为原油消费者厂商，可以买入买权，以此来锁定成本。而且，消费者正确的套期保值时机应该是在价格低点买入看涨期权，在价格高点买入看跌期权，而不是临时决定套期保值。

五、西南航空与国内有关公司期权套期保值业务对比分析

(一)西南航空与中国国航的套期保值比较

依照中国国航所披露的燃油套保亏损提示性公告,"……本公司现套期保值合约结构是'下方卖出看跌期权与上方买入看涨期权',公司目前持有的套期保值合约分别为在2008年7月间订立,期限最长到2011年,买入量不超过公司董事会授权(2008年度为实际燃油采购量的50%±10%)"。东方航空公司和上海航空公司的套保方案公告与国航如出一辙。

通过分析中国国航的关于航油套保的公告,可以发现:它的方案都不是通过"买涨期权"来锁定原油价格上涨的结构性衍生工具,而是采用"下方卖出看跌期权与上方买入看涨期权"。它的合约期限是在2008年6—7月原油价格的最高点开始签订的,却不是于原油的价格最低点开始;它的套期保值期限最长持续至2011年,而不是按照公司的实际用油期限进行年度的套保;它的所有交易都是在场外进行的而不是场内交易。且它的财务顾问或者交易对手是国际知名的大投行,而不是传统意义上的通过银行等中介机构来进行套保的。

(二)西南航空与中信泰富的套期保值比较

受到经济增长、美元贬值、流动性过剩这些因素的影响,全球能源、有色金属和贵金属、农产品等大宗商品价格持续上涨。资本长时间驻足在商品市场,国际投机资金的不断增加,对国际商品的频繁炒作,也是商品价格上涨的助推剂。2001—2006年的国际流动性过剩主要被资产价格上涨所吸收,超额资本进入商品市场,持有大量的商品期货头寸,严重干扰了实体经济和现货市场的信息,国际大宗商品价格不断攀升。从2002年起,美元对西方国家主要货币汇率开始下滑,到2008年中,三年累积跌幅达到40%以上。而国际大宗商品价格多以美元标价,需求膨胀和计价货币的贬值从两个方面推动了商品价格的上涨。大宗商品价格的下降与美元走强,又从两个方面加速了欧元、日元以及国际二流货币的贬值。中信泰富交易失利的直接原因就是澳元汇率的持续贬值。

中信泰富选择了一对一柜台式、结构复杂的、收益与风险完全不对等的衍生品交易。以中心泰富的安培元合约为例,合约规定:每一份澳元的合约都有最高的利润上限,每当达到这个利润水平的时候,合约就会自行终止。因此当澳元兑换美元汇率高于0.87的时候,中信泰富可从中赚取差价。但是当澳元兑美元的汇率低于0.87的时候,中信泰富却不能自动终止协议。它必须不停按0.87这个固定的"高汇率"接盘。理论上亏损是相当大的,简单测算下来,中信泰富所有的合约加起来可能获得的最高收益约为4.3亿港元,但接盘外币的数量理论上却超过了500亿港元,即使按10年美元兑澳元的均值汇率1∶0.6计算,其风险敞口也在189亿港元左右。

在交易纪律方面中信泰富财务董事没有遵守风险政策,公司内部监控制度存在严重失职行为。有会计师表示,实在难以相信这么大型的公司,财务董事会有如此之大的权力,动辄可用数以百亿元计的资金炒作衍生产品。

第六章　资本结构与公司治理

案例引导:真功夫的股权争夺之战

一、案例背景

真功夫餐饮管理有限公司,1994 年创立,现有直营店 400 多家,是中国直营店数量最多、规模最大的中式快餐连锁企业,是中国快餐五强企业中唯一的中国本土快餐品牌。十六年来,真功夫创建了中式快餐三大标准运营体系——后勤生产标准化、烹制设备标准化、餐厅操作标准化,在品质、服务、清洁三个方面,全面与国际标准接轨。真功夫的飞速发展为社会提供了大量就业机会,截至目前,在全国拥有 10 000 多名员工。然而,正是这样一家成长迅速、即将上市的企业,却在上市前夜因为股权争夺的问题而折戟。

二、真功夫的股权争夺

1994 年,成立"168"蒸品店,潘宇海占股 50%,蔡达标夫妇各占 25%的股份。1997 年底,几个股东共同出资成立了"双种子饮食公司",股权结构不变。2003 年,蔡达标出任公司总裁(此前一直由潘宇海出任总裁),并且五年换届一次。

2006 年 9 月,蔡达标夫妇感情破裂,双方协议离婚,为获得子女的抚养权,潘敏峰将自己在真功夫 25%的股权转让给蔡达标。自此,蔡达标获得与潘宇海在真功夫同等的股权,即各占公司 50%的股权。2007 年开始,蔡达标开始在企业实施"去家族化"改革,推行标准化管理,并从肯德基、麦当劳等引进了一批"空降"高管,比如 CFO 洪人刚、CMO 张帆等。此举使得周明、易伟正等真功夫的创业元老先后离去,这又进一步削弱了潘宇海在公司的势力。2007 年 10 月,真功夫引进两家风投"今日资本"和"中山联动"各 1.5 亿元,各占 3%的股份,蔡达标和潘宇海的股权均被稀释到 47%。2009 年 3 月,蔡达标婚外情曝光,潘敏峰起诉蔡达标重婚并要求索回 25%的股份。

2009 年 8 月,潘宇海以大股东身份委派哥哥潘国良出任真功夫副总经理,结果被蔡达标拒之门外,双方爆发冲突。此外,潘宇海要求清查真功夫财务账目也被拒绝,潘宇海随之起诉真功夫。2010 年 2 月,法院判决真功夫拒绝大股东查账违法,要求其将相关财务信息交会计师事务所审计。2011 年 3 月 17 日,真功夫部分高管因为涉嫌经济犯罪被带走协助调查,蔡达标与妹妹蔡春媚也下落不明,蔡达标在离开当天任命了其妹妹蔡春红出任董事长;但是,潘宇海对此任命不予认可。双方之间的控制权之争从此进入了白热化阶段。2011 年 4 月 22 日,蔡达标因涉嫌挪用资金、职务侵占等罪名被捕,真功夫以"总裁办"发布申明称,潘宇海代为履行董事长职位。

三、真功夫股权争夺的根源分析

真功夫的股权结构在两位创始人之间保持了绝对的平衡，这种结构设置在一定程度上导致了后期双方在争执中难分上下，对公司的最终决策权无法区分主次。在真功夫的发展过程中，随着企业不断的扩展和发展，对公司的实际控制权相对股权的平衡出现了一定程度上的调整。蔡达标对公司的实际控制权也逐渐超过潘宇海，随后的“去家族化”管理以及蔡达标与潘敏峰的婚姻破裂所导致的双方冲突严重影响了公司的正常经营：一个发展良好、正常经营的企业很可能因此而逐渐垮塌。蔡达标和潘敏峰的婚姻变故只能算是导致真功夫股权之争的一个导火索而已，即使没有这种变故，真功夫 50∶50 的股权结构缺陷也迟早会引发公司控制权的争夺问题。

真功夫的案例只是揭示了公司治理中股权结构的安排问题。事实上，与股权结构安排同样重要的还有公司的资本结构决策，而资本结构决策在很大程度上影响到公司的治理机制作用的发挥。本章将主要阐述资本结构决策、公司治理理论和高管薪酬决策问题。

第一节 资本结构理论

资本结构与企业的公司治理机制间存在密不可分的关系。狭义的资本结构是指企业长期负债与股东权益之间的比例关系，资本结构决策是企业财务决策中最重要的问题之一。从现有的有关资本结构的主要理论来看，主要遵循的思路如下。

一、理想情形下的公司资本结构决策：M&M 理论

（一）M&M 理论的基本假设

理论上来分析，公司的负债和权益的比例可以有无数种，也即公司的资本结构可以有多种形式。那么，在现实中，究竟是哪些因素导致公司选择其中的一种资本结构的呢？公司财务金融学家首先从最理想的情形着手，分析了在理想的、无摩擦的市场环境下的公司资本结构决策，莫顿·米勒将无摩擦环境定义为：没有收入所得税；发行债券或权益证券没有交易成本；投资者获得借款的条件与公司一样；公司无代理成本；信息是充分而对称的。

在这些假设下，M&M 证明了公司发行的所有证券的市场价格由公司的盈利能力和它的实际资产的风险决定，与这些为融资而发行的证券的组合方式无关。

莫顿·米勒以馅饼为例解释 M&M 有关资本结构的理论：“把公司想象成一个巨大的比萨，它已经被分成 4 份。如果现在你把每 1 份再分成两块，你们 4 份就变成了 8 份。M&M 理论想要说明的是你只能得到更多块，而不是更多的比萨。”

（二）M&M 理论的基本结论

第一，杠杆公司的价值等于无杠杆公司的价值。在这种无摩擦的环境下，公司的总市场价值与它的资本结构无关。公司现有股东的财富不会因为公司负债率的升高或降低而发生任何改变。

第二，股东的风险随着财务杠杆的增加而增加。随着公司负债水平的提高，公司股东的风险不断提高。杠杆公司 EPS 的变动范围更大，在公司好的时期，杠杆公司股东获得的收

益高于无杠杆公司股东，在公司不景气时期，情况则相反。

第三，股东的期望收益率随财务杠杆的增加而增加。M&M 认为权益的期望收益率与财务杠杆正相关，因为权益持有者的风险随财务杠杆而增加。

第四，公司的综合资本成本不会因为资本结构的改变而受到影响。

(三)M&M 对融资的现实指导意义

1.融资决策是无关紧要的。由 M&M 理论的上述结论可知，其暗示了管理者无法通过重新包装公司的证券来改变公司的价值。M&M 认为如果用债务替代权益，公司的总资本成本不会降低，即使债务显得比权益便宜。原因在于当公司增加债务时，剩余权益的风险变大。随着风险的增加，权益资本的成本也随之增加。剩余权益资本的成本增加与公司融资中更高比例的低成本债务相抵消。事实上，M&M 证明了这两种作用恰好相互抵消，因此企业的价值和企业总资本成本与财务杠杆无关。

M&M 用一种食品作了有趣的类比，他们考察了一位面临两种策略的奶品场场主。在一种策略下，场主能卖出全脂奶。在另一种策略下，通过对全脂奶进行提炼，他可以卖出奶油和低脂奶的合成品。虽然场主能以更高的价格卖出奶油，但只能以低价卖出低脂奶，这意味着净获利为零。事实上，假想全脂奶策略的收益低于奶油一低脂奶策略的收益，套利者会买进全脂奶，自己完成提炼操作，然后再分别售出奶油和低脂奶。套利者之间的相互竞争将会抬高全脂奶的价格，直至两种策略获得的收益相等。因此，场主的奶品价值与奶品包装出售的方式无关。

M&M 认为，无论股东和债权人如何分派馅饼，馅饼的大小都不会改变。M&M 指出资本结构是无关紧要的，它只是过去一些偶发事件而已。理论暗示了公司的负债一权益比可以是任意一个数值。它们之所以存在，只是由于管理者异想天开并随意地对借入多少债务和发行多少股票作出决策。

2.理论与现实的差距。但是，现实世界的资本结构决策显然没有遵循 M&M 理论的描述。事实表明，实际和理论之间存在巨大的差距。在某些行业中，所有的公司如银行业，都选择高的负债一权益比。相反地，在其他行业的公司如制药业则选择低的负债一权益比。事实上，几乎所有行业的公司都有该行业公司所墨守的负债一权益比。之所以会出现以上情况，一个最重要的原因就是理想模型中的一些关键假设不成立。

比如，在 M&M 理论的假设条件中，有三点是严重与现实相违背的：(1)税收被忽略了；(2)未考虑破产成本；(3)未考虑代理成本。

3.资本结构决策：从理想到现实。在无摩擦经济环境假设下，资本结构与公司的价值无关。然而，现实世界并不是无摩擦的经济环境，它存在许多摩擦因素。对公司而言，债务的利息支出和权益证券的股利支出所得税处理不同；对投资者而言，债权的利息所得和股利及资本利得的个人所得税率也不同。而且，更高的负债比率往往意味着公司更高的破产风险，考虑到破产的风险后，公司的价值也会受到债务融资比率的影响。此外，负债和权益融资比例的变化，会影响到公司的治理结构进而影响到代理成本。最后，公司和投资者之间的信息不对称问题，也会影响到公司融资工具选择和投资者的投资行为，所以，为公司选择最佳的资本结构，需要在公司所处的特定环境下进行权衡。

二、存在摩擦情形下的公司资本结构决策

(一)考虑公司所得税后的资本结构决策

由于在现实中,公司所得税是普遍存在的,而利息和股利的税收处理是不同的,利息可以在税前扣除,而股利是在税后支付的。因此,债务融资可以给公司带来一定的节税效应。比如,一家公司的年利息为100万元,企业所得税税率为30%,虽然公司要向债权人支付100万元的利息,但是由于利息的抵税效应,可以为公司节约税赋30万元,也即少交30万元的税,这样公司实际的现金流出量为70万元。而如果是向股东支付100万元的现金股利,就没有这种效应,因为其支付是用税后利润。考虑到公司税后,M&M又得出了结论:公司的加权平均资本成本随着负债比例的上升而上升;公司的价值随着负债比例的增加而增加,即公司价值与财务杠杆正相关。

以上两个结论预示着公司应采用几乎全部由债务构成的资本结构,此时公司的价值达到最大。但现实中的公司常常只是选择了适度的负债融资,其原因就在于该理论仍未考虑我们以下将要讨论的一些因素。但是以上结论对融资模式选择的启示在于:如果公司所面临的所得税率很高,则债务融资会给公司带来可观的抵税效应,公司应该优先考虑负债融资。

(二)考虑个人所得税后的资本结构决策

上面的分析中我们只是加入了公司所得税,但实际中往往还存在着个人所得税:利息对公司而言是费用,而对投资者而言是收入,无论是利息收入还是股利收入,甚至资本利得收入,都有可能被征收个人所得税。为简化问题的分析,在此仅考虑股利所得税,而忽略资本利得税,这并不会影响我们分析的结论。个人所得税引入后,其对公司融资模式的影响取决于利息征税的税率和股利征税的税率之间的大小。

如果对债券或银行利息收入征收的税率与股利的税率相同,从理论上分析,不会影响企业的融资行为。这是因为,从投资者的角度来分析,无论是购买权益证券还是债务证券,其税后所得都是一样的,公司利用其负债融资的抵税效应也没有改变。所以,这种情况下,个人所得税的存在不会影响到公司对资本结构的选择。

如果债券或银行利息收入的税率大于股利的税率,则会在一定程度上抵消负债融资的好处。在这种情形下,投资者因为购买债券而要承担较重的个人所得税负担,这会在一定程度上加大他们对于债券收益率的要求,进而加大公司的利息负担。这样,利息的抵税效应会因为利率的上升而减弱。相反,投资者购买权益证券的所得税率较低,会鼓励其更多地购买权益证券,降低公司权益证券融资的成本。在这种情形下,公司有更多采用权益融资而减少负债融资的倾向。

与第二种情形相反,如果债券或银行利息收入的税率小于股利的税率,则会进一步加大负债融资的好处。用负债融资不仅可以为公司带来节税效应,而且还可以为债券持有人带来节税效应。公司倾向于用更多的债务融资。

(三)考虑财务困境成本后的资本结构决策

财务困境是指公司无力支付到期债务或费用的一种经济现象,包括从资本管理技术性失败到破产以及处于两者之间的各种情况。财务危机会产生两种成本:直接成本和间接成本。

1.财务危机的直接成本。财务危机的直接成本一般是指破产成本，按其性质不同又可分为两种：(1)公司破产时为所需经历的各项法律程序及其他有关工作支付的费用，如在破产纠纷中所导致的律师费、法庭收费和行政开支等。这种费用与破产公司的资产总额相比，通常是很低的。(2)公司破产所引发的无形资产损失，如公司的技术优势、发展机会、人力资源等。这些无形资产是与公司的生存相联系的，公司一旦破产，它所代表的技术优势、发展机会和为实现这种发展的人力资源的价值也就随之丧失，这部分成本对某些高科技公司是相当大的。

破产的可能性和伴随的费用，降低了债权人的索偿价值，贷款人把预计破产费用计入他们的必要报酬率内，这就降低了股东的索偿价值。由于破产的可能性与负债率呈同方向发展，一个公司负债越多，其预期的破产费用就越高，公司的价值就越低。破产可能性与负债比率并不是一种线性关系，而是到了一定阶段后就以递增的比率上升。其结果是，破产的预期成本也就按这种加速方式上升，而对公司价值的预期会产生一个相应的负的影响。

2.财务危机的间接成本。财务危机间接成本主要包括两种：(1)公司发生财务危机但尚未破产时在经营管理方面遇到的各种困难和麻烦。由于公司负债过多，公司不得不放弃有价值的投资机会，减少研究开发费用，缩减市场开支以积累现金避免破产。消费者可能会因此对公司长期生产能力和服务能力产生质疑，最终决定消费其他公司的产品；供应商可能会因此拒绝向该公司提供商业信用；优秀员工可能会因此离开公司。由于负债过多，公司可能会丧失利息抵税的杠杆利益。所有这些间接成本都会给公司价值带来负面影响，并且随着公司负债比重的增加，这些影响越来越显著。(2)发生财务危机时，由于债权人与股东的利益各不相同，他们之间在投资方向选择上的矛盾与斗争通常会偏离正常的投资决策行为，从而造成公司价值的降低，这种情况在公司发生财务危机时尤为突出。

3.财务危机成本与资本结构决策。由以上的分析可知，公司财务危机的大小与其债务呈同方向发展，公司负债越多，发生财务危机的可能性就越大，债权人的风险也就越大。考虑到财务危机成本，公司不能无限制地增加债务，而应选择一个最佳债务比例，使税赋节余减去财务危机成本的净值最大，即公司价值最大。这样，公司资本结构的决策就取决于负债所带来的节税收益与高负债所带来的财务危机成本之间的权衡。一般来说，负债的节税效应相对比较好确定，但是财务危机成本却是很难正确确定。实务中，一般是根据经验确定。实证的研究表明，在公司破产前的三年中财务危机成本能够达到公司资产的10%—15%。财务危机成本的高低与公司的负债比率有关，如果公司的负债比率比较低，发生财务危机的可能性相对比较小，财务危机成本可以忽略不计，这时公司可以得到全部的赋税节余价值；如果负债比率过高，公司发生财务危机的可能性就会增大，与之相关的财务危机成本就会以递增的比率上升。当公司负债达到某一点时，增量财务危机成本现值等于节税赋节余现值时，公司资本结构就是使公司价值达到最大化的资本结构。

4.考虑债务代理成本后的资本结构决策。负债融资后主要会产生两种代理成本：一种是对公司不利的代理成本，即股东和债权人之间的代理问题，这种代理成本会降低公司的价值；另一种是对公司有利的，即负债融资会对减轻公司股东和管理者之间的代理成本。

(1)债务融资后代理成本的增加效应。当所有者(股东—经营者)向债权人借入资本后，两者便形成了一种委托代理关系。资本一旦进入公司，债权人就基本上失去了控制权，股东就可能通过经营者为了自身利益而伤害债权人的利益，尤其是在公司濒临破产时。这主要表现在以下几方面。

第一，风险转移。假设某公司资产负债表的资料表明，该公司负债的账面价值(B)超过了公司的市场价值(V)，即 $B>V$。如果债务现在到期，该公司只有宣布破产，债权人可得到 V，而股东则一无所获。如果债务一年后到期，且公司尚有一定的净营运资本支持其运转，那么公司就可以利用其投资经营权进行最后一搏。

如果此时该公司有一个项目，投资额为200万元（假设与净营运资本相等），预测一年后项目投资收益现值或为2000万元（概率为0.05），或为0（概率为0.95），则期望投资收益现值为100万元，期望投资的净现值为－100万元（－200＋100）。对于净现值小于零的投资项目，在正常情况下公司绝不会进行投资，但此时公司资产总额小于负债总额，公司资产实际上已经完全归债权人所有，债权人成了公司投资风险的实际承担者。在这种情况下，股东有可能把还可以动用的资本（事实上属于债权人的资本）投入高风险的项目，作孤注一掷的赌博。如果成功，公司取得2000万元则可摆脱困境，如果失败，则至多不过加重财务危机的程度，由于股东只承担有限责任，这一加重的财务危机都转嫁给了债权人。

第二，放弃投资。与第一种情形恰好相反，身处财务危机的公司可能会拒绝提供股权资本投入到任何具有正的净现值的项目中，这种情况之所以会发生，是因为公司价值的任何增长都必须由股东和债券持有人分享。因此，即使一个项目具有正的净现值，那么向其投入新的资本对股东的利益可能并无裨益，仅仅使债权人的利益得到改善。也就是说，当股东看到自己的资产已大部分丧失，即使再做努力也不能从根本上改变自己的命运，而只可能使债权人的利益得到改善时，他们就有可能放弃一些有利可图，但自己却得不到相应收益的投资机会。

第三，资本转移。身处财务危机中的公司，在面临破产威胁的情况下，股东不但不愿意将新的资本注入公司，反而会想方设法将资本转移出去，以保护自己的利益。如公司试图以发放股息的方式将公司的现金分掉，减少公司资产，股利发放而引起的公司资产价值下降会使债权人索偿价值随之下降，这种行为的结果就是使公司陷入更深的财务危机。

第四，债权侵蚀。债券的发行或贷款的提供是假定借款人事后不会发行或借贷具有同一次序或更优次序债券或贷款，如果公司股东—经营者事后违约，为了增加利润而增大财务杠杆，那么，原来风险较低的公司债券就会变成较高风险的债券。因此，旧债券的价值将会减少。为了防止这种现象发生，债权人在签订债务契约时，通常要对契约条款反复推敲，对借款公司的行为进行种种限制。契约签订后还要进行必要的监督、审查，所有这些，都将增加债务成本（如提高贷款利率）。

(2)债务融资后代理成本的减少效应。公司还存在着与股权筹资相关的代理成本。如为使经营者按照股东的权益进行最优决策，既要对经营者进行适当的激励（工资、奖金、认股权证和额外津贴），又要给予监督，如用契约对经营者进行约束、审计财务报表和直接对经营者的决策进行限制等。不论是激励措施还是监督措施都需要支付一定费用，表现为一定的代理成本。在确定公司资本结构时应充分考虑这些代理成本的存在。不过，债务筹资也可能会部分地减少公司的代理成本，这主要表现在：①减少股东监督经营者的成本。只要公司发行新债，潜在的债权人就会仔细分析公司的情况以确定该债务的公平的价格。于是每发行一次新债，现有债权人和股东就免费享受一次对公司的外部“审计”。这种外部审计降低了为确保代理人（经营者）尽职尽责而花费的监督成本。②举债并用借款回购股票会在两方面减少股权筹资的代理成本。第一,用债券回购股票一方面减少了公司股份,另一方面也减少了公司现金流中归属于股东的部分。由于经营者必须用大量的现金偿还债务,因此,归属于债权人份额增加了,这意味着能被经营者用来“在职消费”的现金流或支配的现金流减少了。第二,如果经营者已经拥有部分股份资产,那么公司增加负债后,经营者资产所占有的份额就会增加,即使他们拥有股权资产的量没有改变。这样会促使经营者为股东的利益而工作。因为负债筹资将经营者和股东的利益紧密地联系在一起,使它成为减少代理成本的一个工具。第三,举债引起的破产机制会减少代理成本。如果公司不发行债券筹资,公司就不会有破产风险,这会使经营者丧失追求公司价值最大化的积极性,从而降低市场对公司价值的评价。相反,如果公司发行债券筹资,由于偿债压力和破产风险,经营者必须努力工作,如果公司经营效果不好,或破产倒闭,或成为兼并的目标公司,其结果就是经营者被解职或被驱出经理市场。因此,从某种意义上说,举债筹资可以看做是一种“无退路”的筹资方式,经营者为了保证在职的好处会努力追求公司价值最大化。因此,一定程度的负债融资具有降低股权代理成本的作用。

(3)代理成本对资本结构决策的指导意义。负债筹资与股权筹资的代理成本会对公司价值产生相反的影响,因为当一个公司增加负债时,它的负债代理成本就会随之增加,公司价值和股票价值有时会随之下降(额外的负债成本是很昂贵的);但与此同时,公司股权筹资代理成本会降低,这又会引起公司价值和股票价值的上升。至于最后的结果,要取决于两种作用哪个更大。

5.有摩擦情形下公司资本结构决策的一个小结。在考虑了公司税、个人所得税、财务危机成本和债务代理成本之后,负债公司的价值可按下式计算。

$$V_L = V_U + TB - TV(TV = FPV \pm APV \pm PIV)$$

其中:V_U 代表无杠杆公司的价值;TB 代表赋税的节约现值;TV 代表财务危机成本、代理成本和个人税的综合成本的现值;

FPV 代表财务危机成本的现值;APV 代表负债代理成本的现值;PIV 代表个人税的节余现值。

公式右边的前两项代表了 MM 理论的思想,即负债越多,由此带来的减税收益也越多,公司的价值就越大。但考虑了财务危机成本、代理成本和个人所得税之后,情况就不一样了。因为随着负债减税收益的增加,财务危机成本的现值也会增加。从理论上来分析,在债务从较低水平逐渐增加时,一定程度的负债会降低公司股东和管理者、大股东和小股东之间的代理成本,此时负债的代理成本现值应该为正;只有当公司过度使用负债时,股东和债权人之间的代理问题会上升为主要矛盾,此时公司的负债代理成本现值是负的。而个人税的影响要视具体的税率而定,可正可负。考虑到以上因素后,当运用负债的减税增量收益小于增量成本现值之和时,表明公司债务规模过大;当减税增量收益等于增量成本现值之和时,则表明确立了最佳资本结构。

在实际工作中,负债减税收益是可以估算的,但财务危机成本和代理成本所引起的价值降低却几乎是主观臆断的。人们知道这些成本将随着负债的增加而增加,但不知这之间确切的数学关系。

三、信息不对称与资本结构决策

在 MM 理论中,假设投资者和经营者在获得公司信息的能力和可能性上都是均等的。

事实上，公司经营者总是更了解公司的内部经营情况，总是掌握着投资者所无法知道的信息，这就是所谓的信息不对称性。在资本结构理论中，罗斯(Ross,1972)完全保留了MM理论的全部假设，仅仅放松了关于充分信息的假设。他假设公司经营者对公司的未来收益和投资风险有充分的信息，而投资者没有这些信息，只知道对经营者采取激励和监督措施。投资者只能通过经营者输送出来的信息间接评价市场价值。罗斯认为，公司资产负债率高低是一种把内部信息传给市场的信号工具。通常负债率上升是一个积极的信号，它表明经营者对公司未来收益有较高的期望，公司的市场价值也会随之上升。为了使公司的负债成为正确的信号，罗斯对破产公司的经营者加上了“惩罚”约束，即负债率上升意味着公司破产概率的增加，而一旦破产，经营者就可能丢官弃职，受到惩罚。

西方资本市场的实证研究表明，如果存在信息不对称，对于异常盈利的投资项目，公司一般会发行债券筹资；只有在股价被高估时才会发行新股筹资。在一般情况下，投资者一旦得知公司发行新股的消息，就会抛售股票，引起股价下跌。因为发行新股给投资者传递的是坏消息，而不是好消息。在20世纪60年代初，哈佛大学的高登·唐纳森教授针对公司在实际中是如何建立资本结构的问题进行了一项广泛的调查，提出了在信息不对称条件下公司筹资的顺序，即优序融资理论。根据这一理论，公司筹资的顺序应当为：第一，内部筹资，如留存收益，折旧资本等。因为使用这部分资本对公司价值通常不会引起错误信号，而且这部分资本的使用成本较低。第二，负债筹资，如发行公司债券、可转换债券等。负债筹资对股票市场价值影响很小，由于债务通常有抵押担保或保护性条款，因此信息不对称对负债筹资影响不大，即负债价值被错估的可能性较小。将发行债券列为内部筹资之后，是因为债务会使公司受到财务危机的制约。在公司股利政策一定的条件下，如果内部资本不能满足投资机会的需要，则发行债券；如果内部资本有剩余，则偿还债务或投资于有价证券。第三，股票筹资，股票筹资通常是一项极普通、易被投资者所接受的筹资方式。但在信息不对称环境中，却成为一种风险极大、代价很高的筹资方式。因为在投资者看来，公司发行新股可能是因为股价被高估了，或公司的前景暗淡，出于保护自身利益的考虑，他们会抛售公司的股票，造成股价下跌，结果使发行新股筹资的代价太大。这一因素决定了股票筹资被列在筹资排序的底部。

四、公司战略与资本结构决策

按照资本结构理论，企业的融资结构影响着企业的市场价值，在税收不为零的情况下，由于债务融资有“税盾”作用，企业通过债务融资可以增加企业的价值，这样就形成了“优序融资理论”，企业理性的融资顺序应为内源融资＞债权融资＞股权融资。在西方企业融资结构中，根据优序融资顺序原则，企业融资方式的选择顺序首先是内部股权融资(即留存收益)，其次是债务融资，最后才是外部股权融资。

企业外部融资究竟是以股权融资还是以债务融资为主，除了受自身财务状况的影响外，还受国家融资体制的制约。不同的国家由于历史、文化、传统不同，经济发展的水平以及对资金需求程度不同，所选用的融资体制也不相同。不同的融资体制规范着企业获取资金的渠道，制约着企业的融资形式和取向。尽管融资决策和资本结构管理的基本准则对所有企业都是一致的，但在实际中，由于企业产品市场的竞争结构不同，企业所处的成长阶段、业务战略和竞争战略有别，企业融资方式与资本结构也存在差异。企业首先要根据商业环境确定自己的发展战略,然后再确定融资决策和资本结构管理的具体原则和标准。

(一)稳定型战略下的公司融资模式选择

稳定型是一种公司层战略,其基本特征是不进行重大的变革,这种战略的基本做法包括:通过提供同样的产品和服务持续不断地服务于同样的客户,保持市场份额,维持公司的投资回报率。通常当一个组织的管理者满足于坚守他们原有的事业,不愿意进入新的领域时,他们实行的就是稳定性战略。

对于实施稳定型战略下的公司来说,因为对外投资比较少,资金的需求主要表现为对原有资产的重置以及稳定增长过程中所需增加资产的投入,这种战略下的公司不会出现大量的资金需求。一般财务上的表现为:公司的收入增长比较平稳,利润和现金流量也比较稳定,对于资金的需求不会很大,如果不发放太多股利,内部留存收益就可以满足公司对于资金的需求。如果公司能够在一个较长的时期保持比较平稳的收入、利润增长和比较充足的现金流,这时公司的经营风险和财务风险都比较低。在现金流稳定性较高时,可以通过增加长期债务或用债务回购公司股票来增加财务杠杆,在不明显降低资信等级的同时,可以明显降低资本成本,从而在保证债权人权益的同时,增加股东价值。一方面公司稳定的利润和现金流可以提高公司的信用评级,从而为公司从银行取得贷款或是公开发行企业债券降低筹资成本,另一方面可以充分利用债务融资以产生抵税效应。公司还可以充分利用其稳定的现金流,采取适当的股利政策,比如,增发股利,或是采用稳定的股利政策,以吸引更多的投资者,树立良好的公司形象。

当然,稳定的公司战略可能只是适合产品需求弹性较小的行业,比如公用事业、食品、建筑工程、旅馆、住房、机场和造纸等行业,其增长速度比较平稳,一般是近似等于或略低于国民经济的增长速度,这些公司采取的公司战略就类似于稳定性战略,观察这类公司的资本结构,可以发现其往往利用了大量的负债融资。

(二)增长型战略下的公司融资模式选择

增长战略是一种公司层战略,它寻求扩大组织的经营规模。企业的增长通常可以用一些广泛的定量指标来表证,如销售收入、雇员人数以及市场份额。增长可以通过直接扩张、纵向一体化、横向一体化以及多元化来实现。

直接扩张方式(又称为集中方式)是从内部提高企业的销售额、扩大产能或扩大员工队伍,它不是通过收购和兼并其他企业,而是通过扩大原有业务来增长。比如,国内最大低压电器制造商正泰电器近年主要就是通过直接扩张的方式,在不到十年的时间内,年销售额迅速增长,2010 年已经超过了 300 亿元。

公司也可以选择纵向一体化的方式增长,也就是试图获得对输入(后向一体化)、输出(前向一体化)或同时对两者进行控制。对于后向一体化,组织试图控制它的输入从而拥有自己的供应商,如美国的联合航空公司就成立了自有的航空食品服务业务。对于前向一体化,组织是通过对输出(产品或服务)的控制从而拥有自己的分销商。

对于横向一体化,公司是通过合并同一产业的其他组织的方式实现增长,即合并竞争对手的业务。

最后,组织还能够通过多元化发展实现增长,包括相关多元化或非相关多元化。相关多元化是指公司通过合并或收购相关产业不同业务的公司而实现增长。非相关多元化是指公司通过收购和兼并不同产业、不同业务的公司而实现增长。

无论公司实施的是那一种增长型战略，其基本的财务特征就是对资金的大量需求。由于公司快速扩张，投资规模的扩大，内部融资常常不能满足公司的资金需求。高成长型企业通常以股权融资为主，其长期债务比例和现金红利支付率都非常低。因为在竞争环境下，竞争地位的形成或稳定往往需要持续进行技术、产品开发或服务创新投资，而市场份额和价格竞争等因素又容易使企业现金流入减少或波动。如果举债过度，容易因经营现金流收入下降而引起财务支付危机，轻则损害企业债务资信，重则危及企业生存。因此，高成长型企业的融资决策首先不是考虑降低成本的问题，而是考虑如何与企业的经营现金流入风险匹配、保持财务灵活性和良好的资信等级，降低财务危机的可能性。

虽然高成长型公司一般采取股权融资，但因为公司所处的行业、公司所处的发展阶段以及宏观经济等内外部环境的不同，也有可能采取其他更为合理的融资模式。此时，选择适合公司战略的外部融资模式就非常关键。如果对于融资模式选择不当，很可能给公司发展带来灭顶之灾。

1.行业因素。

(1)增长型的传统行业可以考虑使用更多负债融资。增长型行业并不一定是那些高科技和新兴行业，哪怕公司是处于传统行业，只要自身经营良好，采用了正确的战略，创造了良好的品牌等效应，在一定阶段也可以实现快速增长。比如，世界零售业巨头沃尔玛，从 1971 年到 2006 年，沃尔玛的平均销售增长率为 31.2%，最高曾达到 77%，其重要的融资方式是采用内部融资外加短期和长期负债融资来支撑公司的不断增长。在这些传统的行业中，只要市场份额能够合理预计，公司的经营风险就比较低，收入和利润容易预计，财务风险也相应比较低。因此，这一类的增长型公司可以优先考虑采用长期负债或者债券融资，以充分利用负债融资的一些优势而又不至于给公司带来过高的财务风险。

(2)增长型的高科技和新兴行业更多采取股权融资。如果是属于处于成长中的高风险行业，比如生物制药、材料、电子等高新行业，虽然扩张速度很快，但是所面临的技术风险、市场风险都比较大，公司未来的盈利具有很大的不确定性。这些行业，哪怕是在外部融资需求很大时，负债的水平也很低。增长型的高技术型企业往往采用股权管理办法，获得内部股权资本；同时增资扩股，长期债务比例非常低，甚至相当长的时期内无长期债，并且不支付现金红利。其原因有三：其一是高成长型企业一旦成功，投资收益往往大大超过融资成本，因此融资关键在于规避较高的经营风险，如果采取大量负债融资，一旦公司陷入低谷，高额的债务负担会很快把公司拖垮；其二是高成长企业的收益风险相应较高，债权人不青睐这些成长性公司，这些公司如果采取负债融资，债权人往往会要求较高的利率；其三是出于持续发展的需要，为了保留融资能力，增强财务弹性。因此，对于新兴的、高风险的行业，实施增长战略所需的外部资金最好通过权益融资的方式来解决。可以选择的权益融资工具主要是发行股票、认股权证等。当然，公司也可以考虑发行可转换公司债券。究竟采取哪种方式，还要取决于公司所处的发展阶段。

2.发展阶段。

(1)初创期的融资模式选择。采用增长型战略的公司，所处的成长阶段可能是初创期，也可能是相对成熟后的扩张期。公司增长迅速，但是如果处于初创期，内部融资的余地比较小，而外部融资又很困难，这个时候选择外部融资的模式就很关键。因为公司成立时间不长，哪怕是公司处于相对稳定的成熟行业，取得无抵押的信用贷款也会相对比较困难。此时，公司可以考虑的融资策略之一是对所需要的长期资产实行租赁，尤其是一些昂贵的、资产专用性很强的设备。这样既可以解决公司成立初期购买大量资产资金不足的问题，又可以在资产价值下跌很大时不至于遭受减值损失。策略之二是公司可以考虑发行认股权证或者附有认股权证的债券。初创期的公司，或是上市发行股票的条件不具备，或是发行股票后会对公司的股权稀释效应太大，代理成本增加，不利于公司的持续高速增长。而负债融资不仅融资成本高，而且公司的后续发展中财务负担也较重，而发行认股权证或附有认股权证的债券，可以避免公司前期增长所出现的普通股融资或负债融资所出现的问题，而到了权证执行期或债券转换期，公司发展可能已经比较稳定，股份的稀释对于公司的继续发展不会产生如前期那样大的影响。

(2)成熟期的融资模式选择。与此对应，公司如果处于相对成熟后的扩张期，采用的长期融资策略又有所不同。成熟期的公司，后续的增长可选用的长期融资方式比较多。处于传统型行业的公司合适的方式可以选择长期借款或是发行公司债券，而处于高风险行业的公司可以选择发行股票并采用适当的负债进行融资。

(三)紧缩型公司战略下的公司融资模式选择

紧缩战略也是一种公司层战略，它用于处理组织的劣势，这种劣势导致业绩的下降。当组织面临绩效困境时，紧缩战略有助于稳定经营，激活组织的资源和重新恢复竞争力。

由于业务萎缩，资产的变卖，投资的减少，实施紧缩战略的公司在最初的财务表现是大量的现金牛，如果短期不实施产业转移等投资，紧缩战略的公司短期一般不需要外部融资，公司反而可能将大量的现金用来发放股利。但是，一旦公司要实施产业转移，也可能需要大量的外部融资需求。

目前，我国金融系统提供的企业融资品种还不够丰富，不能适应日益复杂的商业环境下的企业融资需求。随着企业和投资银行等中介机构融资创新需求的增强，政府应像鼓励技术创新那样，鼓励企业基本融资工具的创新。与此同时，应逐渐从目前没有明文规定的企业融资新品种报批模式，过渡到只要政府法律没有明文禁止，就可以推出企业融资品种的管理模式，使企业融资从目前选择余地非常有限，向选择余地大，最终自由选择的方向发展。

第二节　资本结构决策在现实中的应用

一、农乐公司的股权结构和组织结构

1999 年农乐公司经福建省外经委批准设立，主要生产经营范围为动物饲料的加工和销售，产品主要包括畜、禽、鱼等动物饲料，其中技术含量高、利润较丰的中小料的销售比重达到 80%以上。公司年销售额 1 亿多元人民币，其客户主要是福建和广东两省的饲料经销商和大型农牧场，目前共有大中型客户 150 多家。

农乐公司隶属于在维尔京群岛注册的海峡群岛集团，公司注册资本 150 万美元，唯一的注册出资人——海峡群岛控股管理公司(以下简称海峡控股)拥有其 100%股份。海峡控股共有 10 位股东，其中 Smith 先生拥有 90%股份，为绝对控股股东，其余 10%股份分别由董事会主席和其他董事拥有。公司股票没有发行上市。

海峡控股在新加坡设立董事会，负责管理监督其属下26家生产企业的经营。其旗下企业遍及中国、马来西亚、越南、柬埔寨、泰国、印度尼西亚、巴基斯坦等国家。董事会下设区域董事，每名区域董事专门负责集团在某个国家里的所有下属企业。海峡控股的所有下属企业不设置董事会和监事会，由董事会选聘的总经理负全面责任。农乐公司的总经理下辖销售、生产、财会、采购、技术五个职能部门。

二、农乐公司面临的困境

（一）鞭长莫及的大股东治理

在农乐公司，存在着一个典型的大股东治理机制。Smith先生拥有90%股份，为绝对控股股东，所有的董事成员和各子公司的总经理候选人均由其直接聘用或审批。对于董事和子公司总经理而言，努力提高公司绩效是稳定自己职位的唯一途径。虽然从机制理论上分析，农乐公司的大股东治理具有极高的效力，但是，Smith先生和几名兼任董事的小股东要亲力亲为地对每个企业的经营管理进行监督，在精力和时间上均是不可能的，因为他们面对的是26家分布在中国、印度尼西亚、斯里兰卡、越南等7国具备一定规模的生产企业，厂址分散，距离遥远。而且，根据集团战略，随着东亚和东南亚经济的进一步发展，海峡群岛集团将继续在这些地区开设新工厂，届时，股东想要亲自监控将更加力不从心。因此，农乐公司的大股东治理机制的效力是大大打了折扣。

（二）缺位的董事会

董事会是公司治理的重要组成部分，董事会在公司中的作用发挥及其与其他公司治理机制的互助，是公司良好运营的重要保障。但是，农乐公司没有设置董事会，在其所属的集团中，董事会的设置只局限于海峡控股，这主要是考虑到：第一，精简组织机构和降低人力成本。由于农乐公司和海峡控股的其他子公司一样，只是中等规模的生产企业，若是在这一组织层次设置董事会，将会出现机构重置、机构臃肿、组织边际效率低下的现象，并且董事成员的薪酬和董事会的日常运行开支将是一笔不小的支出，对于利润空间不大的饲料企业来说是个不可忽视的负担。第二，由于Smith先生不愿意减持其股份，董事的剩余索取权激励非常微弱，加上现实中某些企业的董事会表现未如人愿，Smith先生对子公司层次的董事会的作用评价很低。董事会机制的缺失，实际上缺少了一种监督与制衡机制，减弱了对总经理的约束力。

（三）经理人激励机制的不足

农乐公司没有实行股权激励制度，总经理没有股份，其工资采取年薪制，即每月的固定薪水加年底奖金，年底奖金根据当年业绩，由集团董事会决定。所以，农乐公司的经理人激励机制存在着不足：固定的薪水无法充分保持激励效果，而根据当年业绩决定奖金的制度促使总经理过度关心短期业绩，存在采取短期经营行为和操纵会计数据的动机。

（四）无法利用资本市场监督机制

股票市场、机构投资者、强制信息披露制度等是资本市场监督公司经理人的有效手段，对于改善公司治理具有重要的作用。农乐公司的股东出于绝对控股等方面的考虑，不愿公开上市，所以，股票市场、机构投资者、强制信息披露制度等资本市场特有的机制就无法在农乐公司发挥作用。对于农乐公司的治理体系来说，它又缺少了一支“生力军”。

(五)战略排斥公司控制权市场机制

在英美国家,公司所有权结构较为分散,潜在的竞争者可以通过直接购买股份或发出收购要约等方式获得公司控制权。由于绩效较差的公司更有可能成为收购目标,其经营层在公司被收购后也更有可能被解雇,所以,公司控制权市场可以有效约束经理人,提高公司的绩效,是公司治理的一道重要防线。农乐公司出于战略考虑,放弃了公司控制权市场这一道防线。海峡控股自创业以来,采取产业聚焦战略,几十年致力于为用户提供高品质的饲料产品,从不涉及其他行业。中国的南方是海峡控股在20世纪末和21世纪初的全球重点发展市场,它以广东作为在中国发展的桥头堡,随着广东市场的成功进入和发展,福建农乐公司成为其向北方沿海及内陆地区进一步扩展的新据点,一旦福建市场取得成功,将向浙江、江西、湖南等市场进军,稳打稳扎、步步为营地建立起一个市场分布均匀、互相照应、实现规模效应的饲料生产集团。因此,农乐公司在海峡控股占据着十分重要的战略地位,公司控制权市场机制对其并不适用。

三、农乐公司实施债务融资治理机制的有利条件

为了提高治理效力,保障股东和相关利益者的利益,必须基于公司的现实情况寻找其他的控制手段。对于农乐公司来说,债务融资是一个非常合适而且可行的控制手段。

(一)公司所处的行业特性

Jesen(1986)指出,负债的"控制假设"并非总具有正效应,例如在那些快速成长、有大量高盈利性投资项目而没有现金流量的公司,"控制假设"的效应并不重要。因为在这种情况下,企业需要经常到资本市场去融资,资本市场便有机会评估和监督这些企业及其经营层和融资项目。相反,在低成长性公司,如果现金流充沛,"控制假设"的效应就相当重要,因为这些公司的经营层很有可能滥用手里的现金资源,谋取自己的利益而损害股东的利益。因此,在成熟且发展缓慢的行业中,债务融资机制才可以很好地发挥其治理作用。而饲料生产行业目前正处于行业生命周期成熟期的中晚期,市场增长缓慢,收益也较稳定。农乐公司所属的海峡控股从事该行业已有数十年历史,并取得了稳固的市场地位,积累了丰富的行业经验,从厂址选择、人才选拔、市场开拓到机构设置等,都总结出一套高效的饲料加工企业的成熟管理模式。由此分析,农乐公司将长期保持较多的现金流,而在约束机制并不健全的情况下,经营层的努力水平及其对现金的使用效果无法保证。因此,如果引入债务融资机制,可以迫使经营层努力经营、提高经营效率、控制费用支出,从而产生足够的现金流用于还本付息,达到降低代理成本的目的。

(二)银行合作伙伴与贷款成本

海峡群岛集团是香港汇丰银行的全球VIP客户,多年来一直保持着紧密的合作伙伴关系。香港汇丰银行在福建设有办事处,在我国债权人市场尚未完善的情况下,它无疑是农乐公司最佳的具备监督者身份的银行合作伙伴。为了及时掌握债务人农乐公司的财务和经营状况,香港汇丰银行实施审核大笔资金往来、定期实地视察等监控措施,实际上成为农乐公司的一位强有力的"外部董事",有效地监督农乐公司的经理人员。

资金成本是决定企业资本结构的重要因素,如果借贷市场的价格过高,债务融资机制反而会损害公司价值。由于农乐公司规模较大,公司管理规范,资产质量较好,所以在获取贷款能力、贷款成本上均具有较大的优势。农乐公司在香港汇丰银行贷款年利率约在5%—

6%之间，低于海峡控股的内定标准收益率8%，有利于提高公司的EVA。

从上述分析可以看出，农乐公司在行业特性、银行合作伙伴和贷款成本方面均为应用债务融资治理机制提供了很好的条件；但是，要充分发挥债务融资治理机制的效力，仅仅依靠这些有利条件还不够，所以农乐公司采取了相应措施以配合债务融资控制机制的实施。

四、农乐公司实施债务融资治理机制的配套机制

（一）高股利政策

代理成本理论认为，股东喜欢将剩余的现金作为股利发放，管理者则希望手中掌握充足的现金流，便于其追求自身利益最大化。为降低代理成本，减少经营者控制企业资源的能力，应采取高股利政策，高股利政策与负债控制假设理论相呼应。由于农乐公司处于行业成熟阶段，生产经营较为稳定，现金流也比较宽裕，因此采取现金股利方式和剩余股利政策，在保障企业的日常经营需要和投资项目的所需资金外，如有剩余，则派发股利；如没有剩余，则不派发股利。这样可以有效地控制经营层手中的自由现金流，使企业拥有的自由现金流尽量多地以现金形式发放给股东，增加股东的实际财富。

（二）有效的绩效评估

农乐公司引入平衡计分卡来全面考核评价经营层的经营绩效，避免由于过分关注财务指标而促使经营层为了追求短期业绩而采取投机行为或操纵会计利润的情况发生，希望通过此测评体系引导经营层去真正推动公司前进。并在考虑债务融资机制影响的基础上，在财务指标和经营效率方面予以特别的考虑。

高负债会产生高额的财务费用，高额的财务费用则会降低账面净利润，如果按照通常的财务指标口径计算分析，往往会低估企业的盈利能力，导致对经营层的错误评价。因此，应使用调整后的盈利指标如EBIT等对经营层进行评价，使其具有可比性。能否及时足额偿还到期债务本息是一个敏感指标，农乐公司还注意考核债务逾期率、罚息额等指标。此外，农乐公司对股利支付指标也予以考核。

（三）保持财务灵活性

当企业发生意外情况而导致现金流困难时，必须有额外的资金来弥补现金缺口。比如当原料价格大幅增长或需要改良机器设备时，需要大笔现金支出，但是单靠企业正常运营产生的现金流又无法满足，就需要从企业外部获取额外的现金，以保证企业的持续经营。如果这时企业没有保留一定的融资能力，无法得到额外的资金注入，大额到期的债务本息很可能使企业陷入困境。为应对随时可能发生的不利情况，确保企业持续经营，农乐公司主要通过以下两种途径来保持适当的剩余融资能力：一是关联企业间短期应急性借款，主要是为了满足短期的资金周转需要，在资金回笼之后就要归还，并按实际使用天数计息；二是银行授信额度控制，主要是解决较长时期和金额较大的现金问题，该额度由董事与银行签订，当农乐公司需要动用该额度时，必须先经海峡控股审批之后才能取得资金。

五、实际控制措施及其效果评价

综合考虑上述各种影响因素，农乐公司的投资者海峡控股决定采取其投资战略管理的一贯做法，引入债务融资控制机制来完善公司治理。因此，农乐公司成立初始，在确定投资总额和资本结构时就进行了精心的设计。经过详尽研究，农乐公司总投资需要1000万美

元，其中长期资产（主要为建筑物和机器设备）800 万美元，营运资金 200 万美元。农乐公司注册资本 150 万美元，根据中国相关法规规定，股东实际到资 150 万美元；剩余的 850 万美元投资额全部向银行贷款融资，资产负债率高达 85%。海峡控股在香港汇丰银行长期存有大额的金融资产，且是该行的 VIP 客户，经过磋商，以海峡控股信用担保的方式，农乐公司取得了香港汇丰银行总额 850 万美元的贷款，包括 650 万美元的十年期长期借款和 200 万美元的一年期滚动短期流动资金借款。根据贷款协议，长期借款自资金发放日起一年后开始偿还，短期借款在每期期满时由银行根据企业经营和财务状况决定续贷与否，香港汇丰银行拥有对农乐公司生产经营的一些限制性监督权，如贷款期内规定金额以上资金使用的审核权等。通过采取上述债务融资治理机制，农乐公司取得了良好的治理效果。

（一）财务状况和经营业绩良好

与新希望、正虹科技和通威股份等同行业上市公司相比，农乐公司的有息负债资产比 2001—2003 年三年平均值为 62.09%，远高于同行业，这是债务融资治理机制在资本结构上的体现。在资产经营效率方面，农乐公司总资产周转率 2001—2003 年三年平均高达 2.53，而新希望、正虹科技和通威股份同期分别为 0.55、1.85 和 1.76，这很大程度上应该归功于农乐公司的经营层，他们迫于压力，不得不对存货等资产苦心经营，加速资产的周转，提高经营利润，从而提高了资产经营效率。管理费用与销售费用占收入百分比和有息负债资产比这两个指标之间呈现出负相关关系。农乐公司的有息负债资产比最高，管理费用与销售费用占收入百分比最低，2001—2003 年三年平均值只有 4.54%，另外 3 家同期则分别高达 9.54%、12.71%和 7.11%。这也主要是由于债务的硬预算约束迫使企业经营层对于企业的费用开支更加在意并加以严格控制。从现金流量来看，2000 年到 2003 年，农乐公司共偿还了 2000 多万元人民币的长期贷款，其经营层的资金压力之大可想而知。另外，农乐公司的现金存量少，这有助于抑制开支与投资冲动。总之，从财务指标分析可以看出，农乐公司的债务融资治理机制在提高经营效率、控制经营层的在职消费、降低代理成本方面取得了良好的效果。

（二）对总经理的压力

债务融资控制机制给农乐公司总经理带来沉重压力。他说，农乐公司的资金让他大伤脑筋，一方面要保证营运资金需要，以保障利润和现金的来源，另一方面又要偿还到期的本息，因此，在经营管理上总是小心翼翼，如临深渊，不能有丝毫的差错，费用方面是能省则省，否则一有风吹草动，资金链就要出问题。如果现金缺口补不上，挪用了营运资金来偿还本息，就要影响到市场和销量，从而对利润和现金造成不利影响，最终导致现金流的恶性循环；如果为了保障营运资金不偿还贷款本息，银行又会逼上门来，对于经理人来说，出现这种状况的后果就是无奈离开。而失去职位，不仅仅意味着要负担失业成本，更重要的是职业声誉会遭受沉重打击，因为业内人士大都会将经营失败归咎于经理人经营能力的缺乏。他形象地将自己比作孙悟空，将股东比作观音菩萨，而公司的债务就是观音菩萨给孙悟空戴上的紧箍咒，为了薪酬和事业，他只好戴着这个紧箍咒，在漫漫的西天取经路上跋涉。

（三）管理腐败得到有效遏制

管理是否腐败以及腐败严重与否反映了公司治理的有效性，而审计是一个可以有效遏制管理腐败的手段。自开业至今，集团每年聘请新加坡安永会计师事务所对农乐公司进行年度审计，每年均出具无保留审计意见书。此外，与农乐公司经营层独立的上级会计系统每年都实施一至两次不定期的突击内部审计，在历次内部审计中，除了一些经营需要而导致的小额违规外，没有发现任何严重的违法违纪情况。由此可见，引进债务融资治理机制的农乐公司的公司治理发挥着良好的作用，管理腐败的问题得到了有效解决。

（四）公司成长方面的缺陷

虽然，农乐公司的引进债务融资治理机制的公司治理取得了上述的积极效果，但是，在公司成长方面，与同期饲料行业平均增长速度9.3%相比，农乐公司2001—2003年期间仅取得了平均每年不到5%的销售增长率。我们认为，农乐公司运用债务融资的最大遗憾在于：虽然饲料加工行业在我国是个成熟行业，但是由于近年来我国经济以每年8%左右的速度增长，人民生活水平大大提高，动物蛋白的消费量迅速增加，因此饲料市场在中国仍然保持较高的增长速度，存在很多市场机会，而农乐公司的股东在当初的行业结构分析上没有意识到这一点。随着农乐公司的市场扩大和销量增长，必然要求营运资金的增加，然而由于农乐公司负担着还本付息的任务，其经营利润带来的现金要同时满足偿还长期借款本息、短期流动借款利息和营运资金这三方面的需要，其经营层承受着随时都有可能出现的现金短缺危机的压力，因此在经营上非常小心谨慎，导致失去许多市场机会。

五、结论：以债务融资为突破点完善公司治理机制

有效的公司治理不仅依赖于健全的公司内部治理机制，而且依赖于良好的外部治理机制，其中包括债务融资治理机制。目前世界各国的公司治理都存在着许多的问题。在我国，公司治理的问题尤为突出，如股权结构不合理，政府职能的“缺位”“越位”和“错位”，内部监督和控制机制不完善，缺乏有效的外部治理机制，等等。在解决这些问题的过程中，由于债务融资具有其独特的治理功能，发展债务融资治理机制可以有效弥补当前公司治理的缺陷。像农乐公司，即使在其他一些治理机制缺失的情况下，由于正确使用债务融资治理机制，仍然可以取得良好的公司治理效果。

值得注意的是，并不是在任何环境下债务融资治理机制都可以发挥其积极的作用，要使债务融资有效地发挥公司治理功能，必须具备以下两个条件。

一是完善的债权人市场。债权人市场的形成和完善，对于公司资本结构的调整和优化，进而对于公司治理的完善至关重要。如果没有建立和完善债权人市场，债权人的利益就得不到保护，经济体系中的信用体系就不可能建立起来，恶意欠债、恶意逃债等不良行为频频发生，债务无法实现其硬约束作用，债务融资的作用也就无法得到充分的发展，其结果必然是企业一味追求股权融资。显然，这对于实施债务融资治理机制是非常不利的。只有建立起完善的债权人市场，公司的债务才能发挥其治理作用。当前，完善债权人市场首先要建立有效的偿债保障机制，包括建立防止企业出现偿债危机的事前保障机制和当企业出现偿债危机时对债权人进行保护的事后保障机制。事前保障机制包括负债企业对负债责任的自动履债机制、债权人的信用和配给机制；另外还包括限制债务期限和债务资金用途、债务工具要有流动性和可转换性、债务抵押担保等内容。事后保障机制主要依赖强制性的法律程序，其主要措施包括自发性和解与结算、破产清算与重组等。事后保障机制的关键在于建立有效的破产机制，因为通过实施破产机制实现控制权的转移，既能有效地强化自动履债机制，又能在出现偿债危机时保护债权人，增强债务融资的治理效应。二是要硬化银行的约束功能，确保银行有能力且有动力监控企业的行为。否则，债务融资的治理效应不但不能发挥出

来，还会成为经济中的风险因素。我国目前公司的债务融资中银行借款的比重相当大，因此加强银行对企业的监督显得尤为重要。而银行对企业有效监督的前提是银行的行为必须以追求价值最大化为目标；也就是说，银行必须成为独立的利益主体，如果银行与上市公司具有相同的利益主体——国家的话，就很难期望这种监督会有效。负债发挥治理作用的效力决定于负债，首先必须是“硬”负债，决定于完善和健全的企业破产制度。

二是股权应有一定的集中度。如果所有权高度分散，经理作为经营决策者，在公司治理中的地位变得非常强势，对于具有约束管理者等治理功能的债务融资，肯定极力反对，并利用职权之便予以否决；再加上他们对公司经营的信息掌握得最充分，因而他们的意见和看法很容易影响那些没有机会参与公司经营的信息不对称的分散小股东。同时，在股权分散的情况下，小股东在投票时的作用往往不是很大，再加上由于监控经理人的成本大，且与收益不对等，单个小股东没有动力也没有能力去监控经营层和制定企业的经营规划，因而绝大部分的股东就存在“搭便车”的心理，结果谁也不去关心企业的经营管理，导致经理人全权决定公司的经营管理政策，包括融资决策。因此，在一般情况下，债务融资治理机制无法在股权高度分散的公司中发挥其作用。

第三节　公司治理

一、制度与公司治理

公司治理从总体上而言，是一系列的制度组合，这些制度总体而言是为了能够使得公司更加有效地运转。随着公司的成长和规模的壮大，公司必须学会用制度去约束和管理你的员工(包括企业高管)，而不要总是抱怨他们是自私自利，并且总是寄希望他们能够为公司无私奉献。制度存在的必要性，就是因为人性的假设。经济学的一个基本假设就是理性经济人假设，英国著名的文学家狄更斯也曾经这样描述人的本性：“人是一只眼睛里闪烁着爱的光芒，而另一只眼睛却燃烧着自私欲火的动物。”如果对人的欲火引导得当，我们可以围着这篝火取暖，但是如果任由欲火泛滥，则会引火烧身。而这些看似极复杂的原理可以用极简单的事例加以说明。

【例 6-1】有七个人组成的小团体，每个人都是平等的。他们想通过制定制度来解决每天的吃饭问题——分食一锅粥，但并没有称量用具或有刻度的容器。大家试验了不同的方法，发挥了聪明才智，多次博弈形成了日益完善的制度。大体说来主要有以下几种。

制度一：指定一个人负责分粥事宜。很快大家发现，这个人为自己分的粥最多。于是又换了一个人，结果总是主持分粥的人碗里的粥最多最好。阿克顿的结论是：权力会导致腐败，绝对权力绝对腐败。

制度二：大家轮流主持分粥，每人一天。这样等于承认了个人为自己分粥的权利，同时给予了每个人为自己多分粥的机会。虽然看起来平等了，但是每个人在一周中只有一天吃得饱而且有剩余，其余六天都饥饿难挨。大家认为这种办法造成了资源浪费。

制度三：大家选举一个信得过的人主持分粥。开始这位品德尚属上乘的人还能公平分粥，但不久他开始为自己和溜须拍马的人多分。不能放任其堕落和风气败坏，还得寻找新思路。

制度四：选举一个分粥委员会和一个监督委员会，形成监督和制约。公平基本做到了，可是由于监督委员会常提出各种议案，分粥委员会又据理力争，等分粥完毕时，粥早就凉了。可见，如果制度效率不高，就要吃凉粥，就要影响当初制定制度时所想达到的那个目的。

制度五：每个人轮流值日分粥，但是分粥的那个人要最后一个领粥。令人惊奇的是，在这个制度下，七只碗里的粥每次都是一样多，就像用科学仪器量过一样。每个主持分粥的人都认识到，如果七只碗里的粥不相同，他确定无疑将享用那份最少的。

好的制度浑然天成，清晰而精妙，既简洁又高效，令人为之感叹。制度至关重要。成功的企业管理者，一定擅长于借制度之力。分粥理论给我们的一个启示就是要有一套好的制度，要敢于跳出传统的思维去寻找新的解决问题的办法，一套好的机制对管理者来说比自己事无巨细、事必躬亲要有效得多。

二、个人帝国与公司治理

人性的自私自利是公司制度存在的必要性之一。其实，在大多数企业里，还存在另外一个更加令企业容易失败的因素，那就是个人帝国的存在。曾经有学者较为极端地指出，公司治理就是用一群人去阻止一个人犯错误。无论中外，大多数企业都经历过“一个人的帝国”时期。中国乃至亚洲的不少企业至今难以摆脱这种权力格局。为什么？起先是因为决策效率，后来很大程度上在于组织惯性。直到企业在融资或是产权关系上遇到了比较大的变故，“老大”的理性能力使之意识到个人帝国（或家族帝国）不再划算之后，情况才会有所改变。在企业发展的早期，无论什么样的产权形式，单人的也好，合伙的也好，绝大多数都是一个人的企业。做企业需要两种能力：第一是理解和判断的能力；第二是领导与管理的能力。前者是关于事的，后者是关于人的。

具体来说，企业的领导者必须要能够对商业机会有着极其清醒和敏锐的认识，哪怕这是一个在适应性发展的进程中，能够将机会和资源恰当配合，形成能够持续盈利的商业模式。当然，这里面有运气的成分，但企业核心领导者的理解力和决断力无论如何都是不可或缺的。老板能否看到机会，看到机会之后敢不敢拍板，这都是管理学至今都无法全面科学地加以解释的一种“个人素质”。同样在一个行业里做事情，大家都是老资格，但是对于行业的理解可能有着根本的差异。这是我们在企业调查的过程中，从不同的企业家身上切身感受到的。

与理解和决断能力相匹配的，是领导和管理能力。在有了商业模式的进化之后，还需要有人来实现它。参与企业的人员，有不同的身份，为着不同的目的，能够把这样一支形形色色的散户凝聚成为一支有战斗力的团队，就需要领导和管理的能力；而这种能力也不是什么人都具备的。总之，只有兼具上述两种能力的人，才可能成为领导者，才有资格建立“一个人的帝国”。

企业创建的早期，可能很短暂，也可能要经历十几年，企业一般都会选择出领导者。聪明的领导者会有效地经营自己，不断放大自己对于大局面的驾驭能力，与企业共同成长。一般来说，领导者越成功，企业的地盘就越大。为了防止自己的能力与企业的经营需要不匹配。聪明的领导者开始学会放弃，学会授权，不必要的事情要交给下属去办，自己只管对企业当前最重要的事情。不是被动地去管，对事情有超前的考虑和驾驭能力。

不过，无论领导者多么懂得经营自己，一个人的帝国终究有一天要坍塌。打掉个人帝国的因素可能有两种：产权分化和自然规律。所谓产权分化，是指企业在发展的过程中总是不断引进新的股东，引入新的利益主体，引入新的管理势力。这都有助于打破"一个人的帝国"。因为利益多元化一定会带来内部控制的多元化。不过，产权因素只是有可能，但并不必然会干掉领导者，领导者可以通过建立复杂的持股结构来减少其他利益主体的影响程度。

1972 年，Greiner 曾经建立过一个关于"企业成长与演化"的五阶段模型，论述企业组织变化与成长之间的关系。其实，领导者与企业成长之间也存在类似的逻辑关系，内容不一样，但逻辑是相似的。领导者总会在这些不同的阶段有过不去的坎，这时，领导者的帝国就会被打破。即使领导者的本领很强，能平安度过几乎所有的关口，但自然规律这一关没人抗拒得了。这时，领导者的帝国也会"城头变幻大王旗"。而一套完善的公司治理，是确保公司能持久生存而不随领导者的意志和自然规律而消失的重要保障。

三、公司治理的含义

广义的公司治理包括两个层次：第一层次是外部治理，包括产品市场、资本市场和经理人市场对公司的影响。外部市场通过评价公司和经营者行为的优劣，激励和约束企业及经理人的行为。显然，外部治理可以理解为外部环境对公司治理的影响，是市场机制对公司内部的影响力和牵引力。第二层次是内部治理，即通常所讲的法人治理结构，包括股东对公司内部组织结构的安排与权利配置。

公司治理结构源于企业所有权与经营权的分离以及由此产生的代理问题。在企业发展历程中，当企业规模和经营范围不断扩大以至所有者自己管理企业不再具有效率时，所有权与经营权的分离即"两权分离"就是一种必然的选择。

这种现代公司制度下的委托代理经营，一方面提高了企业运营效率，促进了管理分工的发展和社会财富的增加；另一方面相对于两权合一的企业来说，也产生了两者之间的代理问题：经营者的利益与所有者的利益并不完全一致，所有者的目标是利润最大化；经营者的目标则可能掺杂了各种自利因素，如追求个人利益与社会地位。因此，经营者可能为了自身利益最大化而从事损害投资者利益的行为，如增加不必要的在职消费，投资于不能给股东带来价值但是有利于建造自身企业帝国的投资项目等。这种所有者与经营者的代理问题(本章称为第一类代理问题)带来了如何合理设计企业的权利配置与组织架构，使经营者能够以股东利益为导向进行有效决策的问题。

除此之外，委托人之间也会因信息的不对称而产生代理冲突。与英、美两国股权充分分散的特点不同，大多数发展中国家上市公司股权相对集中。对于这些国家和地区而言，代理问题并非主要表现为高管和股东之间的利益冲突，而是表现为控股股东与中小股东之间的利益冲突。因为控股股东拥有对公司的控制权，它们可以以损害其他股东利益为代价，掠夺公司的资源谋取私利，即获取控制权私利。由此，产生了第二类代理问题(即委托人之间的代理问题)。所谓第二类代理问题，是指公司的控股股东利用公司的控制权对中小股东进行利益侵占，或者控股股东联合高管一同对中小股东进行利益侵占的行为。控股股东侵占中小股东利益的方式可以有很多种，如利用关联交易、占用资金、关联担保、夺取投资机会等。这些行为被形象地称为"利益输送"或"隧道挖掘"。

基于以上第一类代理问题和第二类代理问题，如何设计良好的权责对等的组织架构和权利配置，构建高效率的运作体系，在有效的监管约束的基础上，公平合理地在企业各利益集团之间分配利益，同时管控利益背后随之而来的风险，就成为公司治理研究的主要问题。

从上述的分析可以看出，公司治理是一个多角度、多层次的概念，立足于结构、机制等不同的方面。从最广泛意义来说，公司治理不仅仅是结构，也不仅仅是机制，而是通过一整套包括正式及非正式的制度来明确公司治理各个主体的权、责、利，通过外部的和内部的机制来协调公司与所有利害相关者之间的利益关系，以保证公司决策的有效，从而最终维护公司各方面利益的公司制度框架。这个概念是最广义的公司治理概念。这里的利害相关者，不仅包括股东，还包括经营者、债权人、供应商、雇员、政府和社区等与公司有利害关系的团体和个人。

四、公司治理的框架

基于广义的公司治理概念，可以将公司治理划分为内部治理和外部治理两个方面。如图 6-1 所示，外部治理包括制度层与市场层的企业外部环境因素，具体包括政治、法律环境、经理人市场、资本市场、产品市场等外部环境因素。内部治理是指以公司所有权结构为起点，以治理结构为表现形式，以内部治理机制为内在核心的一系列制度安排。内部治理与外部治理相互作用，共同构成现代公司治理的基本框架。

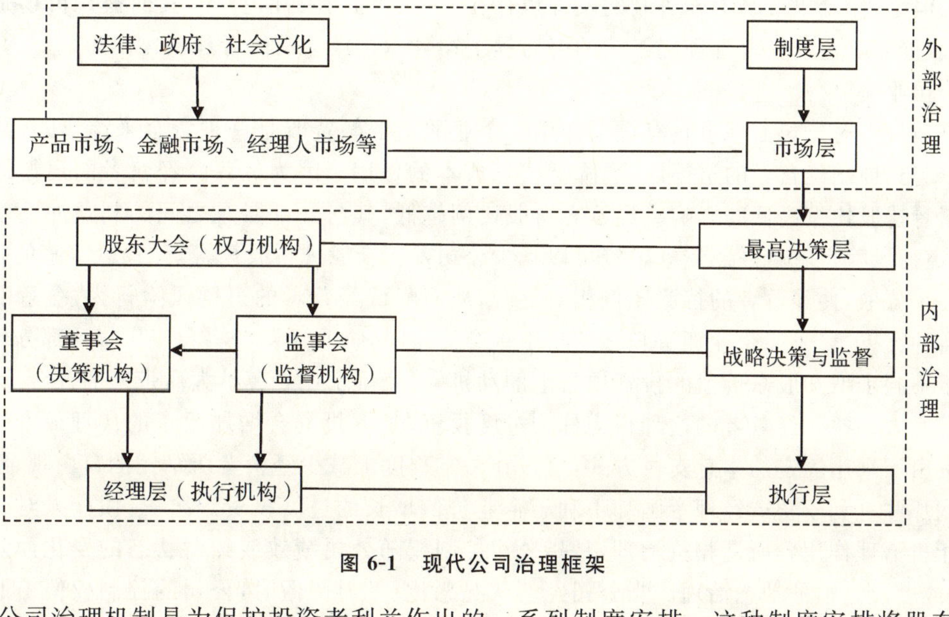

图 6-1 现代公司治理框架

公司治理机制是为保护投资者利益作出的一系列制度安排。这种制度安排将股东会、董事会、监事会等治理机构有机地联系在一起，指导其有效运作。如果说治理结构是公司治理的静态表现，那么治理机制则体现了公司治理的动态调节过程；治理机制可分为外部治理机制和内部治理机制。外部治理机制是指通过外部治理环境包括控制权市场、经理人市场和产品竞争市场等对公司内部控股股东和管理人员的激励约束机制。内部治理机制则是通过内部权力配置与制度安排实现对管理人员的激励与约束机制。

内部治理机制是公司治理体系的核心与灵魂，也是公司控制的直接工具。外部治理机制的作用必须通过内部治理机制才能传达至企业的具体决策，公司绩效的改变最终依赖于内部治理机制的作用。内部治理机制依托公司的内部治理机构发挥作用,即股东大会、董事会、监事会等机构的权力设计与分配是内部治理机制发挥作用的主要方式。

(一)外部治理

外部治理由治理环境构成,包括法律、政府、社会文化等制度因素,以及经理人市场、资本市场、产品市场等市场因素。治理环境是通过治理机制发挥作用的。治理机制是指为保护投资者利益而作出的一系列制度安排,通常可以分为外部治理机制和内部治理机制。外部治理机制是指通过外部治理环境包括控制权市场、经理人市场和产品竞争市场等对公司内部控股股东和管理人员的约束机制。内部治理机制则是通过内部权力配置与制度安排实现对管理人员的激励与约束。

公司外部治理机制的涵盖范围非常广泛,典型的外部治理机制包括以下几种。

1.资本市场的治理机制。资本市场的治理机制主要体现在两个方面:一是控制权市场;二是债权人对公司的治理作用。在有效的资本市场上,股权价格能够反映公司的管理水平与经营业绩的好坏,良好的经营业绩会带动股票价格的上升,以及股东对管理层的支持;而较差的业绩会引起股票价格的下跌,以及股东对管理层的不信任。一旦企业经营不善,市场价值往往会被低估,从而很容易成为被收购的目标,收购以后随之而来的往往是管理层的更换。在这种并购的外在压力之下,管理层必须更好地为股东利益服务,努力提升股东的价值。但是,控制权市场治理机制的发挥也存在着一定的局限性,首先,其前提是市场是有效的,股价能够充分反映管理层经营的努力程度;其次,这也会诱使管理层作出短期行为,以提升公司业绩。

债权人对公司治理也具有重要作用。企业的债务融资既是一种资金来源形式,同时也可以起到抑制经营者的道德风险、降低代理成本的作用。因为,第一,经营者的道德风险受经营者持股比例高低的影响。经营者持股比例越低,其与外部股东之间的利益冲突就越严重,道德风险也就越高。债务融资可以减少公司发行新股进行股权融资的数量,避免股权的进一步分散,使经营者的持股比例相对上升,从而降低经营者的道德风险行为,缓解二者的利益冲突。第二,当企业拥有较多的自由现金流量时,企业经营者将会产生将这部分现金投资于不利于增加股东价值的投资项目上的动机,以获得企业规模扩大后带来的社会地位、声望等个人利益。经营者的这种行为称为过度投资,过度投资会增加股东的代理成本。债务融资由于采用固定的本息支付方式,可以在一定程度上减少经营者所掌控的自由现金流量,抑制那些有利于营造经理帝国却不利于企业价值增长的过度投资。第三,债权人对公司具有相机治理作用。所谓相机治理,是指公司控制权随公司绩效或经营状态的变化而发生变动,或者说是财务动态治理。当公司经营状况恶化、无力偿债时,公司的控制权便由股东转移给债权人。此时,债权人通过受法律保护的破产程序对公司行使控制权,或者对其进行清算,或者进行重组。这种结果对经营者来说意味着巨大的损失,不仅包括失去工作,还包括社会地位的降低以及名誉的毁损。预期到存在这种破产威胁,经营者会更加努力地为以股东价值增值作为工作目标,从而债务融资对经营者形成了有利于股东的激励约束机制。

2.经理人市场与产品市场的治理机制。在以公司制为主体的市场经济中,经理人市场是通过企业家的竞争机制促使经理人为股东利益最大化去作出最优决策。在经理人市场上,职业经理人作为供给方,其质量高低的重要信号是其市场声誉和以往的业绩。如果经理人在某个企业由于经营业绩恶化而遭到解聘,那么他的声誉以及市场价值将会大幅降低,甚至在以后的职业生涯中，很难找到经理的职位。为此，职业经理人必须不断努力，为股东创造价值。经理人市场对经营者产生的激励与约束作用，取决于经理人市场的完善程度。完善的经理人市场能够起到促使经理人勤勉工作、降低代理成本的作用。

在产品市场上，公司的业绩和市场占有率可以直接表现出来。由于产品市场上的竞争压力，经营者必须努力尽职，力争创造更强劲的竞争能力，以在产品市场上形成竞争优势。产品市场上的失败不仅会减少经营者的薪酬，而且对经营者的声誉和在经理人市场上的价值将造成不利影响。

3.信息披露制度。透明度是公司治理体系良好运作的基本要素，公司向利益相关者披露信息是实现公司透明度的主要手段。阳光是最好的防腐剂，资本市场中的信息不对称要求上市公司能够充分、准确、及时、清晰地向投资者披露相关信息。提高上市公司的透明度不仅有助于市场效率的改善，而且可以借助信息披露制度加强对上市公司控股股东行为的监督，从而有效保护中小股东的利益，提高社会公众投资人对资本市场的信心和认可度。

提高透明度的目标是为了保护投资人的利益，通过提供更加准确和清晰的信息以帮助投资者作出正确的决策，避免因低透明度给投资人决策带来的误导。但是，透明度对投资者利益的保护并不意味着对其提供绝对利益保障，投资者还需要依靠其自身的决策能力对投资选择进行判断。

按照是否受到法规的强制性规范，上市公司的信息披露行为分为强制性信息披露和自愿性信息披露。强制性信息披露是指按照法律法规的要求，公司必须对外披露包括财务报表、报表附注、董事会工作报告和治理情况等信息。自愿性信息披露是指管理层根据市场环境的判断而自愿向外部投资者公开披露的信息。只要是法规没有强制要求披露的信息，都属于自愿性信息披露的范围，如管理者的预期信息等。作为上市公司管理层的决策类型之一，自愿性信息披露决策往往是公司管理层对相关收益与成本进行权衡之后的结果。在市场并非完全有效的情况下，公司将会理性地对自愿性披露的成本和效益进行权衡，以决定对投资者的最佳信息披露水平。

4.法律保护机制。法律制度对投资者利益的保护是外部治理机制的核心。按照同股同权的原则，无论是中小股东还是大股东，均应该按照其所持股份的比例享有对公司重大决策的表决权。在股权充分分散的市场上，任何单一股东均无法对公司的重大决策实施有效控制。因此，分散的股东权利会导致公司的经营管理实际由内部管理层控制，从而导致内部人控制。而在股东集中的情况下，即公司存在控股股东时，公司的大部分表决权集中于控股股东的手中，公司的控制权掌握在控股股东手中，形成大股东控制。

在两种所有权结构下，投资者保护的内涵有所不同。在内部人控制的模式下，投资者保护主要关注股东与管理层之间的委托代理问题，公司治理中的主要代理冲突是委托人(股权分散的股东)与代理人(职业经理)之间的冲突。因此，其治理机制的目的是形成股东与管理者之间利益趋同的格局，包括内部治理机制如董事会制度，股权激励制度，以及外部的产品市场竞争、经理人市场竞争、收购威胁等外部治理机制。这一系列机制构成一套相互牵制的机制组合。例如，如果公司董事会效率低下，那么会导致收购机制被触发，从而增加管理层更换的可能。在美国、英国等发达国家的资本市场上，股权充分分散，因此有效解决委托一代理冲突是其面临的主要治理问题。

在大股东控制的模式下，投资者保护主要关注中小股东与大股东之间的利益冲突。从理论上讲,中小股东与大股东同属于公司的委托人。因此,这种利益冲突又称为委托人之间的冲突。

控股股东与中小股东之间的利益冲突可能会导致控制股东的利益侵占。所谓利益侵占,是指控股股东利用其控股地位实现从中小股东向控股股东的价值转移行为。利益侵占可能采用多种形式,例如,将不胜任的家族成员、朋友、亲信放在公司关键岗位;利用关联交易向控股股东高价购买原材料或低价销售商品;通过担保、借款、合资等形式将资金转移给控股股东等。

金字塔式持股结构也容易导致控股股东掠夺其他投资者。所谓金字塔式持股结构,是指控制人通过一系列中间公司的股权链条间接控制其他公司。这种金字塔式持股结构通常会导致最终控制人的控制权大于现金流量权。例如,投资者A拥有B公司60%的股权,B公司拥有C公司50%的股权,C公司拥有D公司40%的股权。这样,投资者A拥有D公司的现金流量权(或所有权)比例为12%(=60%×50%×40%),同时拥有D公司40%的控制权。对于C公司和D公司而言,投资者A并不是其大股东,但却是其实际控制人。这种持股结构对实际控制人而言其利益侵占的收益高于其成本,因此会增加中小股东被利益侵占的可能性。

可见,在股权集中模式下,公司治理的主要目标在于协调控股股东(或实际控制人)与中小股东的利益冲突,防止大股东利益侵占,保护中小股东的利益。包括中国在内的大多数新兴市场国家,这种股权集中模式更加普遍。为保护中小投资者的利益,世界各国纷纷通过采取法律对策和司法实践加强对中小股东权益的保护,维持大股东与小股东权益之间的平衡。

(二)内部治理

股东大会、董事会、监事会、执行层等机关构成了公司内部治理的基本框架。内部治理包含了公司治理结构和内部治理机制两方面内容。治理结构是指公司治理活动中所形成的机构设置和权力结构;内部治理机制则体现了治理结构中权利和责任的配置。可以说,在公司治理实践中,完善的治理结构是基础和平台,而良好的治理机制是公司治理的灵魂。

内部治理机制实质上就是一种契约制度下的权力安排,它通过一定的治理手段,合理配置剩余索取权和控制权,形成科学的自我约束机制和相互制衡机制,以协调利益相关者之间的利益和权力关系,促进它们长期合作,保证企业的决策效率。在公司治理结构中,股东大会、董事会、监事会和经理层之间形成各司其职、互相激励与约束的关系,其中股东大会是公司最高权力机构,它由具有投票权的全体股东组成,股东作为所有者,享有决定公司的经营方针和投资计划、发行股票和公司债券以及公司合并或解散等公司重大决策时的投票权,享有公司剩余索取权。董事会是由股东大会选举出来的由全体董事所组成的常设的公司日常决策机构和领导机构。董事会受股东大会的信任委托,负责公司财产的经营,代表全体股东的利益,向股东大会负责,与股东大会是一种信托关系;董事会作为公司的日常决策机构享有广泛的权力,如对公司经营方针和投资方案有决定权,有对公司经理人员的任免权,等等。公司董事会为了有效地对公司的活动加强管理,通过与经理人员签订合约,聘用经理人员负责企业的生产经营管理活动,于是董事会与经理阶层也形成了委托与代理之间的关系。为了保证董事和经理正当和诚信地履行职责,公司治理结构中还专设了监事会,其职责主要是监督董事和经理人员的活动,如检查公司的财务,对董事和经理人员执行公司职务时违反法律、法规和公司章程的行为进行监督等。

第四节 经营者激励机制设计

一、激励相容原理

市场经济中，每个理性经济人都会有自利的一面，其个人行为会按自利的规则进行行动。激励相容指如果能有一种制度安排，使行为人追求个人利益的行为，正好与企业实现集体价值最大化的目标相吻合，这一制度安排就是"激励相容"。

激励相容理论要求经营者在追求个人利益的同时，行为的客观效果达到了激励机制设计者想要实现的目标，即更好地实现投资人想要达到的目的。一种有效的安排就是在代理人与委托人之间形成利益制约关系，即针对企业经营者设计合理的薪酬计划，如赋予其一定的剩余索取权，使得代理人的收入取决于自己为实现委托人利益最大化而付出的努力程度。代理人越努力，委托人所得的剩余收入就越多，代理人获得的薪酬也就越高。

在现代企业中，企业的所有者和经营者分离，需要设计相应的激励相容机制，其主要思路是将经营者的报酬与企业的利润相结合。但这并不是一件简单的事情，因为企业利润既包括当前利润，也包括未来利润；既包括可操纵利润，也包括不可操纵利润。为了防止经营者追求短期效益而忽视企业长期发展，很多企业在经营者的薪酬结构中加入与企业未来利润密切相关的报酬，如按股票价格给予经营者奖金，或者进行股权激励，即授予管理者一定数额的公司股票或期权。

股权激励作为一种长期激励方式开始于 20 世纪 70 年代的美国，在 90 年代得到长足的发展。股权激励包括股票期权、员工持股计划、限制性股票激励计划等形式。一般观点认为，股权激励计划可以把职业经理人、股东的长远利益、公司的长期发展结合在一起，可以一定程度上防止经理人的短期经营行为，以及防范"内部人控制"等侵害股东利益的行为。由此可见，股权激励对于改善公司治理结构、降低代理成本、提升管理效率、增强公司凝聚力和市场竞争力能够起到积极作用。

二、薪酬委员会

(一)薪酬委员会的作用与职责

薪酬委员会是董事会下设的专门委员会之一，主要负责公司管理层薪酬方案的制订。美国对薪酬委员会的设置是从 1978 年美国证券交易委员会(SEC)建议上市公司设立薪酬委员会开始的。此后，薪酬委员会制度在欧美等国迅速发展，在制定激励薪酬与制衡经理人权力膨胀、维护股东利益方面发挥了一定的作用。

薪酬委员会可以避开管理层对高管薪酬方案进行设计，并向董事会提出建议，因而可以更好地考虑股东的长远利益。薪酬委员会的独立性至关重要，独立性是保证高管薪酬方案公平性和合理性的基本前提。按照美国公司惯例，薪酬委员会通常由独立董事组成。按照我国的《上市公司治理准则》，上市公司董事会可以按照股东大会的有关决议，设立战略、审计、提名、薪酬与考核等专门委员会。专门委员会成员全部由董事组成，其中审计委员会、提名委员会、薪酬与考核委员中独立董事应占多数并担任主席。

按照我国《上市公司治理准则》规定，薪酬委员会负责：研究董事与经理人员考核标准，进行考核并提出建议；研究和审查董事、高级管理人员的薪酬政策与方案。

按照美国的相关规定，要求薪酬委员会建立高管人员薪酬激励的观念，确保薪酬富有竞争力并与公司业绩、股东价值保持一致；评估主管人员薪酬水平；确定最能够使主管人员致力于公司目标的薪酬组合，在年度薪酬与长期激励性薪酬之间建立一种适当的平衡关系；行使高管人员薪酬计划，尤其是涉及权益薪酬的计划；评估董事薪酬；评估高层管理人员的工作表现；负责高管薪酬方案的执行，以及相关信息的公开和披露。

(二)薪酬委员会履行职责过程中应注意的问题

对股东负责。薪酬委员会应该持对股东负责的态度履行相应职责，定期向股东大会提交薪酬委员会报告，介绍薪酬委员会的工作情况及薪酬方案的调整计划，并向股东解释薪酬方案的实施对公司的影响。一些特殊的股权激励方案还需要提请股东大会讨论通过，例如，对于股票期权激励计划，在美国的一些州只需要在董事会通过即可，而在另一些州则需获得股东大会通过。按照我国目前的法规要求，上市公司的股权激励方案也应提交股东大会审议通过。

可以外聘咨询顾问或专家。薪酬方案的设计是一项非常复杂的工作，委员会受人员和知识结构的限制，可能无法解决薪酬方案制订的所有问题。因此，可以聘请第三方咨询机构和人力资源专家，提高工作效率，制订更为专业和有效的薪酬方案。

外部环境的变化。外部环境的变化可能会降低原有薪酬方案的有效性，例如，会计准则的变化，会使原来制订的激励目标失去可比性。因此，薪酬委员会要针对外部法律、政策以及市场环境的变化适时调整薪酬方案，优化公司的高管激励措施。例如，从 2005 年 6 月开始，美国的新会计准则要求，在编制财务报表时，需要将股票期权计入成本，受此影响，实施股票期权的公司可能会降低账面利润，从而影响公司未来的股价。所以，越来越多的公司开始降低股票期权的使用而增加限制性股票。

三、经营者激励的方式

企业的激励方式有多种，这里简单介绍一些典型的模式，很多现行的模式都是从这些基本模式变化而来或者结合使用的。

(一)年薪制

年薪制是以年度为考核周期，把经营者薪酬与企业经营业绩挂钩的一种激励方式。通常包括基本收入和效益收入两部分。年薪是国际上较为通用的一种薪酬激励方式，不过，由于年薪制是以年度为单位确定经营者的收入也就容易使经营者在任期到期时采取短期化措施，以获取高额报酬；同时年薪制的业绩指标容易受到宏观经济波动、市场环境等不可控制因素的影响，造成经营者报酬计算的偏差。

(二)业绩股票

业绩股票指在年初确定一个较为合理的业绩目标，如果激励对象年末时达到预定的目标，则公司授予其一定数量的股票或提取一定的奖励基金购买公司股票。业绩股票的流通变现通常有时间和数量限制。另一种与业绩股票在操作和作用上相类似的长期激励方式是业绩单位，它与业绩股票的区别在于业绩股票是授予股票，而业绩单位是授予现金。

(三)股票期权

股票期权指公司授予激励对象的一种权利,激励对象可以在规定时期内以事先确定的价格购买一定数量的本公司的流通股票,也可以放弃这种权利。股票期权的行权也有时间和数量限制,且需激励对象行权时支出现金。目前在我国有些上市公司中应用的虚拟股票期权是虚拟股票和股票期权的结合,即公司授予激励对象的是一种虚拟的股票认购权,激励对象行权后获得的是虚拟股票。

(四)虚拟股票

虚拟股票指公司授予激励对象一种虚拟的股票,激励对象可以据此享受一定数量的分红权和股价升值收益,但没有所有权、没有表决权,不能转让和出售,在离开企业时自动失效。

(五)股票增值权

股票增值权指公司授予激励对象的一种权利,如果公司股价上升,激励对象可通过行权获得相应数量的股价升值收益,激励对象不用为行权付出现金,行权后获得现金或等值的公司股票。

(六)限制性股票

限制性股票指事先授予激励对象一定数量的公司股票,但对股票的来源、抛售等有一些特殊限制,一般只有当激励对象完成特定目标(如扭亏为盈)后,激励对象才可抛售限制性股票并从中获益。

(七)延期支付

延期支付指公司为激励对象设计一揽子薪酬收入计划,其中有一部分属于股权激励收入,股权激励收入不在当年发放,而是按公司股票公平市价折算成股票数量,在一定期限后,以公司股票形式或根据届时股票市值以现金方式支付给激励对象。

(八)经营者/员工持股

经营者/员工持股指让激励对象持有一定数量的本公司的股票,这些股票是公司无偿赠与激励对象的、或者是公司补贴激励对象购买的,或者是激励对象自行出资购买的。激励对象在股票升值时可以受益,在股票贬值时受到损失。

(九)管理层/员工收购

管理层/员工收购指公司管理层或全体员工利用杠杆融资购买本公司的股份,成为公司股东,与其他股东风险共担、利益共享,从而改变公司的股权结构、控制权结构和资产结构,实现持股经营。

(十)账面价值增值权

具体分为购买型和虚拟型两种。购买型账面价值增值仅是指激励对象在期初按每股净资产值实际购买一定数量的公司股份,在期末再按每股净资产期末值回售给公司。虚拟型账面价值增值权是指激励对象在期初不需支出资金,公司授予激励对象一定数量的名义股份,在期末根据公司每股净资产的增量和名义股份的数量来计算激励对象的收益,并据此向激励对象支付现金。

第五节 股权激励操纵案例分析

一、公司简介

深圳市农产品股份有限公司于1989年正式成立，以投资、开发、建设、经营和管理农产品批发市场为核心业务，是行业内最具规模的农产品批发市场连锁经营企业，于1997年在深交所主板上市，是国内农产品流通行业首家上市公司。经过二十二年的发展，公司已经成长为总资产106亿元、净资产42亿元的大型现代化农产品流通企业集团。公司在全国21个城市投资经营管理了32家大型农产品综合批发市场和大宗农产品网上交易市场，初步形成了一个全国性农产品交易、物流及综合服务平台，成为国内经营管理农产品批发市场的第一品牌。作为国有控股的大型企业，为顺应股权分置改革的要求和激励公司管理层，2005年11月24日，农产品公司实施其在当年9月份推出的股权激励方案，成为首家获得国资部门同意实施股权激励的国有控股上市公司。而证监会发布的《上市公司股权激励管理办法》于2006年1月1日实施，同年9月30日国务院国资委出台的《国有控股上市公司(境内)实施股权激励试行办法》正式实施。可见，农产品的股权激励方案与政策中的规定并非一致。以下是对农产品股权激励方案的设计和实施过程的具体分析。

二、农产品的股权激励设计方案及评价

(一)股权激励设计方案

农产品股权激励方案的主要内容为：除深圳市国资委外，其他中小非流通股股东将50%的股权共2620.44万股作为农产品高管的股权激励股票。公司高管须提前缴纳每股0.8元的风险保证金，在实现一定的业绩后，高管有资格以每股3.5元的优惠价格认购激励股份。如果经审计的年度报告显示，公司在考核年度出现亏损，则公司将有权取消激励对象当期获得的认股权，认购人已缴纳的保证金不再退还。

农产品选择了净资产收益率和净利润两个指标作为股权激励能否行权的条件。具体的行权条件为，公司在未来三年内即2005年至2007年会计年度，公司的净资产收益率分别不低于2.5%、4.5%和6%；或者，若公司某年度未能达到上述业绩目标时，则公司必须实现三年连续赢利且三年累计净利润不低于18200万元。该条件需提交股东大会审核通过。

在完成上述业绩目标前提下，公司董事会可以根据业绩目标，核算并且采取超额累进的方法提取相应的股权激励基金，具体计提办法如表6-1所示。该股权激励基金的具体计提比例，不需要通过股东大会审核通过，而只需董事会另行决定。

表 6-1 农产品股权激励基金提取

	净资产收益率	计提比例		例外
2005 年	2.5%以内部分	8%	当年计提的激励基金的合计总额最高不超过扣除风险责任金后认购人当期所需支付的认股款项总金额	若公司未能达到这三项业绩目标时，公司必须实现三年连续赢利且三年累计净利润不低于 18200 万元
	2.5%—3%部分	30%		
	3%—3.5%部分	35%		
	3.5%以上部分	40%		
2006 年	4.5%以内部分	8%	当年计提的激励基金的合计总额最高不超过扣除风险责任金后认购人当期所需支付的认股款项总金额，包括上一年度认股款的缺口	
	4.5%—5%部分	30%		
	5%—5.5%部分	35%		
	5.5%以上部分	40%		
2007 年	6%以内部分	8%	当年计提的激励基金的合计总额最高不超过扣除风险责任金后认购人当期所需支付的认股款项总金额，包括前两年认股成本的缺口	
	6%—6.5%部分	30%		
	6.5%—7%部分	35%		
	7%以上部分	40%		

(二)农产品股权激励设计方案的评价

1. 业绩指标设计的合理性评价。首先，我们分析了农产品业绩指标设计的合理性。由于农产品股权激励方案实际上设计了两个行权的条件，由于净利润指标是一个绝对指标，比较起来意义不大。因而，我们选择净资产收益率(ROE)作为比较对象，从两个方面考察了农产品股权激励方案设计的合理性。我们收集了农产品实施股权激励前五年的净资产收益率(ROE)数据，分别计算了 2000—2002 年和 2000—2004 年的 ROE 的平均值(见表 6-2)，并与股权激励方案的 ROE 数据进行了比较。从表 6-1 可以看出，农产品的股权激励设计方案中，ROE 的均值(4.33%)明显地低于 2000—2002 年 ROE 的均值(10.72%)，与股权激励实施前五年的 ROE 均值(7.56%)比较，也明显偏低。一个有趣的现象是，在股权激励实施前五年中，2000—2002 年的 ROE 均值还较高，达到 10.72%，而在股权激励实施的前两年，即 2003 年和 2004 年，ROE 均出现大幅度的下滑，这其中是否存在着公司管理层已经得知要实施股权激励从而有意压低 2003 年和 2004 年业绩的动机不得而知。但与外部大环境比较起来，是明显存在着这种嫌疑的。为进一步验证我们的结论，表 6-2 中我们还收集了同为 2000—2004 年我国 GDP 的增长率。按照竞争均衡理论，农产品作为传统行业的上市公司，其业绩应该与宏观经济的发展相匹配。在 2001 年中国加入世界贸易组织以后，国内的经济呈现一种加速增长的状态，但就是在这种大环境下，农产品则表现出了与大环境明显不吻合的财务回报率。同时，我们还收集了同行业上市公司 2004 年的 ROE 和农产品的股权激励方案进行比较。

表 6-2 农产品股权激励 ROE 与历史 ROE 的比较

历史业绩(ROE)	2000	2001	2002	2003	2004	五年平均	2000—2002 年
	9.30%	9.22%	13.64%	4.89%	0.75%	7.56%	10.72%
农产品激励目标(ROE)	2005	2006	2007				激励平均 ROE
	2.50%	4.50%	6.00%	4.33%			
同期中国 GDP 增速	8.40%	8.30%	9.10%	10.00%	10.10%	9.18%	8.60%

表 6-3 同行业公司各年净资产收益率(ROE)

2004 年各公司业绩(ROE)	新希望	敦煌种业	顺鑫农业	新农开发	行业平均 ROE
	9.43%	4.57%	7.31%	9.33%	7.66%
农产品激励目标(ROE)	2005	2006	2007		激励平均 ROE
	2.5%	4.5%	6%		4.33%

从表 6-3 的数据可以看出,农产品股权激励方案中的 ROE 标准(4.33%)与同行业 ROE(7.66%)相比,水平也明显偏低。从农产品的行权价 3.5 元来看,也存在行权价过低的嫌疑。事实上,2000—2004 年这五年间,农产品的股价只有极少的时间低于股份分置改革设定的股价 4.25 元,低于 3.5 元的时间更是少之又少,加之 2002—2004 年又刚好处在熊市阶段,众多公司的股价都被低估。而设定这样的行权价,是很难起到激励高管作用的;相反,高管为自身设定"低门槛"从而实现利益输送的可能性却极大。

2.股权激励基金提取和通过程序的合理性分析。从表 6-1 中可以看出,农产品的高管只要达到一定的业绩指标,就能够计提激励基金用于认股。若 2005 年至 2007 年的三年实现净利润 18200 万元,按比例可计提近 1500 万元。如果要使股权激励的全部认购款由激励基金而来,公司的三年累计净利润大概要超过 4 亿元。农产品还要求计提激励基金所要求的三年净资产收益率呈递增之势。农产品还设计了风险保证金制度,如果完不成以上利润指标,管理层所交的每股 0.8 元的风险保证金将被没收。这些表面上看似将高管的收益与风险相挂钩的激励方案设计,在当时还是引起了投资者的极大质疑,其原因主要还是在于该方案程序上的合理性和合法性。

按照公司法和股权激励实施办法的相关规定,股权激励实施细则包括实施股权激励的条件和激励基金的具体计提办法,应该一并提交股东大会表决。但农产品董事会审议并向股东大会提交该事项时却将其分为两部分,董事会当时只审议实施股权激励计划的条件,也就是基本业绩目标,而对激励基金提取比例则约定由董事会另行决定。而且,农产品董事会审议高管激励制度,相关董事就此关联交易表决时并没有回避。这意味着,农产品股东大会"糊里糊涂"地通过事先被董事会"分割"的股权激励计划,并由该项股权激励计划受益的董事一齐表决通过了方案。实际上,农产品股权激励在当时引起争议,核心在于激励计划的制订、审批没有完全得到股东认可。公司法有关股东大会决定董事报酬事项的立法,本意就是为了杜绝自己给自己定报酬的扭曲行为。而农产品董事会决定激励基金计提比例从而影响董事报酬的行为,事实上已经违反了这一立法本意。因为激励基金计提比例是由高管自己投票决定的,而不是股东大会表决通过的。股东大会通过的议案仅仅提到"如果公司完成了基本业绩目标,则激励对象有权购买已缴纳保证金部分的激励股票",并没有涉及具体的计提比例。

三、农产品股权激励实施过程中的报表操纵问题

(一)长期股权投资减值准备计提比例的质疑

在股权激励计划实施的第一年,分析师 2005 年 9 月预计农产品的净利润达 3048 万元,净资产收益率约为 2.16%,可见满足行权条件中的 ROE 标准已经有相当难度。屋漏偏逢

连夜雨，2006 年 1 月，作为农产品"长期股权投资"的"江南第一猛庄"——金信信托被行政托管，也就意味着农产品 1 亿元参股的投资血本无归，需要在未来三年全额计提损失准备金。很显然，针对这一重大的资产减值，究竟如何计提资产减值准备呢？尽管由于会计师等的职业判断不同，减值准备计提可能存在一定的差异，但通常而言，对已经被行政托管的长期投资资产，计提的减值准备往往较高。至于是否合理，可以和同时投资该公司的其他企业计提比例进行对比分析。为此，我们收集了同时投资金信信托的 3 家上市公司，分别获取了它们在 2005 年年报中对金信信托计提的减值准备情况，见表 6-4。

表 6-4　对金信信托投资公司减值准备的计提比较分析

	对金信信托投资额	对金信信托投资占其总股本%	计提的减值准备	计提比例%	2005 年净利润
朝华集团	1 亿元	9.823%	9900 万元	99%	−15.4 亿元
浙江广厦	1 亿元	9.823%	1 亿元	100%	−1.84 亿元
东风科技	4790 万元	5%	4790 万元	100%	−1.15 亿元
农产品	1 亿元	9.823%	4000 万元	40%	1890 万元

根据表 6-4 中的数据可以看出，当时对金信信托投资全额计提或者即使只提取 60% 的话，也会导致其 2005 年亏损，这样就既达不到股权激励的 ROE 条件，也达不到净利润的条件。很明显，农产品在 2005 年减值计提这一问题上是令人怀疑的。

（二）农产品实施"归核化"战略的质疑

为了确保股权激励的实施，农产品则必须满足第二个行权条件，即在这三年内实现连续赢利且三年累计净利润不低于 18200 万元。2005 年和 2006 年农产品的净利润分别为 1890 万元和 5002 万元，两年共实现净利润为 6892 万元。这就意味着，管理层要想获得激励股票，2007 年至少要实现 11308 万元的净利润。恰巧在此期间，中国股市进入牛市阶段，尤其是在 2006 年下半年和 2007 年间，农产品的股价一路上扬，该公司的股价都在每股 10 元以上，若以 2007 年 12 月 31 日的股价 29 元来计算，农产品的股权激励增值额达到 66820 万元，人均达到 382 万元。在这样巨大的利益诱惑面前，农产品的高管显然有极强的动力去满足股权激励行权的第二个条件。那么，它又是如何做到的呢？

表 6-5　农产品"归核化"战略实施中主要的资产变卖和股份减持事项

时间	采取战略	收益
2006-11-22	将持有的深圳市集贸市场有限公司 50%股权以人民币 6550 万元转让给伟骏投资有限公司	4034 万元
2007-04-05	公司下属全资子公司深圳市果菜贸易公司将持有的沙尾工业区 318 栋物业的权益转让给深投控	1000 万元
2007-04-08	将持有的华强肉菜综合市场房产合计 778.65 平方米转让给财富酒店公司	1902 万元
2007-09-04	公司下属全资子公司深圳市果蔬贸易公司将其全资持有的深圳市爱华企业管理有限公司 100%股权售给陈丽璇女士，出售价格为 5000 万元	4700 万元
2007-10-12	转让"深深宝"21.21%股份，合计约 38589008 股	2.5 亿元

2006年，农产品宣布实施“归核化”战略，即将专注于主业的经营，其公告中称：“公司将根据企业发展战略规划，公司将实行主副分离，调整产业结构，突出优势主业。从投资的角度，将采取减持股份、企业改制、引入战略合作伙伴等资本运作手段，转换两头延伸企业的机制，提升投资价值，集中资源进一步增强主业核心竞争能力。”为此，公司在2006年至2007年，尤其是股权激励条件能否满足的2007年，公司通过转让大量的固定资产、股权，大幅度地增加投资收益和营业外收入。表6-5收集了农产品2006年和2007年主要的资产变卖和股份减持事项。其中，2006年股权出售1项，出售利得4034万元，2007年共计清理股权7项，获利37530万元，固定资产变卖3项，获利4902万元，两年资产出售利得合计约为46432万元，公司2007年的净利润达到17000万元，远远超过了满足股权激励目标利润11308万元，从而顺利达到了股权激励计划的实施条件。

表6-6 农产品2006年、2007年资产出售小计

2006年			
笔数		资产出售利得(万元)	
股权清理	固定资产出售	股权清理	固定资产出售
1	0	4000	0
合计		合计	
1		4000	
2007年			
笔数		资产出售利得(万元)	
股权清理	固定资产出售	股权清理	固定资产出售
7	3	37530	4902
合计		合计	
10		42432	

因为满足了行权条件，2008年，农产品的股权激励计划得以顺利实施。[①] 2008年8月27日，农产品公告，参与公司三期股权激励计划的公司中高层管理人员及业务骨干共232人，所获得2620万股激励股份已于2008年8月25日全部过户。按照相关规定，对于普通激励对象(约持有1315万股激励股份)，2008年11月25日以后，激励股份限售期满即可兑现激励收益；公司董事、监事及高管人员所持激励股份(约1305万股)自过户之日起仍限售6个月，6个月之后每年解禁25%。2008年11月26日，农产品第一批股权激励限售股解禁

① 2008年2月，公司公告，可以计提股权激励基金用于高管购买公司股份，但此时却出现了戏剧性的一幕。“但考虑到公司长远发展的需要，以及让全体股东分享公司成长的收益，公司高管人员向董事会提议，放弃股权激励基金，未来股权激励款通过自筹方式解决”。虽然2008年证监会颁布了《股权激励备忘录1号》的明确规定：提取的激励基金，一律不得用于购买限制性股票或者行使股票期权。虽然法规不能追溯既往，但如此慷慨地放弃几千万元的股权激励基金，充分说明股权激励方案的设计和程序上的不合理性。

当天，公司股价在二级市场上报收 12.37 元，将 3.5 元的行权价远远甩在身后，首批解禁激励股份浮盈仍然高达 1.17 亿元。

四、结论与建议

自 2006 年《上市公司股权激励管理办法》(试行)实施以来，为鼓励和留住企业的高管，越来越多的上市公司选择股权激励的方式。然而，股权激励是一把“双刃剑”。根据最优契约理论，企业应通过股份安排让实际拥有控制权的经理人同时拥有剩余索取权，而股权激励能达到这一目标，股权激励实现了高管利益和企业利益的统一。但管理层寻租理论(Bebchuk，Fried 和 Walker，2003)却指出，管理层股权激励并不是解决代理问题的有效手段，而是代理问题的一部分。本文的研究从一个方面进一步验证了管理者寻租行为在股权激励中的存在性问题。

从该公司股权激励的整个过程中存在的反常数据、会计处理方法和行为来看，管理层确实难逃在股权激励方案设计前、激励方案设计和实施过程中存在操纵行为的嫌疑。首先是公司在股权激励实施前财务业绩突然大幅度下降，与整个外部经济环境的变化格格不入；其次是激励方案设计中的业绩指标既低于公司历史平均水平，也低于同行业的平均水平；再次是行权价格选择的是历史最低水平；最后是在巨大利益的诱惑下，为达到股权激励的业绩目标选择会计手段进行操纵。以上种种迹象表明，农产品作为国资委第一家试行股权激励的国有控股上市公司，确实难逃在整个股权激励中存在操纵行为的嫌疑。为规范上市公司管理层在股权激励方面的操纵行为，有必要对以下几个方面的问题进行进一步的规范。

(一)业绩指标的选择和数量确定方面

当前上市公司在选择股权激励业绩指标时，绝大部分是财务指标，尤其偏爱收入增长率、净利润增长和净资产收益率三大指标。然而，过于依赖财务指标可能导致激励对象反过来进行财务操纵。因此，公司应根据自身战略与目标、市场竞争格局等内外因素合理设定业绩指标，如增加非财务指标、考虑同行业绩指标等，降低业绩操纵风险。在确定业绩指标的量化标准时，要与公司历史的财务业绩平均水平进行比较，至少选择 3—5 年的财务业绩作为参考。此外，还要结合同行业的业绩水平作为参考标准。对于股权激励方案设计中明显低于历史水平和同行业水平的，要一律重新进行设计。

(二)规范会计处理方法

对于股权激励中所涉及的净利润、净资产收益率等指标，一定要清楚界定利润的来源和计算方法，做到“有约在先”。对于利用非经常性损益来粉饰利润的行为，要坚决从净利润等计算中剔除，以还原公司的主营业务的真实业绩。再就是加强对企业财务报表监管，加大对注册会计师监管和司法处罚力度，增大企业通过操纵利润以满足股权激励条件的难度和成本。

(三)规范企业的公司治理行为

股权激励方案的通过和实施属于公司的重大事项，必须要通过股东大会的讨论才能通过，而不是像农产品一样，将关键的步骤通过董事会通过即可。董事会的成员常常作为股权激励的最大受益群体，由他们来决定股权激励的关键方案是明显不合理的。虽然公司法和股权激励管理办法中有明确的回避原则规定，但在具体实施中还是存在诸多问题。因此，规范公司的治理行为也十分关键。

第六节　经营者薪酬结构设计

一、经营者薪酬结构

不同国家对经营者薪酬的设计结构并不相同，以美国的上市公司高管薪酬情况为例，管理者的薪酬通常可以分为基本薪酬、年度业绩薪酬、福利计划和长期激励计划四个部分。

(一)基本工资

基本工资是高管人员的基本收入，具体金额主要由公司的规模和风险程度决定，激励功能较低。基本工资是由薪酬委员会定期评估确定，确定的依据包括本行业竞争对手的薪酬状态，以及公司在行业中的地位、薪酬结构规划、未来的成长速度等因素。对于新兴产业内的成长型公司，公司股权上升空间较大，公司高管人员的薪酬通常主要从股票期权等长期激励中获利，因此此类公司的基本薪酬部分通常较低。例如，雅虎公司的基本工资仅为市场水平的50%或者更低。

(二)年度奖金

年度奖金是基于公司、部门业绩或个人业绩完成情况确定的。年度奖金通常一年或者半年发放一次，按照事前制定的业绩目标完成情况确定具体金额。按照业绩基准可以分为公司业绩的年度奖金、基于部门业绩的年度奖金和基于个人业绩的年度奖金。

(三)福利计划

薪酬体系中的福利计划包括公司提供给高管的养老金计划、医疗计划、高级俱乐部会员资格、免费旅游、专用交通工具、高管退休金以及“金色降落伞”等。其中，“金色降落伞”是对高管人员的一种保障性约定，它规定当公司被并购时，管理人员如果被辞退就可以获得的一笔巨额离职金。

(四)长期激励计划

长期激励计划包括股票期权、股票持有计划、虚拟股票等。在长期激励计划中，股票期权是最常用的一种方式，即授予公司高管人员在特定时期内(如3—5年)，按照某一预定价格购买本公司股票的权利，这种权利通常不允许转让。利用股票期权，可以很好地激励管理人员关注公司的股票价格，实现管理层与股东利益趋向一致。同时，由于公司对期权的行权期限、价格、行权条件等进行灵活设计，例如，规定在较长的年度内，分批有条件地兑换期权，从而增加管理层跳槽的机会成本。可见，期权激励可以无形中在一定时期内“锁住”高管人员。

在美国上市公司的薪酬机构中，长期激励占有绝对比例，占到整个薪酬结构的60%以上，构成高管薪酬的主要部分。年薪和奖金在整个薪酬结构中约占27%，福利以及其他形式只占大约10%。而在长期激励计划中，股票和期权激励是两种最常用的方式。

二、经营者激励与企业业绩的关系

将经营者激励与企业业绩相联系是公司激励机制设计和解决代理问题的通行做法，即将经营者激励建立在一定的业绩评价方法基础之上。企业业绩的衡量标准可以采用不同的方法，通常包括三类：一是会计方法，即通过会计指标，如净利润、资产报酬率、净资产收益率等,来评价经营者行为。这种方法简单易用,但容易受会计方法的影响,不能准确地反映股东价值的变动,也容易使经营者过多地关注短期利润而非长期发展。二是市场价值方法,即通过股票价值来评价管理行为并决定经营者报酬水平。这种方法的优点是建立了经营者报酬与股东价值之间更为直接的联系,但其缺点也比较明显,如受到资本市场波动的影响,不能区分股票价值变动是由于外界环境因素还是经营者自身的行为所致。三是相对业绩评价方法,即以公司资本收益率与企业加权平均资本成本之差,或者公司与同行业其他企业的业绩差额,作为经营者业绩的评价方法。

激励程度与企业业绩是否高度相关,是体现高管薪酬制度设计合理性的重要标准。但这种看似简单的联系在企业实践中却往往很难做到。因为:首先,管理者通常可以通过自身的权力影响薪酬方案的制订过程。管理者对薪酬的影响程度主要受两个维度的影响,一是所有权结构。CEO 拥有的股份越多,对董事选举的影响越大。如,在股权集中的公司,公司 CEO 和董事长往往即为公司大股东,他具有影响董事提名和薪酬委员会成员的权力,对薪酬方案的设计具有直接的影响。二是董事会的组织结构。内部董事的比例越高,CEO 的影响力可能会更高,租金索取程度也会更高。其次,管理者薪酬本身仅是经营者激励中的一部分,在职消费、权力和声誉等精神激励也是经营者激励的重要部分。薪酬的下降,管理者可以通过增加在职消费、扩大企业规模等获得更高的非货币性激励进行补偿。因此,在考虑建立经营者激励与企业业绩联系的同时,必须加强薪酬委员会的独立性以及对经营者非货币性激励方式的监督与控制。

第七节 雷曼和贝尔斯登高管激励分析

一、案例背景

传统观点认为,贝尔斯登和雷曼兄弟倒闭后,这两家公司高管的财富随着公司的倒闭也大部分消失了。然而,研究发现,这两家公司的前五名公司高管在 2000—2008 年期间,以业绩薪酬的形式获取了大量的现金报酬。在此期间,他们以奖金的形式兑现了大量的薪酬,并且这些薪酬在公司倒闭时是不可追回的;与此同时,他们还通过卖出手中的股票将巨额现金收入囊中。总体来说,从 2000 年到 2008 年,贝尔斯登和雷曼兄弟的前高层管理团队从现金奖励和股权销售中共计分别获得了 14 亿美元和 10 亿美元的报酬。这些现金的流入大大超过了这些高管在该期间开始时持有公司的价值,这些高管在此期间的薪酬支付净额毫无疑问是正的。如传统观点所表明的,高级管理者和股东之间如何经营的差异表明,高级管理者的薪酬安排给他们提供了更多的冒风险的激励。

然而,也有观点认为,雷曼和贝尔斯登的倒闭,是完全来自错误的决策,比如过度自信,没能识别风险或者是刚愎自用,而不是来自激励。正如这些论点所表明的,在危机中高管所遭受的损失意味着“激励机制不应成为这次危机责备的对象,或者说银行的业绩评价体系”。并且认为高管“诚实可靠地管理着银行,并认为这些行为可以使股东受益”。

那些认为激励机制在金融危机中并未起到作用并质疑固定薪酬潜在价值的评论者大量使用了贝尔斯登和雷曼兄弟的案例。2008 年 3 月,贝尔斯登廉价卖给了 JP 摩根,半年之后，雷曼兄弟申请破产，引起了世界性的恐慌。根据对这两起金融灾难的传统描述，两家公司高管的财富随着公司的消失而大部分灰飞烟灭。这些描述导致观察家认为，这两家公司高管所采取的大胆激进的冒险行为（最终导致公司的覆灭）主要是因为没能有效地识别风险。本文针对这两种不同的观点进行研究。

二、高管团队与其业绩

对贝尔斯登和雷曼兄弟，我们都只关注其在 2007 年被指定任命的五名高管。根据美国证券法，这五名高管的薪酬在年度财务报告中需要披露：他们分别是 CEO，CFO 和其他三位领取高额薪酬的高管。正如结果所显示的，这些高管在 2000—2008 年的整个或绝大部分期间在其公司都拥有关键的管理或者董事会席位。

这些团队中的一些成员并非如我们所定义的严格意义上的在 2000—2008 年期间“被任命的高管”，这意味着在 2000—2008 年间，他们的薪酬并不是都被披露出来。为保守起见，我们通常将信息缺失期间的薪酬计为 0，这将使得我们的薪酬数据向下有偏差，通过观察在所有给定年份高官的薪酬可以避免这一问题，但是薪酬激励是在个人水平上支付的。因此，考察一个不断变动的团队有可能导致错误的结论。所以，我们仅仅研究了在整个相关期间或大部分期间作为高管的五名人员的薪酬激励问题。

两家公司的高管最初创造了惊人的回报，从 2000 年 2 月到 2007 年 2 月，这两家公司的股价几乎都翻了两番。然而，众所周知，在接下来的十五个月到二十一个月内，两家公司的股价都崩盘了。贝尔斯登被迫在 2008 年 3 月将其股票廉价卖给了 JP 摩根，销售价格大约只相当于 2000 年 2 月股价的四分之一。雷曼在 2008 年 9 月申请破产保护，那些从 2000—2008 年一直持有这两家公司股票的投资者失去了他们在 2000 年持有价值的绝大部分。

三、银行倒闭带给高管团队的损失

贝尔斯登和雷曼兄弟的高管持有他们公司大量的股份。与 2007 年早期这两家公司股价处于高峰时期这些股份的价值相比，当这两家公司崩溃时，这些高管遭受了巨额的账面损失。

例如，贝尔斯登的董事会主席，直到 2008 年 1 月，仍然持有该投资银行 560 万股的股份，在 2008 年 3 月紧急销售给了 JP 摩根。紧急销售的股价仅仅只有 10.84 美元每股，他因此只获得了 6070 万美元。相比之下，在 2007 年 1 月 12 日该股的最高价达到了 171.51 美元每股，这些股份的总市场价值达到 9.6 亿美元。账面损失的合计数达到了 9 亿美元。

与此类似的是，雷曼兄弟的董事会主席和 CEO，截至 2008 年 1 月 31 日，直接或间接地持有 1080 万股该公司的股票。当雷曼兄弟在 2008 年 9 月 15 日申请破产保护时，这些股票变得一钱不值。与该公司 2007 年 2 月股价最高达到 85.80 美元每股相比，这些股份总计的账面损失达到了 9.31 亿美元。

正如在引言中所指出的，评论家正是以这些账面上的损失作为证据来证明，这些银行家的薪酬机制设计与两家公司高管早期所采取的过于冒险、并最终导致公司覆灭的行为没有关系。这些以巨额损失结束的高管们一定是没有有效识别他们公司所面临的风险，正如该种观点所述，这种冒险行为一定完全是他们的过度自信或傲慢所致，而并非不合理的激励机制所致。事实上，通过对雷曼兄弟 CEO 命运的审查成为了纽约时报评论家 Floyd Norris 得出“并非华尔街的薪酬导致了这场危机”这一结论的主要基础。Norris 强调，雷曼兄弟的 CEO 的账面损失在所有金融高管中最大。同样，华尔街日报的编辑，Jeffrey Friedman 也是以雷曼兄弟 CEO 巨额的账面损失为依据来支持他认为银行的冒险行为不应该去归咎于这些金融公司的薪酬结构。

毫无疑问的是，这些金融高管有足够的理由去希望他们的公司能够继续生存下去。而且，那些直到公司崩溃时仍大量持有公司股份的高管在 2007 年或 2008 年的早期并没有预料到这种危险就近在咫尺。然而，重要的问题是，高管是否有动力去做出那些造成过度风险行为的决策，尽管无法确定这样做下去会在未来某个时点造成巨大的损失。尤其是，采取过度冒险行为的巨大动力可能产生于高管能获取那些以公司短期利润为基础的现金薪酬。当高管能够从这些薪酬中获取大量现金利益达到一定程度时，他们的决策行为就可能被过度关注短期利益而扭曲。

对这一问题的有效审查不仅需要检查当这两家公司倒闭时这些高管所遭遇的损失，而且需要检查这些高管在此之前从公司所获取的报酬总额。在众多导致两家公司倒闭的决策之中，比如过度参与资产证券化市场，在两家公司崩溃之前就已经涉入了很长时间。为评估这些高管在做那些银行将会面临的、决定银行未来风险决策时的动机，有必要从一个更为长的时期去考察他们的薪酬。

那些提出高管薪酬机制在导致这两家银行采取过度风险行为方面没有发挥作用的评论家认为在金融危机之前的一些年内，这两家公司的高管并没有从公司获取很多的现金薪酬。比如，Norris，在其纽约时报专栏中写道：“雷曼兄弟的 CEO 在国会的听证会上，因为过度薪酬受到了谴责。然而，这些薪酬大部分是他没有得到现金的股票和股票期权，而这些似乎是大部分立法者所没有关注的事实。”

正如下面的研究所表明的，在两家公司覆灭之前的一些年里，这两家公司的高管都从公司获取了巨额的现金。仅仅雷曼兄弟的 CEO 在 2000—2007 年间就从卖出本公司股票中获得了 4.7 亿美元的现金。更为通俗地讲，在 2000—2007 年间，两家公司的高管团队以业绩为基础的薪酬总额足够地大，以至于在 2000—2008 年间的报酬支付总额，剔除他们在最初持有的公司股份的价值，是绝对为正的。

四、2000—2008 年间的现金红利

因为在此期间我们关注的是业绩为基础的薪酬，因此我们从高管的薪酬中剔除了薪金薪酬。在 2000—2008 年期间，贝尔斯登和雷曼兄弟的高管共从他们公司分别获得了 900 万美元和 1750 万美元的现金薪酬（以 2009 年美元计）。因为这些薪酬与业绩无关，因此在接下来的分析中我们没有加以考虑。

然而，除了现金薪酬之外，在 2000—2008 年期间，这些高管从两家公司获取了相当数量的业绩现金红利，如表 6-7 所示。仅贝尔斯登和雷曼兄弟的 CEO 就分别获取了 870 万美元和 610 万美元。正如以上第二部分所解释的，从第二到第五的高管薪酬数据有向下的偏差，因为在 2000—2008 年的有些年间，他们并不是被提名的高管。因为他们的薪酬数据在此期间的有些年度并没有在公司财务报告中披露出来。

表 6-7 现金红利 单位:美元

年份	贝尔斯登		雷曼兄弟	
	CEO	2—5 位的高管	CEO	2—5 位的高管
2000	14303249	15256715	10728811	9870506
2001	5927920	17952389	4768899	5186178
2002	11744609	34457261	1232352	3695883
2003	12633503	37562958	7630983	11647290
2004	11268364	34460116	11456939	18275215
2005	13753111	42674147	14865419	26109081
2006	17878812	56974132	6545852	15657678
2007	——	——	4327911	11965401
2008	——	——	——	——
合计	87509569	239337718	61557116	102407231
五位高管合计	326847286		163964397	

(来源:年度财务报告以及修正的 10—k 报告。2—5 位高管是指 2007 年底这两家投资银行其他提名的高管。关于这 5 名高管缺失的薪酬信息有:2000 年缺失信息的贝尔斯登和雷曼的两名高管,2001 年两名雷曼高管信息缺失,2002—2004 年雷曼的一名高管信息缺失,2007 年一名雷曼高管信息缺失。对于 2007 年的雷曼兄弟高管现金红利,该数据包含了"非股权激励计划薪酬"。)

2000—2007 年间,贝尔斯登和雷曼兄弟以各自银行的高额利润和估价的上升为基础,为他们的高管提供了大量的现金红利。以这两家公司短期的业绩为基础,这两家公司尤其在 2004—2006 年间给予其高管大量的奖金。例如贝尔斯登,在决定 2006 年度奖金时,贝尔斯登的薪酬委员会考虑到创纪录的每股收益、净利润、净收入和每股股票账面价值的巨大上涨,事实是在该财年"普通股的市场价格大约上涨了 37%"。同样地,雷曼的薪酬委员会也引用了创纪录的净收入、税前利润、净利润和每股收益,以及"公司股票在 2006 财年上涨了 17%,在过去五年累计上涨 123%作为其决定授予 2006 财年奖金的依据"。

对 2007 年而言,贝尔斯登薪酬委员会"从前一年度来讲,2007 财年公司的财务成果有了显著地下降,决定不给予高管成员任何奖金",雷曼却继续给其高管发放奖金(尽管比 2006 年要低),并继续使用创纪录的每股收益、净利润和净收入,同时还包括"成功地应对了信用困难和抵押市场环境,并保持了公司强有力的风险控制"。然而,对我们分析目的更为重要的是,没有一家银行的薪酬契约安排要求,当两家公司在 2008 年倒闭时,其高管应退回其在前些年获得的巨额奖金。因此,即使这些作为短期奖金发放基础的创纪录的财务成果消失掉了,也没有任何的现金奖励被追回。

五、2000—2008 年减持股份和期权获得的现金

2000—2008 年间,两家公司的高管从销售本公司股票中也获得了大量的现金。事实上,这些股票的销售是在此期间这些高管获取现金的最重要的途径。

在我们分析高管们从以股权为基础的薪酬中所获取利益时,我们只关注股票的实际销

售而不是股票或者期权的授予。因为那些直到公司破产时仍然没有卖出去的股票或期权变得几乎(贝尔斯登)或完全(雷曼)没有价值。因此,在此期间仅仅股票或弃权的授予并不能决定2000—2008年间这些高管的财务报酬是如何支付的。相比之下,从售出股票中获取的现金并不会受到之后两家银行倒闭的影响。当然,其中有些现金收入仅仅被视为是高管在2000年时已经拥有的财富水平的流动,而在第六部分,我们将考虑这一因素。

表6-8给出了每一位高管每一年从本公司股票交易中所获取的现金总额。该表显示的是现金净值。我们从获取的现金收入中减去了在该期间投资于该股票的现金流出,无论这种现金流出是股票期权的执行或是在市场上购买的公司股份。

表6-8 股票销售中获取的现金净流入 单位:美元

年份	贝尔斯登		雷曼兄弟	
	CEO	2—5位的高管	CEO	2—5位的高管
2000	9087527	51578462	57136184	16137797
2001	37351798	119906815	38444262	43949470
2002	30062992	81730685	31088600	34432387
2003	67400196	250500025	52770933	39981325
2004	32252656	130232072	20329964	62903572
2005	25128912	106092399	98565177	71694762
2006	11704049	34306481	108651865	57873403
2007	15445977	32667187	53544175	62332550
2008	60653974	10223482	642454	10630
合计	289088081	817237608	461173614	389315896
五位高管合计	1106325689		850489510	

(资料来源:计算以汤姆森内部交易数据库为基础,取报告和清洁数据中的较低者,计算间接和直接持有的股份。2—5位的高管是指两家银行2007年财务报告中披露的"其他提名的高管"。如果数据缺失,则我们视为零,缺失信息主要有:在2000—2001年,缺失雷曼两位高管的信息;缺失2002—2004年雷曼一位高管数据;缺失雷曼2007一位高管数据。)

如表6-8所示,在2000—2008年期间,两家投资银行的高管从他们公司股份的销售中获取了大量净现金收入,包括从期权执行中获取的现金收入。雷曼的CEO获取了大约4.61亿美元的现金收入,贝尔斯登的CEO获取了大约2.89亿美元。当将高管团队作为一个整体时,贝尔斯登和雷曼高管们分别从股权销售中获取的总收益是11亿美元和8.5亿美元。事实上,在整个2000—2008年期间,公司股票的大量销售是这两家银行高管能够在整个期间获得净收益的关键原因,尽管在2008年两家公司倒闭时,高管们持有的公司股份遭受了灭顶之灾。

表6-8中所显示出的模式有一个值得注意的特点,也就是高管团队坚持股份的规律性。无论是贝尔斯登还是雷曼,在2000—2008年期间,CEO和第2—5位的高管都从股票减持和期权中获得了净的现金流入。当然,这种模式意味着高管在整个期间都有动力重点关注短期内股票的市场价格。

更为有趣的是,大部分高管都能够在2000—2007年期间卖出的股份比他们在2008年末持有的公司股份数多。表6-9列出了2000—2007年间卖出的股数(对股票分割进行了调整)与2008年持有股份数量间的对比。两家公司的高管团队中都有一人在2008年前离开,因此其在2008年时的持股量并没有公布,因此,我们将这两位高管的股票销售从表中剔除。并假定他们在2008年前至少和其他高管卖出股票的速度一样,我们的数据在一定程度上低估了2000—2007年间销售的股票超过公司倒闭时高管所持有股票的数量。

表6-9 2000—2007年间卖出的股票VS2008年持有的公司股票数量

年份	贝尔斯登			雷曼兄弟		
	CEO	2—5位的高管	前5位高管合计	CEO	2—5位的高管	前5位高管合计
卖出的股票2000—2007年	2720845	5392414	8113259	12400000	11148734	23548734
持有的股票2008年	5658591	1124363	6782954	10851590	7903508	18755098
差距	−2937746	4268051	1330305	1548410	3245226	4793636

(资料来源:依据汤姆森内部数据库的计算,剔除了没有报告交易价格的交易,比如股票赠与。持有股票的数据:在2008年销售之前所报告的各自的SEC文件(贝尔斯登);2008年财务报告。所有的数据都包括了间接持股并考虑了股票分割。2—5位的高管是指2007年年报中披露的"其他的提名高管",Spector(贝尔斯登)和Goldfarb(雷曼)的数据被排除是因为2008年没有披露他们的持股数量。)

需要指出的是,贝尔斯登和雷曼都限制了高管们能够减持公司所授予他们股权的速度,允许授予的股票在五年之后才能够减持。然而,雷曼也授予了其高管股票期权,并且一旦股票价格跨越某个门槛,这些期权就可以实施,并且通常在期权授予的一年内就可以实施。无论如何,这些高管团队成员都是长期任职的高管,这样他们每年就能够自由减持五年前授予他们的股权激励,前一张表格的模式也显示出,他们有规律地、大量地使用这种自由:当他们接受新的股权激励时,就不断地减持前期所授予的股权激励。很显然,这些公司的高管有足够的动力去过度关注他们公司的短期股票价格。

六、总结果

表6-10将所有的现金支出,包括这两家公司在2000—2008年之间所获取的基准薪酬之上的所有薪酬。我们将这些高管从现金分红、股权销售以及公司倒闭之后股权仍具有的价值带来的现金全部相加。

对于雷曼而言,公司倒闭后持有公司股权的价值实质上为零,因为破产之后,普通股从破产财产中已经不可能获取任何收益。事实上,当退市时,雷曼的股价已经接近于零。至于贝尔斯登,我们要对持有股份的类别进行区分。在合并之前或期间,高管所持有的普通股被公司回购或者被转换成JP摩根的股票。这些交易数据在汤姆森内部交易数据库中,并且在表6-8和表6-9的计算中已经显示(使用和JP摩根股票的货币等价是可以应用的)。由于贝尔斯登股价的剧烈下降,贝尔斯登的股票期权变得几乎一钱不值。然而,授予的虚拟股票,根据合并的条件,分两次分别于2008年11月30日和2009年2月15日交换成了JP摩根的股票。分别使用公布时期JP摩根的公司股票价格,我们估算出贝尔斯登前CEO2008

年底持有的公司股份价值为1170万美元，其他高级管理人员的股份价值为1750万美元。

剩余股票的价值是相对较低的(对贝尔斯登高管而言)，或是不存在的(对雷曼高管而言)。然而，如表6-10所示，高管从业绩薪酬中所获取的现金总额却是相当大的。而这主要是由于来自现金红利和减持股票中所获得的大量现金。总之，我们估算出在2000—2008年期间，贝尔斯登和雷曼的CEO共计分别从现金红利和股权减持中获得了3.88亿美元和5.23亿美元的现金流，而整个高管团队则共计分别获得了14.62亿美元和10.14亿美元的现金流。

表6-10 2000—2008年间通过现金红利和减持股票获得总现金流 单位：美元

年份	贝尔斯登		雷曼兄弟	
	CEO	2—5位的高管	CEO	2—5位的高管
现金红利	87509569	239337718	61557166	102407231
股份减持	289088081	817237608	461173614	389315896
剩余股票	11656420	17494360	0	0
总计	388254069	1074069685	522730780	491723127
五位高管合计	1462323754	1014453907		

(资料来源奖金：见表6-7；股份减持见表6-8；倒闭后持有股份价值：作者根据SEC文件的持有量以及JP摩根网站报告的股票价格计算得出。2—5位的高管是指2007年两家银行财务报告披露的“其他命名的高管”。在任何给定的年份期间，如果该高管个人的数据缺失，则视为0。)

在最后得出结论之前，比较这些高管所获取的现金总额与他们在2000—2008年初期持有的本银行部分的价值是必要的。这种比较将告诉我们在此期间，两家公司高管所获取的净报酬额是多少。

为了估计其初始持有量的价值，我们直接从两家公司的2000年财务报告中获取了大部分的信息，就贝尔斯登而言，报告中揭示了截至1999年9月8日的持股情况，而雷曼的报告揭示了截至2000年1月23日的持股情况。就雷曼兄弟而言，其中的一些股票在截至2000年1月1日时可能还没有授予，因而可能全部或部分作为2000—2008年为雷曼提供服务期间的报酬。然而，这种区别并不是非常明显，因此我们计算了所有的股份，无论是授予还是没有授予的股份，因此我们对初始投资股份价值的计算将会向上有偏差(这样的话，我们接下来对于高管在2000—2008年期间净报酬的计算将会向下有偏差)。对所有的股票和虚拟股票，我们都使用截至1999年12月31日的股价进行计算。表6-11表明，两家银行的高管都对其公司的股票有大量的初始投资。例如，在2000年初期，贝尔斯登和雷曼的高管持有公司股票和虚拟股票的价值分别为3.6亿美元和1.95亿美元。此外，根据雷曼的报告，雷曼的CEO还持有价值为1.06亿美元的股票期权，如果有的话，这种股票期权估价是以截至1999年11月30日该公司股价超过公司期权执行价为基础。就雷曼而言，由于本文所关注的、截至2007年“提名的高管人员”中，有三人在2000年并不是该团队中的一部分，因此，他们的初始持有股份数并没有在财务报告中披露出来，这使得收集数据的问题复杂化了。对这三位高管，我们使用了他们的持股数量首次在雷曼财务报告中得到披露时的数据。这样的程序很可能高估了他们在2000年的持股量(这样的话，就会低估2000—2008年间高管获得净收益的数值)。这是因为:(1)这些高管在2000年初期的持股数量很可能比他们作为提名高管首次出现在财务报告中的持股数量要低;(2)这期间他们公司的股价涨幅巨大。从这种意义上来讲,以下我们所给出的数据是相当保守的,因为它们对于发现2000—2008年期间显著正净报酬的可能性是不利的。

表6-11 初始持股量的估值 单位:美元

年份	贝尔斯登		雷曼兄弟	
	CEO	2—5位的高管	CEO	2—5位的高管
初始股票价值	360277489	437934567	194570847	194778981
初始期权价值	——	——	106197280	105654222
总计数	360277489	437934567	300768127	300433203
前5位合计	798212056		601201330	

(资料来源:作者根据CRSP的股价,贝尔斯登1999年年报,雷曼2000年(Fuld, Gregory)、2003年(Russo)、2004年(Goldfarb)和2007年(O'Meara)年报所披露的持股量计算得出;股票和虚拟股票都是以截至1999年12月31日的股价为基础进行计算(Goldfarb,O'Meara和所持股份的价值是以他们持股首次披露年度的1月31日股价为基础进行计算的;期权的价格仅是简单进行了估计,也就是根据财务报告披露时的MAX(0,股价－执行价格)。2—5位的高管是指2007年两家银行财务报告披露的"其他命名的高管"。)

表6-10和表6-11的比较表明了在2000—2008年期间,高管以现金红利和减持股份获得巨额现金收益的重要意义。尽管在公司倒闭时,高管们因为持有公司股份而遭受了巨大损失,但即使在考虑到这些高管在2000年初期在持有股份和期权的价值,在整个2000—2008年期间,这些高管团队的净现金收益仍然绝对是正的。

我们估算出贝尔斯登的高管团队在整个期间共获得了超过6.5亿美元除基本薪酬之外的现金净收益。雷曼的高管团队在整个期间共获得了超过4亿美元除基本薪酬之外的现金净收益。作为我们先前所解释的理由,我们的估计可能是保守的。如果观察团队中的个别成员,除一个例外,我们的估算表明,两家公司高管团队中所有的成员在此期间都获得了除基本薪酬之外的正的现金净收益。总之,贝尔斯登和雷曼的高管们,无论是从集体还是个人角度而言,从业绩薪酬中都获取了巨大的利益,这些薪酬弥补了他们初始持有其公司股票和期权的价值的下降,从而能够使他们比他们长期的股东过得更好。

七、启示

2000—2008年期间,两家公司的高管获得了大量的以业绩为基础的薪酬,这些薪酬是如此之大,以至于在考虑到他们在初期公司持有财产的损失之后,仍然是显著为正的。这个结论可能会导致一些人怀疑这些高管是否获得了过量的业绩薪酬。对整个公司的股东而言,考虑到在此期间总的业绩毫无疑问是灾难性的,一些人可能认为这些高管以业绩为基础的薪酬是过度的。作为回应,其他人可能认为,尽管这些薪酬表面看起来是以业绩为基础的,然而其中的大部分事实上却是薪水。在华尔街的公司里,这种观点很流行,高管业绩薪酬的大部分事实上是薪水,即使业绩极为糟糕,也有望得到支付。

然而,在本书中,我们将薪酬水平和薪酬的支付是否合理或者过度放在一边,我们关注的焦点在于激励问题。尤其是，我们主要的兴趣在于这些薪酬安排是否为高管提供了采取冒险行为的足够动力。

具体而言，我们现在能够评价那些以贝尔斯登和雷曼作为例子的评论家的观点，这些评论家认为，激励契约并没有在高管采取冒险行为中发挥作用。根据这些评论家的观点，当这两家公司倒闭时，高官们所遭受的巨大损失意味着他们早期所采取的冒险决策主要是因为没能有效地识别风险，而不可能是因为对过度激励契约安排的一种反应。我们的分析并没有支持这种观点。

相反，我们的分析表明，贝尔斯登和雷曼的例了(如果可能的话)提供了一个对高管激励问题担忧的基础，而不是排除这种担忧。分析表明，两家公司以业绩为基础的薪酬设计并没有将高管利益和股东的长期利益紧密联系起来。相反，这种设计为高管提供了以短期收益为基础获取大量薪酬的机会(他们确实也大量使用了)，即使在这两家公司的命运剧烈反转之后，他们也能够顺利保留这些收益。这种设计为高管提供了改善短期业绩的强烈动力，即使不惜以将公司维持在一个过度风险中为代价，而这种风险随时会将公司带向覆灭。

考虑一下公司的奖金薪酬结构。在金融危机之前的一些年份里，高管们能够依赖高额的盈利获取大量的奖金薪酬，但是当随后这些盈利蒸发掉并变成巨大损失的时候，他们不需要返还任何的奖金。这样一种奖金结构的设计促使高管为了提升短期的盈利数据而不惜以公司处于破产风险为代价。

同样，高管团队在整个期间能够从减持股票和股票期权的实施中获取大量现金的事实，也使得高管有动力去关注他们的决策行为对短期公司短期内股价的影响。这种激励同样也会使得高管有动力去寻求提高短期的财务成果，而这样会提高短期估价或者维持短期股价不下降，即使这样做对长期价值是有损害的。

我们需要强调的是，问题不在于这些高管是否完全预见到了这种崩溃。有一点可以确定，高管们在2007年并没有全部出售他们已经可以自由卖出的股份，这表明他们在2007年没有预见到自己公司的崩溃就近在咫尺。问题在于这些高管们——以及在其他公司面临同样情形的高管是否有动力将他们的公司带向一种在未来某一天可能遭受巨额损失的巨大可能性。我们的分析表明，这两家公司的激励机制安排——包括其他有类似情形的公司，的确是提供了这样一种动力。

需要强调的是，两家公司高管有动力去采取过度风险的事实并不意味着他们的决策在实际中会受到这些激励的影响。起初，许多人可能会受到非物质激励的影响。而且，在某种程度上，贝尔斯登和雷曼的高管是“极端自信的”，但未能有效识别公司所面临的风险，他们的行为是否因为激励而去冒险。我们的分析表明，高管的薪酬支付为其冒过度风险提供了动力，但这并不能确信这些激励会对高管的决策有影响。尽管我们的分析并没有表明，这些激励对决策有实际的影响，但是它表明这种可能性不能被排除，而且应该认真考虑。

我们的重要目的是未来需要如何进行改进，无论过去这种冒险行为的发生是因为高管错误的认识，还是来自高管激励都不是最终的结束，即使在过去十年是因为错误认识和过度自信导致了过度的风险行为，也有充分的理由去改变那些可能导致在未来采取过度风险的激励措施，以免它们在未来会产生多度的冒险行为。

经济学的一个重要经验就是激励措施是非常关键的。当代理人的利益与委托人的利益不一致的时候，经济学家担心，代理人此时没有动力去做好为委托人的要求服务。激励的这种逻辑使得机构投资者和其他人支持采用一种薪酬合约，这种薪酬合约应该能给予高管足够的激励。这种薪酬契约组合强调了一种被广泛担忧的问题，即如果缺失了股权和奖金薪酬，高管的利益将不会完全与股东的利益保证一致。然而，这种逻辑也使得业绩薪酬设计会不会产生不当动机这一点变得非常关键。

这样，公司和监管者将会竭尽全力去关注如何设计业绩为基础的薪酬，以能够使得高管的薪酬支付与股东的长期利益相联系起来。至于奖金计划，索取条款和奖金条款应该可以考虑。这些安排能够阻止高管从短期回报中取得大量现金，以致当公司业绩在某一年不能持续时，他们仍然能够保留奖金的现象。

至于以权益为基础的薪酬，考虑的方向应该是改革这种机制设计，以使得高管更加重视长期的股价表现而不是短期的股价表现。正如我们所发现的，贝尔斯登和雷曼的高管在2000—2008年间卖出的本公司股票比他们在公司倒闭时持有的股票更多。这种高管可以不断从股权减持中取得现金导致他们有动力去关注短期的结果。

然而，在许多情形下，雷曼的高管在股票期权授予不久就可以减持股票，公司应该对这种减持进行一定程度的限制。至于股票，贝尔斯登和雷曼对于减持的确是有大量的限制，通常是在授予五年之后才能减持。由于这种限制，那些处于服务期第一年或者第二年的就不会太重视短期的股价。然而，当一个高管为公司服务多年后(这些高管随后被授予了公司股份，并已经达到了自由减持的条件)，这种薪酬契约安排却不能防止高管过度关注公司的短期股价。

确保公司高管更加关注公司长期股价的一种方法是，要求他们保留公司授予的股份以及期权的大部分直至退休。Goldman Sachs一直遵循着这个方法，他要求高管保留公司所授予其股份的75%直至退休。然而，正如作者与Jesse Fried讨论的，持有至退休这一规定事实上提供了一种反向的激励作用，并会导致其离职。这种激励在高管一直非常成功并且已经积累了巨额股份时显得尤其强烈。在本文中提出的另外一种方法是，允许高管在任何给定的年份里，仅仅只能坚持其持有的股份和期权组合的10%以获取现金。当然，对于股份和期权减持限制措施的更为广泛的讨论超越了本文的范围。但是本文的分析表明，对这一问题的改革是非常重要的。

第七章　资本运作

案例引导：蒙牛与大摩的"对赌"

东方集团的董事长张宏伟认为，生产经营等于是在做加法，资本运作却在做乘法。如果加法和乘法一同做，企业自然会像滚雪球般做大做强。而蒙牛的崛起正说明了这一点。

1999年1月，离开伊利的牛根生等人凑了100万元创立了"蒙牛乳业有限公司"。凭借其管理、技术和业务上的有效运作，蒙牛在乳品行业初露锋芒，但是急需资金而寄希望于深市创业板的蒙牛却吃了国内资本市场的闭门羹。2001年底蒙牛受到了以摩根斯坦利为代表的跨国资本的青睐，并于2002年上半年与其达成投资意向，6月摩根斯坦利、鼎晖投资、英联投资等机构投资者在开曼群岛注册了 MS Dairy Holdings（摩根乳业控股）。同年9月，蒙牛乳业的发起人在英属维尔京群岛注册成立了金牛公司，蒙牛的其他投资人、业务联系人和雇员注册成立了银牛公司。2003年摩根斯坦利等投资机构通过"可换股文据"向蒙牛乳业再注资3 523万美元。蒙牛乳业中国香港地区上市前，金牛公司和银牛公司拥有其51%的投票权，而摩根乳业控股持有其49%的投票权。

为了使预期增值的目标能够兑现，摩根斯坦利等投资者与蒙牛管理层签署了基于业绩增长的"对赌协议"：如果在2004—2006年三年内，蒙牛乳业的每股赢利复合年增长率超过50%，三家机构投资者就会将最多7 830万股（相当于蒙牛乳业已发行股本的7.8%）转让给金牛公司；反之，如果年复合增长率未达到50%，金牛公司就要将最多7 830万股股权转让给机构投资者或者向其支付等额的现金。

2004年6月，"蒙牛乳业"（2319.HK）在中国香港地区挂牌上市，在接下来的一年里蒙牛的发展状况远远超过了对赌协议预定的目标。2005年4月蒙牛发布公告称：摩根斯坦利等三家机构投资者将以向金牛公司支付本金为598.7644万美元的"可换股文据"（合计可转换成6260.8768万股蒙牛股票）的方式提前终止双方的"对赌协议"，双方皆大欢喜。

何为"对赌协议"？融资方和投资方为什么要签订对赌协议？对赌协议对融资方和投资方能带来什么利益和风险？当然，对赌只是资本运作中的一种常见形式而已，资本运作的方式有许多种。资本运作也是一个滚雪球的过程，如何将财富的雪球越滚越大，是每一个股东和经营者关注的问题。随着中国资本市场的发展，"IPO""增发""借壳上市""并购""重组""私募股权"等经济词汇逐渐为人们所耳熟能详，在前面的章节中我们已经对并购做了详细的介绍，本章着重就资本运作的概念和其他几种方式做一介绍。

第一节 资本运作理论

一、资本运作的基本概念

狭义的资本是指用来生产或经营以求牟利的生产资料和货币，比如货币资金、原材料等属于资本。而广义的资本是指能够带来利益的一切有用资源，包括没有计入会计账面上的商誉等无形资产。从货币时间价值原理和企业的价值评估中我们知道，资本的价格等于资本带来的未来收益的现值之和。当一家企业年税后收益为1000万元，必要报酬率为10%时，那么，企业的价值就不是1000万元，而是10000万元！

（一）资本运作的含义

资本运作是资本所有者或支配者针对资本进行的专业化管理，包括投资和融资两个方面。作为企业实现快速扩张、全球战略的一种重要经营方式，是以股权或实质控制权为工具，对企业的各种有形资源与无形资源，通过流动、重组、收购、优化配置等各种方式进行整合运营的管理方式。

资本运作（资本经营）是与传统的"商品运营"相对应的一个概念。"商品运营"是在公司既定的股权结构下进行的产品（或劳务）市场与生产要素市场的运作。而资本运作的对象是资本，其核心是通过资本市场上的股权或控制权安排实现企业价值增值的管理行为。资本运作作为一种更高层次的资源配置方式，从财务理念以及运作方式上，都对只关注商品经营下的财务管理理论提出重大挑战。无论在经营目标、经营主体还是在经营内容和方式等方面都有别于商品经营。

1.资本经营的财务目标——符合企业战略下的资本收益最大化。在资本运作理论中，企业是一个运用资本进行经营的单位，是资本生存、资本增值和获取资本收益的载体，通过各种资本运作方式获取资本收益或者说产权收益的最大化应该是资本运作追求的目标。当前的财务目标理论也存在资本收益最大化理论，但与资本运作中强调的资本收益不同，前者是在商品经营、资产经营的经营核心的逻辑下，由资产收益最大化演化而来的，资产收益最大化加上最佳债务杠杆的利用，带来资本收益的最大化；而后者则把资本看做是可以任意转换或控制资产经营的一种可流动价值，运用开放的思维，比较整个社会资产经营的效率，投入经营效率相对较高的资产项目上。这种利益驱使形成的资本各种形式的流动就是资本经营。

2.资本经营的财务主体——资本所有者。按照财务分层管理理论，财务管理主体分为出资者财务、经营者财务和财务经理财务，它们的管理特征分别是监督权、决策权和执行权。但在资本经营中，无论是兼并、收购还是重组，主要是涉及所有者主体之间控制权的交易。因此可以说，资本经营的主体是资本所有者或者出资人，而不是经营者。

3.资本经营的对象——资本控制权。资本运作的一系列形式如兼并、联合、出售等都表现为对资本的投入、整合、价值增值的收回等，在这种价值流动的形式下面体现着资本运作的实质，即控制权或产权的经营。资本运作的过程实际上就是一个不断地获取或放弃控制权的过程，也就是所控制资产不断优化的过程。通过这一过程，企业实现资本收益的最大化,社会实现资源配置的优化。资本运作与商品经营是企业经营的两个车轮,相互独立,但更多的是相互依托。商品经营始终是企业经营运作的基本形式,也是企业资本运作的基础。

4.资本运作的形式——种类繁多的经营形式。资本运作主要通过对出资者产权的运作,实现产权收益的最大化,在具体形式上纷繁复杂。常见的主要方式包括IPO发行上市、再融资、私募股权投资、并购、资产重组等。虽然表现形式多样,但其实质可以概括为以股权或控制权为工具,进行的资源整合行为。

(二)资本运作的特点

第一,资本运作主体是资本所有者或支配者,资本运作对象就是资本本身;

第二,资本所有者必须拥有一定数量的资本,才谈得上需要对资本进行专业化管理,资本运作是现代社会生产力和人均收入水平显著提高的必然结果;

第三,资本运作必须体现资本所有者或支配者的利益导向和自觉意识,因此资本运作和管理活动必然是有序进行的;

第四,资本运作一般包括融资活动和投资活动两个组成部分,体现了资本供给者和资本需求者之间的一种长期资金借贷关系和利益分配机制;

第五,在分工发达的现代市场经济中,资本运作一般通过中介服务机构——投资银行在资本市场中进行;

第六,资本运作的各种具体形式构成了现代资本市场和投资银行机构的主要业务内容。

(三)资本运作的目标

资本运作的目标,就是实现资本最大限度的增值。资本最大限度增值对于企业来说,也就是利润最大化、股东权益最大化、企业价值最大化。

从利润最大化的角度理解资本运作目标,是比较传统的视角。提升企业的盈利能力是经营企业的应有之义。我们通常所说的"这个企业赚不赚钱",就是这个含义。

随着公司制企业的普及、资本市场的发展,股东权益最大化、企业价值最大化在企业界逐渐普及。股东权益最大化,可以形象地理解为"股票市值最大化",这也就是为什么企业管理层非常关注股价的走势:如果股价在经理任职期间上升,意味着市场认可管理层的决策,如果出现丑闻、治理危机,股价往往会大幅度下跌。

如果更为具体地来讲,资本运作的目的无外乎解决企业中存在的以下三个问题:如何解决公司长期投资决策的问题,如何进行融资决策以满足公司的资金需求,如何安排公司的股权结构。而这些内容都涉及资产负债表的下半部分。

(四)投资银行在资本运作中的作用

资本运作涉及各种学科知识,主要包括投资学、公司金融学、资本市场学和投资银行学等。投资学和公司金融学的内容在财务管理课程中讲授过一些,资本市场学在金融学课程中也有涉及。在资本运作中,投资银行的作用不可忽视。投资银行是资本市场中提供专业资本运作服务的中介金融机构,其中心任务就是通过资本市场优化资本资源配置和创造价值。资本市场价值增值大体上可分为五个层次,五级增值形成一个价值链条结构,全部投资银行业务都是围绕这一价值链展开的,如图7-1所示。

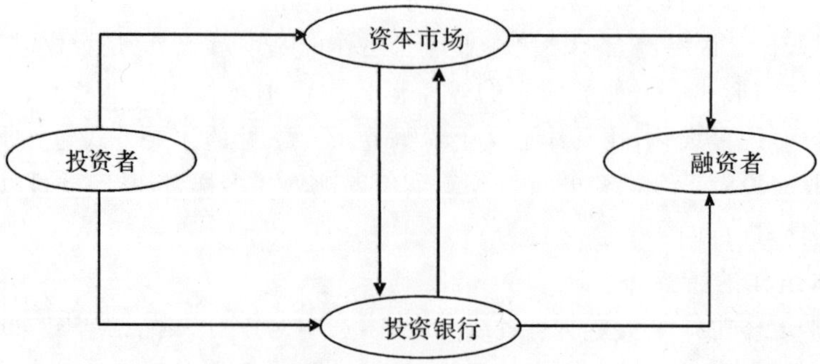

图 7-1 投资银行在资本运作中的作用

二、资本运作的基本理论

(一) 企业融资周期理论

企业融资周期理论将企业的生命周期划分成不同的阶段,在不同阶段企业有不同的融资需求和融资方式。这里将企业生命周期做一简单类比:在正常大气压下,把从0℃冰块加热到100℃水蒸气的过程做一大致划分,以描述不同成长阶段企业融资活动的不同特征。

第一阶段:0℃冰块。所谓"种子期",指创业者仅有某一想法,或者某项技术仍然处于实验室阶段。在该技术进入产业化之前,一般要经过多次放大实验或临床实验,以检验技术可靠性、稳定性和可行性。当技术具备了产业化基本条件,这时0℃冰块就变成了0℃的水。在这个阶段上,少量风险资本特别是天使基金开始介入,企业融资具有资本需求金额较小、潜在投资收益巨大以及投资风险极大的特点。

第二阶段:0℃－10℃的水。企业进入导入期或起步期。在这个阶段,会有小批量的产品生产,但技术仍不成熟,产品性能还不够稳定,市场慢慢启动,销售订单有少量增加,企业开始有了不多的正向现金流。这时一些偏好早期投资的风险资本愿意介入,虽然企业对风险资本的需求不算太大,但由于存在技术、产品、市场以及管理等诸多不确定因素,因此投资风险仍然很高。

第三阶段:10℃－90℃的水。企业进入了快速成长和规模扩张期。随着产品销量增加和市场规模扩大,企业生产经营活动的融资需求同步增长,这时私人股权融资仍然是首选融资方式。为了加快企业发展,必须适时启动新一轮的股权融资。随着企业成长和规模扩张,特别是新的战略投资人的加盟,企业股权结构和公司治理结构将会发生明显变化,内部管理也渐渐规范,信息透明度逐步提高。

第四阶段:90℃－99℃的水。即Pre-IPO私募融资阶段。由于有了IPO的诱人前景,因此会激起一大批战略投资机构的浓厚兴趣,特别是吸引一些具有金融背景的投资者的积极参与。成为上市公司不仅可以增加股权流动性,方便股东实现"脚投票"的功能,而且有利于企业从公开资本市场融资,企业核心竞争力得以增强,资本规模迅速扩大。

第五阶段:100℃的水蒸气。企业通过IPO成为上市公司。在企业从0℃到99℃的漫长培育过程中,风险资本无疑起着"雪中送炭"的作用。风险投资家和创业企业家经过长期的同甘共苦和历史考验,终于到了99℃,这时投资银行一般会积极介入,企业借助于投资银行的专业辅导和保荐,成功地从公开资本市场中融资,变成一家上市公司。

第六阶段：100℃以上的水蒸气。即 Post-IPO 阶段。成为上市公司，标志着企业已完成从私人权益资本市场向公开资本市场的历史性跨越，但这只是完成了万里长征的第一步。企业作为一个有机体，其生命会无限延续下去，还会不断地利用资本市场的融资功能，继续进行业务和规模的扩张，一般采取兼并收购形式，包括上市公司之间的并购，和对非上市企业、特别是对中小创业企业实施并购。

纵观企业生命周期和企业从无到有、从小到大的成长历程，不难发现有两次质的飞跃：一是从实验室走向产业化和市场化，即 0℃的冰变成 0℃的水；二是通过 IPO 成为上市公司，即 100℃的水变成 100℃的水蒸气。成为上市公司标志着企业开始一个崭新的生命历程，其融资活动、产权结构、公司治理及其经营管理都将表现出新的形式，如图 7-2 所示。

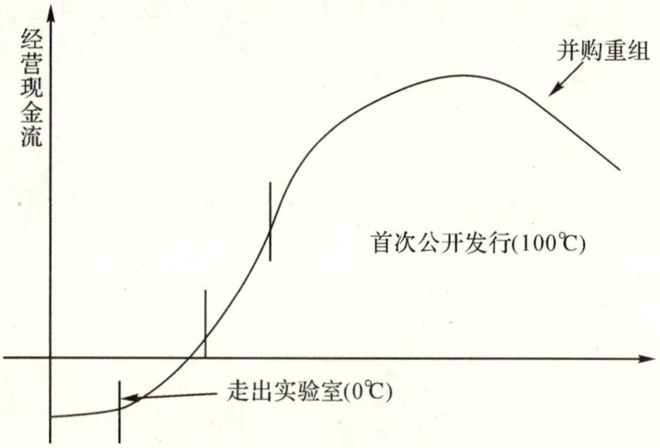

图 7-2 企业生命周期

(二)资本市场五级价值增值理论

1. 一级价值增值。一级价值增值是指在私人股权资本市场中，企业通过溢价增资扩股实现原有股东价值和企业价值的增值。

【例 7-1】某高科技创业企业由 4 名创业者共同出资成立，注册资本 100 万元(包括现金和某项专利技术)，通过引入风险资本 900 万元，增资扩股成为股份有限公司，注册资本增至 1000 万元，企业总股本变为 1000 万股。企业新的股东会一致同意原创业者合计持有 700 万股，占总股本 70%；风险投资机构持有 300 万股，占总股本的 30%。也就是说，风险投资机构认购价格为每股 3 元，等于承认原企业市场价值为 2100 万元，其中 2000 万元即一级价值增值，创业者股本增值 20 倍。

2. 二级价值增值。在证券发行市场中，证券发行上市的溢价收益形成二级增值。超过面值发行的部分，形成资本公积金，导致每股净资产增加，为企业所有；新股投资者在二级市场抛售股票赚取差价收益。

【例 7-2】某上市公司总股本 1 个亿，其中国有股 7000 万，发新股之前每股净资产 1 元。首次公开发行时，每股价格 10 元，发行 3000 万流通股，筹集资金 3 亿元，这时公司账面净资产 3.7 亿元，扣除融资成本 0.2 亿元，净资产 3.5 亿元，每股净资产变成 3.5 元，国有资产账面价值 2.45 亿元，升值 2.5 倍。

3. 三级价值增值。在证券交易市场中，投资者进行证券交易的差价收益即三级价值增值。三级增值来自股票买卖双方对企业未来收益的不同预期。例如，在 20 倍市场平均市盈率条件下，对于某市价为 10 元的股票，甲预期每股收益 0.40 元，即每股股票内在价值为 8 元，如果甲是一个理性投资者，则应做出卖出决策；而乙预期每股收益 0.60 元，股票内在价值为 12 元，此时乙应该买入。甲乙双方投资决策依据都是企业的内在价值。

4. 四级价值增值。四级价值增值来自上市公司并购重组活动。在证券市场中，上市公司业绩变化不仅取决于企业本身，而且受到企业外部力量的作用。企业并购重组必然会对上市公司产业结构、核心竞争能力以及经营业绩产生重大影响，导致股票价格在重新定价过程中发生翻天覆地的变化，此时的差价收益即四级价值增值，如图 7-3 所示。

【例 7-3】在优惠政策支持下，上市公司用 6 亿元资产投资某高科技项目，预期一年可获收益 7500 万元（净资产收益率 12.5%），即每股收益 0.5 元。按 60 倍 PE 计算，股票定价为 30 元。实施此方案，不仅原公众投资者争相认购新股，且新股上市走出一波强劲的填权与上扬行情。

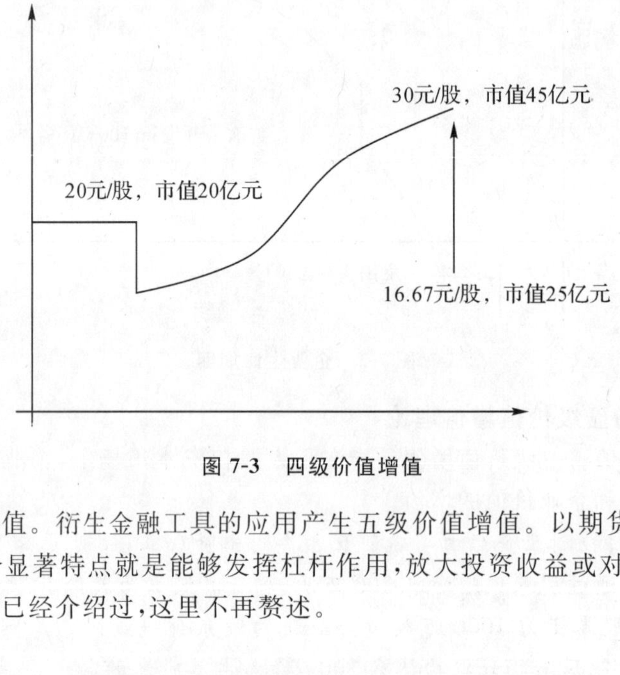

图 7-3　四级价值增值

5. 五级价值增值。衍生金融工具的应用产生五级价值增值。以期货、期权为代表的衍生金融工具的一个显著特点就是能够发挥杠杆作用，放大投资收益或对冲风险。这其中的内容在期货期权中已经介绍过，这里不再赘述。

第二节　IPO 与股权再融资

一、IPO 上市

首次公开发行股票是指公司通过证券交易所首次公开向社会公众投资者发行股票，以筹集权益资金的过程。IPO 是公司第一次将其股票在公开市场上向社会公众销售，IPO 之后公司股票可以实现在证券交易所挂牌交易。

首先，IPO 是一种公开筹集权益资本的方式。通过向社会公众公开发行股份，筹集大量权益资本，可以迅速扩大公司的规模，解决公司发展的资金瓶颈。其次，IPO 将促进公司管理平台的升级。公司 IPO 上市以后，公司管理将从原来的产业平台进一步发展到资本平台,从原来的只需关注产业、市场变化发展到更要关注资本市场、关注社会公众投资利益。公司的管理层关注导向将发生重要转变,对企业管理水平的提升提出更高的要求。此外,在IPO过程中,公司的历史沿革、规范运作、治理结构等方面都需要进行清晰的梳理和规范,这有助于促进公司在规范管理方面实现重要跨越。最后,IPO过程也是风险投资和企业投资者的重要退出机制,上市后产生的财富效应对风险投资者、企业创业者而言都具有巨大的吸引力。因此,对公司的长远发展而言,IPO是一项重要的里程碑式事件。

目前,我国大陆地区的两个交易所共设有主板、中小板、创业板三个板块,A股上市公司共2372家,其中上证主板925家,深圳主板484家,中小企业板665家,创业板308家,详细的市场数据如表7-1所示。

表7-1 A股市场各板块市场数据汇总

所属板块	上市家数	总市值(万亿元)	流通市值(万亿元)	平均市盈率
上证A股	925	16.10	13.26	14.5
其中:主板	925	16.10	13.26	14.5
深证A股	1447	7.44	4.79	23.5
其中:主板	484	3.60	2.90	19.0
中小企业板	665	3.04	1.61	29.0
创业板	308	0.80	0.28	32.0

(数据来源:Wind数据库,截至2012年4月13日。)

二、我国企业IPO上市的要求

(一)主板市场的上市要求

目前,我国IPO上市采取保荐制度,即由保荐人(通常为具有保荐人资格的证券公司)负责拟上市公司的筛选,并向证券监督管理机构推荐,证券监督管理机构根据拟发行人的条件予以核准或不予核准。根据《首次公开发行股票并上市管理办法》的规定,发行人应具备以下条件。

1. 主体资格。发行人应当是依法设立且合法存续的股份有限公司。发行人自股份有限公司成立后,持续经营时间应当在三年以上,但经国务院批准的除外。发行人的注册资本已足额缴纳,发起人或者股东用作出资的资产的财产权转移手续已办理完毕,发行人的主要资产不存在重大权属纠纷。发行人最近三年内主营业务和董事、高级管理人员没有发生重大变化,实际控制人没有发生变更。发行人的股权清晰,控股股东和受控股股东、实际控制人支配的股东持有的发行人股份不存在重大权属纠纷。

2. 独立性要求。发行人的独立性要求是为了确保上市公司与其控股公司在业务、资产、人员、财务、机构等方面保持独立,以保护中小股东利益。

3. 规范运作。发行人运行应当规范,应当建立完善的公司治理制度、内部控制制度等,以确保上市公司的有效运营和财产安全。

4. 财务要求。最近三个会计年度净利润均为正数且累计超过人民币3 000万元。最近三个会计年度经营活动产生的现金流量净额累计超过人民币5 000万元;或者最近三个会计年度营业收入累计超过人民币 3 亿元；发行前股本总额不少于人民币 3 000 万元；最近一期末无形资产（扣除土地使用权、水面养殖权和采矿权等后）占净资产的比例不高于 20％；最近一期末不存在未弥补亏损。

（二）创业板市场的特殊要求

2009 年 10 月 23 日，深证交易所正式启动创业板开板仪式，首批 28 家创业板公司于 10 月 30 日在深交所挂牌上市，标志着我国的创业板市场正式成立并开市交易。创业板定位于服务成长型创业企业，重点支持具有自主创新能力的企业。针对创业型公司自主创新能力强、业务模式新、规模较小、业绩不确定性大、经营风险高等特点，创业板企业的上市条件有所降低。根据《首次公开发行股票并在创业板上市管理暂行办法》创业板市场的发行人条件如表 7-2 所示。

表 7-2　主板、中小板与创业板上市财务条件对照

条件	主板、中小板	创业板
主体资格	依法设立且合法存续的股份有限公司	依法设立且持续经营三年以上的股份有限公司
经营年限	持续经营时间应当在三年以上（有限公司按原账面净资产值折股整体变更为股份公司可连续计算）	持续经营时间应当在三年以上（有限公司按原账面净资产值折股整体变更为股份公司可连续计算）
盈利要求	（1）最近三个会计年度净利润均为正数且累计超过人民币 3000 万元，净利润以扣除非经常性损益前后较低者为计算依据	最近两年连续盈利，最近两年净利润累计不少于 1000 万元，且持续增长
	（2）最近三个会计年度经营活动产生的现金流量净额累计超过人民币 5000 万元；或者最近三个会计年度营业收入累计超过人民币 3 亿元	或者最近一年盈利，且净利润不少于 500 万元，最近一年营业收入不少于 5000 万元，最近两年营业收入增长率均不低于 30％
	（3）最近一期不存在未弥补亏损	净利润以扣除非经常性损益前后孰低者为计算依据。（注：上述要求只要符合其中一条即可）
资产要求	最近一期末无形资产（扣除土地使用权、水面养殖权和采矿权等后）占净资产的比例不高于 20％	最近一期末净资产不少于 2000 万元
股本要求	发行前股本总额不少于人民币 3000 万元	企业发行后的股本总额不少于 3000 万元

（附注：除新发行股本一般小于 3000 万元外，中小板与主板的上市要求没有区别。）

与主板市场对发行人的要求相比，创业板市场对发行人的要求在主体资格、独立性、规范运作方面基本一致，只是在主体资格上，要求最近两年主营业务和董事、高级管理人员均没有发生重大变化，实际控制人没有发生变更，相对于主板市场上的三年期要求，要求略有降低。在财务要求方面，与主板市场相比，我国创业板市场对企业发行前的净利润要求有所降低，但与国外的创业板市场相比仍然偏高。在成长性方面，创业板市场要求高于主板市场。因此，我国“创业板”称为“成长板”应该更准确。

三、IPO的主要程序

从发行人的角度，主板市场与创业板市场的IPO程序基本相同，主要包括以下阶段。

(一)明确IPO目标

企业IPO上市的第一步是从投资人或管理层形成上市意向开始的，通过对企业基本情况的判断，并通过向财务顾问或证券公司初步咨询，分析公开发行并上市的可行性。进一步在投资人与管理层之间达成共识，明确IPO上市目标。

(二)确定IPO中介机构

明确上市目标之后，需要聘请专业的中介机构，包括证券公司、律师、会计师事务所以及资产评估机构形成上市专业团队。各中介机构从不同角度对发行人进行初步的尽职调查，然后按照双向选择的原则，确定合作关系。

(三)改制与重组

明确上市中介机构以后，由企业与各中介机构协商制订企业改制方案。通过改制与重组过程，将企业改组为股份有限公司形式，为规范运作和发行上市打下良好基础。股份制改组的主要方式包括三类：第一类是以发起设立的方式设立股份有限公司，按照设立过程中的资产剥离情况，又可以进一步分为整体改制、部分改制和合并改制。第二类是有限公司以整体变更的形式变更为股份公司，整体变更过程中对原有限公司的账面净资产按照一定的折股比例折算为股份公司的股本。整体变更过程中的账面资产不需要按照资产评估结果作账面调整，否则，无法连续计算持续经营年度。第三类是以公开募集设立的方式设立股份有限公司。这种方式是以原公司的投资人作为发起人，通过公开发行募集资金的方式设立股份有限公司，如兰花科创(600123)。目前第一类方式和第二类方式是我国企业股份制改组的主要形式。

股份制改组从形式上最终表现为完成股份公司成立并办理工商登记。其实质是通过股份制改组确定明晰的法人财产权，建立符合上市公司要求的、规范的公司治理结构与运行架构。改组过程中主要遵循以下原则：突出公司主营业务，形成核心竞争力和持续发展的能力；按照《公司法》《上市公司治理准则》的要求建立合理的治理结构、规范运作；有效避免同业竞争，减少和规范关联交易。

(四)上市辅导

股份制改组完成以后，需要由保荐机构(通常为证券公司)对发行人的董事、监事、高级管理人员以及5%以上持股股东和实际控制人(或其法定代表人)进行上市辅导。通过辅导程序，帮助拟发行人的管理层掌握发行上市、规范运作等方面的有关法律法规和规则，知悉信息披露和履行承诺等方面的责任和义务，并协助其建立起规范的组织制度与运行机制。辅导工作由中国证监会驻各地的派出机构负责监督实施，并负责相应的辅导验收。

(五)制作与提交IPO申报材料

我国目前的IPO发行制度采用保荐人制度，即企业的发行上市必须经具有保荐业务资格的保荐人推荐，保荐人的主要职责就是将符合条件的企业推荐上市，并对申请人适合上市、上市文件的准确完整以及董事知悉自身责任义务等承担保证责任。在保荐人以及各中介机构的协助下，拟发行公司需要按照《公开发行证券的公司信息披露内容与格式准则第9号——首次公开发行股票并上市申请文件》的要求制作招股说明书等申报材料，由保荐人保荐并向中国证监会申报。

(六)证监会核准发行申请

中国证监会根据发行人的申请材料,由相关职能部门对发行人的申请文件进行初审,并由发行审核委员会审核,中国证监会根据发行审核委员会的审核结果作出予以核准或不予核准的决定,并出具相关文件。股票发行申请未获核准的,自中国证监会作出不予核准决定之日起 6 个月后,发行人可再次提出股票发行申请。

(七)公开发行与上市

发行人自中国证监会核准之日起 6 个月内,应当由承销商组织公开发行股票。经过公开发布招股意向书等发行文件,进行初步询价与路演推介,根据初步询价和累计投标询价(中小企业板和创业板公司可不经过累计投标询价)的结果确定最终的发行价格和发行数量。经过网下机构投资者配售和网上公开发行募集资金,实现公开发行股份、募集资金到位。

公开发行完成之后,发行人向证券交易所提出上市申请,由证券交易所核准同意后,发行人股票在证券交易所挂牌上市。

四、IPO 定价机制

IPO 发行价格是新股发行过程中最关键的决策之一。发行价格决定了企业的融资额和发行风险,关系到发行人、投资者、承销商等多方利益,甚至还会影响到股票发行后二级市场的平稳性。

IPO 发行价格主要取决于 IPO 定价机制(或称发售机制)。目前,全球范围内主要使用四种 IPO 定价机制,包括固定价格机制、拍卖机制、累计投标机制和混合定价机制。其中,累计投标机制最为常用,以美国、英国为代表的主要境外成熟市场大多采用该种方式对新股进行定价;固定价格机制主要应用于新兴市场国家,如马来西亚、泰国等;拍卖机制则主要应用于日本、法国、中国台湾地区等。

固定价格机制,是由承销商与发行人在发行前根据一定的标准确定一个固定的发行价格,由投资者根据该固定的发行价格进行认购。进一步,固定价格又分为允许配售与不允许配售两种方式。其中,前者是指在股票定价时,承销商拥有自由分配股票的权利,即承销商可以对一些机构投资者实行配售;后者是指不实行配售,针对全体投资者公开发行。

拍卖机制,发行价格由投资者以投标的形式竞价得出。拍卖机制能够吸引更广泛的投资者群体,普通投资者与承销商的优质客户处于完全平等的地位,并且采取公允、透明的配售机制,减少了承销商与少数投资者控制公司股票配售的情况发生。但拍卖机制存在两个突出的问题:一个是赢者诅咒。知情投资者只会给予合理的报价,并且会在股票报价过高的情况下退出拍卖,然而处于信息劣势的投资者却对定价合理与定价过高无区别能力,为了获取股票,报价往往过高,导致拍卖股票全部被非知情投资者所购买;另一个是"搭便车"行为。为了获得新股上市超额收益,在均一价格拍卖中,投机者往往报出高价以保证最终能够以发行价格获得股份。如果拍卖参与者中投机者比例较高,最终 IPO 定价将偏高。

累计投标机制,是指承销商先向潜在的购买者推介股票,然后根据投资者的询价结果制定发行价格的定价机制。具体程序如下:首先,承销商和发行人通过路演、询价的形式,向投资者(通常为机构投资者)收集对股票的需求订单和定价信息。其次,由承销商根据收集的询价信息建立一个询价记录,以记录新股发行的所有相关信息(包括每一个提交的报价以及对应的报价机构投资者名称及申购数量)，这样，承销商就可以初步掌握股票的需求情况及销售前景，使其能够根据市场需求对发行价格进行调整，形成最终的发行价格，最后再根据询价记录的信息自主确定对投资者的股票发行与配额。

在累计投标方式下，投资者可以通过路演、与管理层交流、阅读招股意向书和研究报告等形式对发行人进行比较充分的了解，从而可以降低发行人与投资者之间的信息不对称程度。同时，承销商可以充分了解投资者对新股的需求程度，从而根据市场需求确定发行价格。累计投标机制为了保证投资者向承销商提供真实的需求信息，在发行新股时，承销商利用自由分配股份的权力，向经常性投资者适当倾斜，经常性投资者可以获得比偶然性投资者更多的新股份额，这样经常性投资者就更愿意报出其真实的需求信息。因为如果他们提供的信息经常有误，将可能失去经常性投资者的待遇。

混合定价机制，是指将上述三种基本定价机制结合起来的一种定价机制，如累计投标/固定价格、累计订单询价/拍卖、拍卖/固定价格等。其中累计投标/固定价格混合机制使用最为广泛，即在一次 IPO 过程中分别对不同的份额采用累计投标和固定价格两种方式，一般采用累计订单询价机制向境内外机构投资者配售一部分股票，另一部分额度则用固定价格发售给本地中小投资者。

2006 年 9 月，中国证监会颁布了《证券发行与承销管理办法》，正式确立了我国新股发行的询价制度。按照《证券发行与承销管理办法》的规定，首次公开发行股票应当通过向特定机构投资者(即询价对象)询价的方式确定股票发行价格。询价对象是指符合本办法规定条件的证券投资基金管理公司、证券公司、信托投资公司、财务公司、保险机构投资者、合格境外机构投资者(QFII)，以及经中国证监会认可的其他机构投资者。

发行人及其主承销商应当在刊登首次公开发行股票招股意向书和发行公告后向询价对象进行推介和询价，并通过互联网向公众投资者进行推介。询价分为初步询价和累计投标询价。发行人及其主承销商应当通过初步询价确定发行价格区间，在发行价格区间内通过累计投标询价确定发行价格。首次发行的股票在中小企业板上市的，发行人及其主承销商可以根据初步询价结果确定发行价格，不再进行累计投标询价。在询价制度的实施过程中，尽管中国证监会偶尔对于发行市盈率等指标仍有一定的窗口指导，但市场化的询价机制已经成为我国 IPO 发行的主导机制。新股询价机制有效提高了发行定价的合理性，投资者更多地从公司基本面和未来的发展出发进行价值判断，报价将有利于制定更为合理的发行价。

但是，我国目前实施的询价制度，并不完全等同于美国式的累计投标机制，两者的主要区别在于：我国目前实施的询价制中，承销商不拥有完全的股票分配权利。IPO 发行的股份分为两个部分，一部分是针对机构投资者(即询价对象)的网下配售部分，另一部分是针对社会公众投资者网上发行的部分。按照《证券发行与承销管理办法》的规定，IPO 发行股票数量少于 4 亿股的，网下配售数量不超过本次发行总量的 20%；公开发行股票数量在 4 亿股以上的，配售数量不超过向战略投资者配售后(IPO 发行股票数量在 4 亿股以上的，可以向战略投资者配售股票)剩余发行数量的 50%。这部分网下配售股份在存在超额认购的情况下，所有有效申购以申购数量(金额)为基础等比例分配(即同比例配售)，承销商没有自由分配股票的权利。这与美国的累积投标机制不同，美国的累积投标机制对新股的发行由承销商根据市场情况自由分配。

在新股的申购方式上，国内的新股申购要求在申购时需要全额缴纳申购资金，这使一级市场吸纳了大量的打新资金，影响了二级市场的资金稳定性。美国的累积投标机制下，机构投资者的认购可以不提前缴纳资金，在最终获得配售后再缴纳。

五、再融资

公司上市以后，随着经营规模的扩大，投资机会相应增多，仍会面临资金难题。利用资本市场进行再融资是其快速扩张和解决资金难题的一项重要措施。公司上市之后的再融资方式主要包括公开增发、配股、可转换公司债券和非公开发行。其中，公开增发、配股与非公开发行是我国资本市场上的主要再融资方式。

(一)公开增发与配股

1. 公开增发与配股。上市公司可以通过公开发行股份进行股权再融资，具体包括向不特定对象公开募集股份(简称“增发”)和向原股东配售股份(简称“配股”)。1997—2006 年我国上市公司的增发、配股行为如表 7-3 所示。

从数据来看，自 2002 年以后，增发已经逐步取代配股成为股权再融资的主要方式。虽然增发与配股都属于股权融资行为，但是在发行规模、发行定价与发行风险方面两者有所不同。从募集资金规模上看，增发的筹资额要远高于配股。综合 1998—2006 年的数据，增发的平均募集资金量为 12.53 亿元，而配股仅为 2.92 亿元。在发行定价方面，增发的发行价格通常有最低保证。按照《上市公司证券发行管理办法》，增发价格应不低于公告招股意向书前 20 个交易日公司股票均价或前一个交易日的均价，同时增发数量没有法定限制。而配股的发行价格由股东大会决定，通常比市场价低，并且发行量不超过配售股份前股本总额的 30%，因此融资量有限。但是，由于增发的发行规模通常较大，大规模的增发会引发市场对资金量的担心，并将其看做一种圈钱行为，因此增发更容易引起市场的反感。

从发行风险来看，增发的发行风险要低于配股。根据中国证监会 2006 年颁布的《发行与承销管理办法》，上市公司增发股票或者发行可转换公司债券，可以全部或者部分向原股东优先配售，优先配售比例应当在发行公告中披露。因此，增发股票同时可以向原股东进行优先配售。这样，增发既可以保障原股东的利益，也可以向公众公开募集，因此发行风险更低。而配股只能采用代销发行方式，代销期限届满，原股东认购股票的数量未达到拟配售数量 70%的，即为发行失败，发行人应当按照发行价并加算银行同期存款利息返还已经认购的股东。更大的发行规模、较高的灵活性以及较低的发行风险是增发规模逐渐增加的重要原因。

表 7-3 1997—2006 年公开增发的公司和资金数量

年份	增发公司家数	增发融资额/亿元	配股公司家数	配股融资额/亿元
1997	—	—	112	256.84
1998	7	30.46	154	363.13
1999	5	55.10	121	287.77
2000	24	220.72	168	542.05
2001	22	196.48	102	369.34
2002	29	166.22	20	53.71
2003	17	118.13	25	67.83
2004	14	194.09	22	101.69

续 表

年份	增发公司家数	增发融资额/亿元	配股公司家数	配股融资额/亿元
2005	4	296.80	1	1.42
2006	56	951.59	3	12
合计	178	2229.59	728	2055.78

(数据来源:《中国证券报》,2007 年 1 月 4 日。)

2.非公开发行。

(1)非公开发行的概念与特征。非公开发行又称定向增发,是指上市公司采用非公开方式,向特定对象发行股票的行为。非公开发行的对象,通常为公司的大股东或战略投资者,以及基金公司、信托公司、财务公司、保险机构投资者、QFII 以及其他机构投资者等。

与公开增发相比,定向增发的发行门槛低、发行风险小、发行费用少,监管机构的审核程序相对简单(非公开发行执行中国证监会发行审核委员会的特别程序,即 5 人出席,3 人通过即可),发行速度更快,有助于提高企业融资或重组的效率。但与公开增发相比,由于发行对象要求不超过 10 人,因此发行数量和筹资金额有限。

(2)非公开发行的条件。与公开增发相比,非公开发行没有业绩要求,因此发行时间与发行对象更加灵活。具体发行条件如表 7-4 所示。

根据《上市公司证券发行管理办法》的规定,上市公司存在下列情形之一的,不得非公开发行股票:①本次发行申请文件发现有虚假记载、误导性陈述或重大遗漏;②上市公司的权益被控股股东或实际控制人严重损害且尚未消除;③上市公司及其附属公司违规对外提供担保且尚未解除;④ 现任董事、高级管理人员最近 36 个月内受到过中国证监会的行政处罚,或者最近 12 个月内受到过证券交易所公开谴责;⑤上市公司或其现任董事、高级管理人员因涉嫌犯罪正被司法机关立案侦查或涉嫌违法、违规正被中国证监会立案调查;⑥最近一年及最近一期财务报表被注册会计师出具保留意见、否定意见或无法表示意见的审计报告,保留意见、否定意见或无法表示意见所涉及事项的重大影响已经消除或者本次发行涉及重大重组的除外;⑦严重损害投资者合法权益和社会公共利益的其他情形。

表 7-4 公开增发、配股与非公开发行股票条件

项目	公开增发	配股	非公开发行股票
赢利能力	3 年连续赢利,且 3 年平均净资产收益率不低于 6%	3 年连续赢利	—
现金分红	最近 3 年以现金方式累计分配的利润不少丁最近 3 年实现的年均可分配利润的 30%		—
发行数量	—	配股数不超过发行前股本的 30%	发行对象不超过 10 名
价格	不低于公告招股意向书前 20 个交易日公司股票均价或前 1 个交易日的均价	—	不得低于定价基准日前 20 个交易日公司股票均价的 90%
锁定期	自愿	自愿	控股股东、实际控制人及其控制的企业锁定 36 个月,其他投资者 12 个月

(3)非公开发行股票的发行价格。非公开发行股票是向特定对象发行股份的行为，发行价格应该由发行公司与发行对象协商确定。但是，如果发行股份的价格过低，可能会损害社会公众投资者的利益。为此，《上市公司证券发行管理办法》要求，非公开发行股票的发行价格，不得低于定价基准日前 20 个交易日公司股票均价的 90%，定价基准日可以为非公开发行股票的董事会决议公告日、股东大会决议公告日，也可以为发行期首日。

在具体的定价机制上，针对不同类别的发行对象，发行价格的确定方式有所不同。公司实际控制人及其关联人、通过认购本次发行的股份取得上市公司实际控制权的投资者，以及董事会拟引入的境内外战略投资者的发行价格或者定价原则应当由上市公司董事会的非公开发行股票决议确定，并经股东大会批准。

对于其他类型的投资者，非公开发行前不确定发行对象和价格，以竞价方式确定最终的发行价格和具体发行对象。为使竞价过程更加公平和公开，要求询价对象不少于 20 家证券投资基金管理公司、不少于 10 家证券公司、不少于 5 家保险机构投资，并要求将认购邀请书发送给前 20 名股东。这在一定程度上有利于推动定向增发的发行价格进一步市场化，防止控股股东利用内幕交易侵占公众投资者的利益。

第三节 民营中小企业融资与 IPO 问题

一、当前民营中小企业融资路径

当前民营中小企业融资普遍存在向银行贷款难的问题，而相关中小企业金融机构的建设滞后，现有体系对中小企业的有效资金供给不足，最后中小企业不得不借助于民间借贷，如图 7-4 所示。

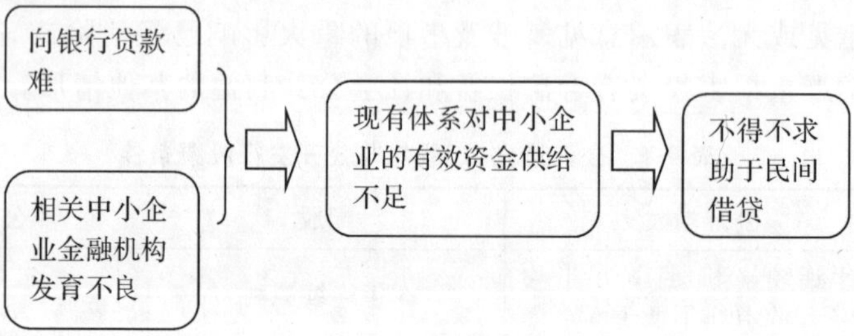

图 7-4 当前民营中小企业融资路径

(一)向银行贷款难

目前民营中小企业发展中的资金短缺问题，主要还是依靠银行贷款。但是，在目前以银行为主的金融组织体系下，由于政策限制、制度设计等原因，民营企业无法真正从银行方面解决融资问题。一方面是银行高门槛下复杂的贷款程序，另一方面是一些民营企业已经认识到的自身财务管理、经营业务等方面的缺陷，在这种情况下尽管有企业能从银行得到贷款，但一定要以抵押或是担保的方式才有可能得到贷款。另外，我国的国有银行在很大程度上受到政府的控制，大量的资金被就业、社会稳定与经济增长等因素所牵制，失去了周转增值的属性。民营企业从国有银行中获得贷款的难度也越来越大。

(二)小企业金融机构建设滞后

首先是农村信用社运营状况令人担忧。不良资产大大超过全国金融机构不良资产比例,资本充足率也大大低于四大国有商业银行现有水平,有相当一部分农村信用社经营状况不佳。其次是城市商业银行。现有的城市商业银行在政策环境下,还存在一定的问题。第一,城市商业银行的股权结构有待于进一步改善。第二,在由过去两级法人制(或多级法人制)过渡到一级法人制过程中失去部分信贷约束,造成亏损。第三,汇兑职能没有从根本上解决。汇兑职能不解决,造成银行功能不全,会直接影响经营效率。第四,政策缺乏对城市商业银行的扶持,导致城市商业银行的资产运用限制过多,造成一些城市商业银行不能进行资产多元化经营,同时主营业务又相对萎缩,所以整体的经营效率受到很大影响。

(三)中小企业融资体系的缺陷造成对中小企业有效供给资金不足

总的来说,中小企业缺乏我国政府的政策支持,缺乏专门的管理机构,还缺乏能为中小企业特别是科技型中小企业提供直接融资的渠道,以致形成对中小企业有效供给资金不足。另一方面又受到担保机制的制约。为了保护资金安全性,银行在放贷时一般要求企业提供连带担保和财产抵押,特别是对“小舢板”式的民营企业申请贷款提出的条件更高,要求更严,而民营企业要找到资信可靠的担保单位非常困难,而且抵押担保的财产变现,涉及多方面的关系,十分复杂,制约了民营企业贷款的顺利进行。

(四)民间借贷成为普遍选择

在抵押、担保等制度限制下,间接融资不能满足中小企业快速发展的需求条件下,许多民营企业对银行望而却步,或是依靠向股东、员工集资,或是求助于民间借款等其他融资渠道。民营企业的直接融资有所发展,民间借贷渐渐成为普遍选择。这也在一定程度上造就了目前我国民间借贷市场的活跃以及高利贷的盛行。但是,民间借贷的融资方式有一定的时段性和补缺性,融资成本相对较高。

二、中小企业债务融资的难点

(一)自身原因

1.企业缺乏信誉。在目前激烈的竞争环境下,企业信誉是非常重要的。民营企业往往产权模糊,管理水平不高,账目不清,内部法人治理机构不健全,生产效率不高。这是导致中小企业信誉缺乏的基本原因。正因为如此,银行对其缺乏足够的信心,银行不愿冒险向民营中小企业发放贷款。同时,中小民营企业因其资产规模小、负债能力低。债权人借出资金目的是到期收回本金,并获得约定的利息收入,但中小企业的资产规模小、负债能力低,使债权人顾虑到自己的利益无法得到保障,故不愿借出资金。

2.受外部经营环境的影响较大。从企业自身看,民营中小企业一般处于产业链的底端,规模都不大,缺乏市场和技术上的竞争力,在具有高成长性的同时,也具有不确定性和不稳定性,高“出生率”与高“死亡率”并存。本身中小企业抗风险的能力就比较弱,再加上民营资本往往得不到政府的保护,经常无法准确预测未来面临的风险,外部经营环境的恶化会对民营中小企业造成致命的打击。另一方面中小企业的生命周期较短使得投资者投资的风险过大而不易吸收投资。同时,中小企业的规模有限,盈利能力不高,也是不能赢得众多投资的主要原因。

3. 管理水平不高。民营中小企业产权高度集中，导致内部决策不够灵活。企业内部缺乏合理的内部治理机构，管理水平又不高，财会制度落后，信息不公开，缺乏审计部门确认的财务报表和良好的经营业绩，增加了银行对民营企业财务信息审查难度。同时家族管理模式在很大程度上制约了民营企业的二次创业。部分中小民营企业财务管理水平有待进一步规范。由于部分中小民营企业的财务报告制度落后，增加了银行对企业财务信息的审查难度，银行经营面临的风险较大。因此，银行不愿对其进行放贷。

(二)外部原因

1. 规模歧视。大多数金融机构认为，中小企业规模小，抗风险能力较差，还款能力具有较大的不确定性。而且单个企业需要资金量少，所面临的经营风险和淘汰率比较高，融资风险大，投资回报也相对较低，而且中小企业也往往没有能力按银行的要求提供相关会计信息。此外，由于银行追求规模效应等原因，大型金融机构通常更愿意为大型企业提供融资服务，而不愿为资金需求规模小的中小企业提供融资服务。

2. 金融机构的制约。现行的金融体系中，国有银行很难会对广大民企发放贷款，基层的银行贷款权限受到严格的控制，同时贷款审批程序繁琐。中国大多数民企是在基层，需要一层层上报到总行，审批程序繁琐；而且，商业银行激励与约束机制不对称，内部的存款利率不合理，导致银行“伪市场化”，制约了基层银行给中小民企贷款的积极性。

3. 政府方面。有关中小企业融资的各种政策法规没有得到有效的执行。不具备公平竞争的市场环境，扶持、鼓励个体私营经济发展的政策措施不到位，或者在落实上打了折扣。如市场准入方面，许多行业和部门仍然不允许中小民营经济进入，拥有进出口经营权的私营企业是凤毛麟角，也不能设分支机构等。政府管理不规范，宏观调控乏力，致使私营经济处于粗放经营的重复生产状态。在监督方面，有的政府部门未能很好地履行监督职能，致使中小民营企业行为不规范。另外，社会保障体制不完善，不利于民企的内部积累。总之，政府在对待国有企业和民营企业体制上的不平等，造成了在竞争上的不平等，造成了民企在融资上的劣势。

(三)中小企业利用中小板和创业板上市融资的现状

2009 年创业板的开闸加快中小企业在二级市场上市融资的热潮，中小板和创业板 IPO 家数爆发式增长，融资规模迅速扩大。2009—2012 年(截至 2012 年 4 月 19 日)，中小板 IPO 企业 314 家，共计融资 2113 亿元；创业板 IPO 企业 400 家，共计融资 3633 亿元。2010—2011 年，A 股成为全球 IPO 家数最多的市场，中小企业的加速上市是其最大功臣。

1. 中小板和创业板并重。2009 年创业板正式启动，开启了中小企业通过二级市场融资新的里程碑，但是通过对 2009—2012 年数据的分析，我们发现除了在创业板刚启动不久的 2010 年外，历年的 IPO 数据表明中小板和创业板上市企业的数量并未出现明显差异。创业板上市要求中并未对企业的创新行为做出硬性要求，但是一般发审委在对企业材料进行核准时会关注企业是否具备三类创新：技术创新、经营模式创新和产业创新，许多中小企业为了能保证上市往往会选择中小板，如表 7-5、图 7-5、图 7-6 所示。

表 7-5 2009—2012 年中小板和创业板 IPO 家数和募集资金数

板块		2009	2010	2011	2012
中小板	IPO 家数	42	117	125	30
	募集资金数(亿元)	247	979	748	139
	平均市盈率	59	71	51	35
创业板	IPO 家数	59	204	114	23
	募集资金数(亿元)	457	2042	1005	129
	平均市盈率	46	55	43	28

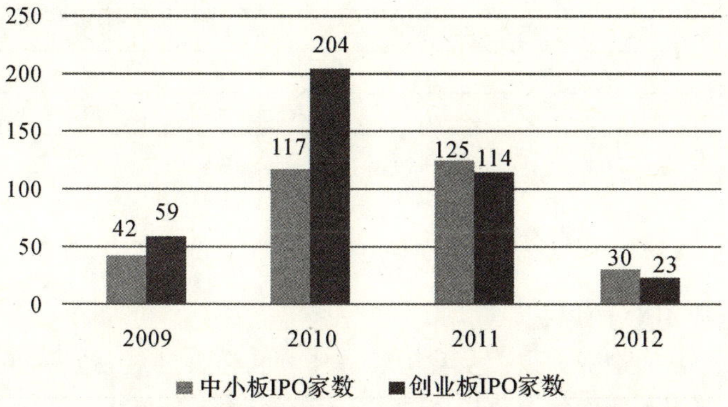

图 7-5 2009—2012 年中小板和创业板 IPO 家数

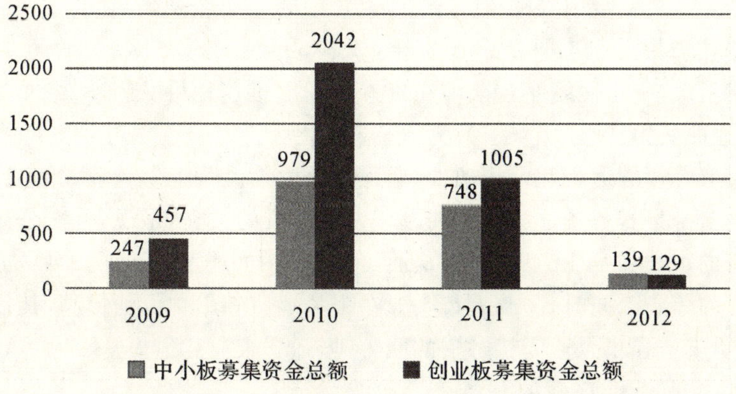

图 7-6 2009—2012 年中小板和创业板 IPO 募集资金额

2. 中小板 IPO 市盈率普遍高于创业板并呈下降趋势。创业板启动以来,其过高的 IPO 市盈率就遭到各方舆论的诟病,而事实上中小板的 IPO 市盈率呈现高于创业板的特征。如表 7-6、图 7-7 所示,而随着投资者理性的回归,中小板和创业板 IPO 市盈率明显下降,2012 年以来中小板平均 IPO 市盈率 35,而创业板已经下降至 28,均为 2010 年最狂热时的一半。

表 7-6 2009—2012 年中小板和创业板 IPO 市盈率

	2009	2010	2011	2012
中小板 IPO 市盈率	59	71	51	35
创业板 IPO 市盈率	46	55	43	28

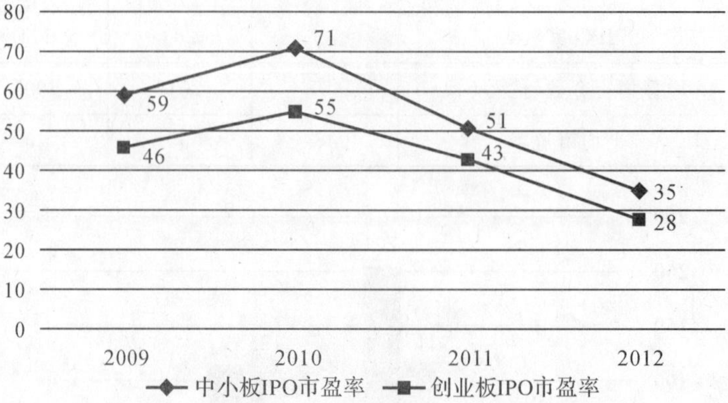

图 7-7 2009—2012 中小板和创业板 IPO 市盈率变化趋势

(四)中小企业 IPO 的原因

1. 扩大民营企业的融资渠道。从我国经济环境和金融发展现状的角度来看,债务融资已经不可能也不应成为他们的主要融资方式,而股权融资应该说是最适合中小企业和创业企业特点的融资方式。因此,可以说创业板的推出对中小企业来说是个重大利好消息,将成为今后中小企业解决资金困难的重要渠道,为全国的中小企业发展带来了福音。我国中小民营企业上市主要是为了获取更多的资金,以满足企业规模扩大,扩大再生产对资金的需要。通过运作上市,中小民营企业能够在资本市场上迅速地筹集到大量的资金来解除资金瓶颈,增强企业的实力。

2. 提升民营企业的形象和信用条件,增强竞争力。民营中小企业如果能够公开上市,那么就能证明其自身是具备较强的实力和较好发展前景的;也就是说,首次公开发行股票能够提高企业自身的声誉和企业的知名度,从而可以提升中小民营企业的形象,加强债权人以及投资者对企业的信心。同时,随着上市企业在市场地位和影响力的提高,其信用水平也会随之提高,从而也就增强了企业间接融资的能力,增强了企业竞争力。

(五)中小企业顺利 IPO 的对策

1. 做出清晰的市场定位,锁定特定的客户群体。我国中小企业普遍缺乏正确分析认识自己与外部环境的能力、缺乏进行竞争分析的能力、缺乏市场调研的意识和能力,所以市场定位不清晰。要进行企业的市场定位就必须明确企业功能。企业功能指的是企业经营内容及其经营强度,或者说是企业经营内容与经营强度的统一。它的功能主要是由两个因素构成:一个因素是经营内容,另一个因素是经营强度。经营强度是企业功能的重要因素。作为绝大多数的中小型企业,科学分析企业优势,准确进行市场定位是企业发展的关键。要做出清晰的市场定位,首先,科学分析企业现有功能很重要。企业现有功能是企业功能定位的重要依据。企业不能脱离现有功能搞定位,因为现有功能是功能定位的基础;也不能执著于现有功能搞定位,因为企业的外部环境和内部条件都在变,所以企业功能也应该跟着变。其次,对企业经营内容要作具体分析。许多企业经营内容似乎相同,其实不同。此外,销售模式也应该有所改变,以锁定特定的客户群体。

2.制定高效的经营模式。经营模式是企业根据企业的经营宗旨,为实现企业所确认的价值定位所采取某一类方式方法的总称。中小企业的经营模式有以下几种分类:(1)根据企业所包含的内容,可分为采购模式、研发模式、生产模式、物流模式、品牌管理和销售模式。(2)根据企业在产业链的位置。产业链的位置可以分为以下几个部分:设计活动、营销活动、生产活动和其他的辅助活动。根据对产业链位置的不同选择,可以得出八种不同的经营思想和模式:销售型、生产型、设计型、销售+设计型、生产+销售型、设计+生产型、设计+生产+销售型和信息服务型。(3)根据企业的业务范围。根据业务范围可以划分为两类经营模式:单一化经营模式和多元化经营模式。(4)根据企业实现价值的方式。实现价值的竞争战略是一种经营模式,此类经营模式主要有以下几种:成本领先、差别化、目标集聚三种。中小企业要顺利地进行 IPO 就应该选择适合自身的经营模式,制定高效的经营模式。

3.增强核心竞争力。民营企业在面对国际国内两大市场的竞争中,只有不断提升企业的核心竞争能力,才能达到提高企业整体价值的经营目标,迎接时代挑战,在竞争中求生存、求发展。提高企业的竞争力需要做好以下几点:(1)价值特征。做好价值特征的优势是能够创造更高的价值;能够显著降低成本;能够为客户提供独特的价值和利益,最终使企业获得超过同行业平均利润水平的超值利润。(2)延展特征。这是指企业根据自身的产品衍生出一系列的新产品和新服务来满足客户的需求,这种需求不仅是当前需求,而且包括潜在需求。(3)异质特征。异质特征是独一无二、为企业所特有的,没有被当前和潜在的竞争对手所拥有的,而且是不可模仿和难以被替代的。(4)时效特征。这是指企业能够与时俱进,持续不断地创新、发展和培育。

4.加强信用监管,使自身信用升级。提高民营中小企业自身的信用,是顺利进行 IPO 的关键。企业怎样取得值得信任的证明?应该从以下方面着手:从融资企业来讲,要想获得信用增级就应该通过中介来证明,也就是第三方鉴证。可以出具信用证明的中介机构包括律师、会计师事务所和资产评估机构。律师可以出具法律意见书、律师工作报告等来证明合法性。会计师事务所做出的财务报表及审计报告、盈利预测报告及审核报告、内部控制鉴证报告等也是帮助融资企业提升信用的方式。此外,资产评估机构出具的评估报告也是一种使信用升级的途径。另一方面,从投资者的角度,应该给予投资者保护:证监会要做好发审会审核、核准意见、监管与处罚等;交易所要负责做好核准意见、行业自律监管等;还有研究机构做出的价值投资报告和社会舆论中的预披露、学术研究、传媒等都是对企业进行监督的方式。还有,投资银行对融资企业和投资人之间进行的保荐职责对企业的信用起着相当重要的作用。

5.做好事前监管,事中透明,事后承诺以保障企业的未来。怎样保障民营中小企业的未来也是中小企业顺利进行 IPO 的关键问题。要保障未来,企业自身就要做好事前、事中和事后的控制:(1)事前做好监管。监管的机构有很多,主要有证券监督管理委员会、证券交易所、从业协会和司法机关等。通过这些机构对企业进行监管对投资者来说是一种保障。(2)事中要透明。做好事中透明,企业应该通过证券交易所、研究机构、公众舆论等对财务状况和其他一些情况进行公布。投资者了解到企业的状况才会对企业进行投资。(3)事后进行承诺。发出承诺的可以是公司、相关利益人和中介机构等。他们应该对投资者进行公开承诺，保证企业数据出处的严谨性和权威性，给投资者一个安全的保障。

第四节 风险投资与私募股权

一、风险投资

（一）风险投资的概念和特征

风险投资(Venture capital，简称 VC)是由专门的投资机构向具有巨大发展潜力和高风险的中小高科技企业或高成长企业提供权益性资本，并辅之以管理，追求最大限度资本利得的投资行为。与传统的投资方式相比，风险投资具有以下几个方面的特征。

首先，风险投资具有高风险，这是风险投资的基本特征之一，表现为风险投资项目的高失败率。据 IDG 创投[①]创始合伙人熊晓鸽表示，在美国，风险投资 10%的成功率即可保证基金的正常运转，20%的成功率可实现盈利，而中国国内的风险投资回报率已远超美国市场。IDG 在中国已投资 200 多家企业，其中已有 30 多家企业在美国纳斯达克成功上市，此外还有部分企业通过股权转让等方式成功退出。综合统计，目前 IDG 在国内的投资成功率已达到 25%以上，其中还不包括某些正在寻求上市的公司。但不论如何，风险投资中失败的概率还是远远大于成功投资的概率。这是风险投资与传统投资最大的差异之一。

其次，风险投资主要指与一定的科技开发和技术创新相联系的高风险的产业投资。投资对象是成长性较好的新建企业或中小型企业，风险资本选择投资对象，主要着眼于企业的发展潜力和良好的成长性。这意味着，风险投资主要是在一级市场上进行投资，而不是在资本的二级市场上进行投机炒作。比如，美国硅谷中诞生的很多高科技企业，最初都是由一些风险投资基金在这些企业成长的前期进入培育的。

最后，风险投资的投资周期长。风险投资从投入到退出，其投资周期一般为 3—7 年甚至更长。由这一特性决定，风险投资一般流动性较差。风险投资作为一种长期股权投资，风险投资家通常要参与被投资风险企业的经营管理。如果仅仅是期望短期投机获利，则显然不是我们这里所讲的风险投资。[②]

（二）风险投资的运作流程和构成要素

风险资本运作流程如图 7-8 所示。从该图可以看出，风险投资涉及以下构成要素。

---

① IDG 技术创业投资基金(简称 IDGVC Partners，原太平洋技术创业投资公司)于 1989 年 11 月在北京进行了第一个试验项目的风险投资。至 2004 年 6 月，IDG 技术创业基金目前已在中国投资了 2 亿多美元，扶植了 120 余家中小型高新技术企业，一共创造了 13500 余个就业机会，给中国市场经济带来了无穷的潜力。

② 当然，也有学者通俗地指出，风险投资具有以下特征：(1)风险投资是投资银行的上游业务；(2)风险投资的根本任务是培育创业企业和企业家；(3)风险投资机构作为专门生产企业的企业，原料是技术、资金、创业者和管理等生产要素，其产品即创业企业；(4)类似于将鸡蛋孵化成小鸡，一般不等鸡长大就卖掉；(5)如果说创业企业家是千里马，风险投资家便是伯乐；(6)创业企业家与风险投资家之间是一种合作博弈关系。

1. 投资主体。实践中，各国风险投资的投资主体主要包括政府、各类机构投资者、企业、家庭及海外投资者，其中机构投资者主要包括独立基金、银行、保险公司等。

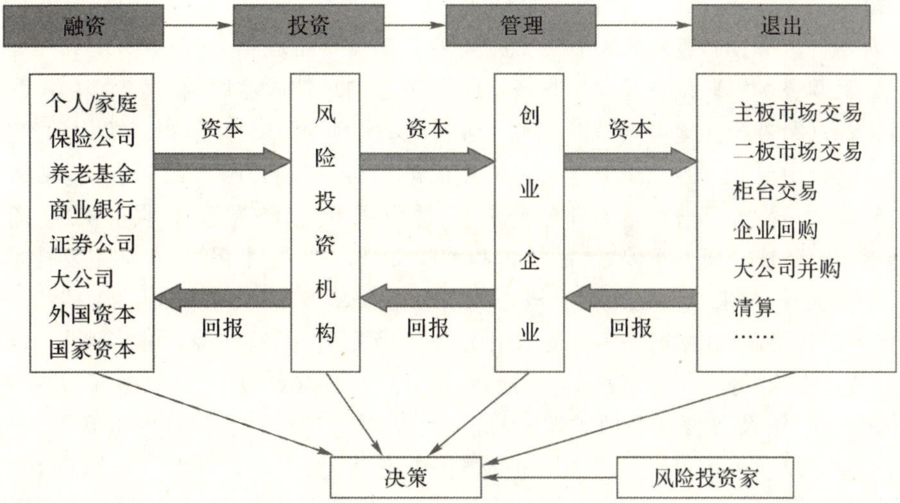

图 7-8 风险投资的运作流程

2. 风险投资家。风险投资家是风险投资运作中的灵魂人物，其素质、经验、能力状况是决定风险投资项目成败的关键因素之一。

3. 创业企业家。大胆创新和具有远见卓识是创业企业家取得成功的要素，而创业企业家与风险投资家的密切配合是风险投资获得成功的关键环节。

4. 中介机构。风险投资的中介机构大致分为两类：一般中介机构和特殊中介机构。其中，前者主要包括会计师事务所、律师事务所、资产评估事务所、项目评估机构、信用评级机构等，后者是针对其特殊性和专门需要所设立的服务、监管机构，主要包括标准认证机构、知识产权估值机构、专业性融资担保机构、新企业孵化器、行业协会等。

5. 股权购买者。在风险投资运作的退出阶段，风险投资家通过主板市场、二板市场或场外交易市场交易，或者通过产权交易、兼并收购、清算等方式将其持有的创业企业的股权出售给股权购买者，从而实现资本的退出。

(三)风险投资的组织形式

1. 股份公司制。资本提供者即公司股东，股东承担有限责任，因此，这种组织形式可以保护股东避免由于合同违约等问题给第三方造成损失所引起的诉讼风险。公司型组织允许股东通过在董事会中扮演积极角色而直接地参与管理。由于公司的解散相对困难，这种组织形式能给潜在的风险资本供给者带来更多信心。

2. 有限合伙制。从税收角度看，有限合伙制的组织形式优于公司型组织形式。合伙制的建立和解散均比公司型的组织结构容易，其投资范围和期限预先规定。有限合伙制的一般合伙人承担着很高的风险，需要高度的投资技能，这可能是这种组织形式在风险投资业初期不甚流行的原因之一。

(四)风险投资决策业务

风险投资决策业务主要包括以下几方面。

1. 投资项目的来源。投资项目的来源主要包括以下途径：(1)创业者直接上门联系；(2)

其他风投机构介绍;(3)中介服务机构介绍;(4)政府行业主管介绍;(5)报刊、网络等媒体信息;(6)熟人和朋友介绍。

2.初步筛选标准。风险投资业务的初步筛选所要考虑的问题:(1)所处行业;(2)技术水平;(3)创业者素质;(4)投资规模;(5)地理位置;(6)投资阶段。

3.尽职调查。尽职调查是风险投资中十分关键的环节。尽职调查的主要方式包括:(1)约见创业者;(2)进行实地考察;(3)咨询专业人士;(4)听取其他风险投资机构的意见。

风险投资中尽职调查至少要包含以下方面的内容:(1)行业、产品调查(包括行业背景、市场概况、技术及产品分析);(2)业务考察(包括公司历史、经营范围、收入构成、竞争对手、市场份额、经营策略、研发策略、产品销售和关联交易);(3)技术揭示(包括主要技术指标、技术先进性、核心技术来源及是否拥有核心技术所有权、非专有技术情况、产品生产技术所处阶段、技术创新机制、技术贮备及企业文化建设以及是否有知识产权、非专利技术纠纷或潜在纠纷);(4)生产设施(包括:设施与用地;设施布局与环境状况;重要设备新旧程度,维修维护情况,建造成本及可变现净值说明;设施所有权,拥有还是租赁;设施维修保养与折旧政策);(5)生产过程(包括生产原料及辅助材料、生产流程、生产工艺及技术);(6)质量保证;(7)环保问题;(8)历史财务分析(包括损益表、现金流量表、资产负债表、合并财务报表及主要合同摘要);(9)财务计划(包括业务计划、融资计划、资金使用计划、损益预测、现金流量表预测、资产负债表预测);(10)公司组织与管理(包括组织结构、管理团队、员工构成、报酬结构、制度建设);(11)风险因素分析(包括经营风险、行业风险、市场风险、政策风险、股市风险、国际竞争风险);(12)其他相关情况调查(专利/许可证/商标;所需项目的批准情况;税务审计情况,重大优惠政策;最新股东名单及股数;期权持有人名单及股权控制方案;公司章程;公司营业执照及其他注册登记文件;银行贷款协议:股权控制变动条款;过去的收购与公司分拆情况摘要;未了结合同关系;非现金入股情况以及重大诉讼案件)。

4.投资风险的关注。风险投资中至少要关注以下风险:(1)人的风险;(2)技术风险;(3)市场风险;(4)财务风险;(5)商业模式风险;(6)股权结构风险;(7)公司治理风险;(8)投资协议风险;(9)信息披露风险;(10)决策风险。

5.投资协议的内容。风险投资中的协议主要包括以下部分:(1)被投资企业的信息披露义务;(2)董事会组成和调整及相应条件;(3)投资数量和投入时机;(4)投资期限、股权转让和投资退出;(5)下一轮融资时,风险投资的权利保证,如优先购买、反稀释等;(6)创新成果与知识产权权属及保护;(7)在被投资企业达不到经营目标时,风险投资家的特殊权利;(8)管理层雇佣和解雇协议:明确任职期间权利和义务。

(四)风险投资管理业务

1.投资项目管理。由于风险投资周期较长,在投入资金之后,后续的投资项目管理也是非常关键的。投资项目管理的内容主要包括:(1)参与董事会,制定企业战略;(2)提供资金及后续融资服务;(3)企业管理咨询服务;(4)协助企业内部管理;(5)社会关系资源支持;(6)主导企业资本运作。

2.投资项目管理的手段。风险投资中投资项目管理的手段主要包括:(1)通过董事会或监事会实现管理;(2)派出专职人员进入被投资企业;(3)输出财务管理(包括直接管理、联签管理、代理记账、外部审计、内部审计);(4)提供增值服务(包括经营服务支持、新技术手段支持、道义支持、公关形象设计、法律援助)。

二、私募股权基金

私募股权基金指以非公开方式向少数机构投资者或个人募集资金,主要向非上市企业进行权益性投资,并通过被投资企业上市、并购或管理层收购等方式退出而获利的一类投资基金。与公开募集的基金相比,私募基金的发行对象并不是社会公众,而是银行、保险公司、养老保险基金等大型机构以及富有的个人投资者,投资起点较高,基金的持有人一般不超过200人。按照投资类型,私募股权基金可以分为创业投资、成长型投资、并购型投资以及投资于上市公司股份的私募基金等。

(一)私募股权基金的特征

第一,私募股权基金的募集对象为特定机构和富有的个人,包括银行、养老基金、保险公司、大型集团公司等。募集对象具有较强的抗风险能力和自我保护能力,因此政府并不需要严加监管。

第二,私募股权基金主要通过非公开的方式募集,不通过广告或公共市场方式,而是由基金发起人与投资者通过私人关系、协商、召开专门基金路演会等方式进行。

第三,在投资方式上,私募股权基金主要采取权益投资方式,投资对象多为未上市、高成长的公司股权,也包括部分上市公司。投资的获利渠道主要有企业上市、转让给第三方企业以及转让给企业管理层。

第四,在投资期限上,一般为5—10年,甚至更长,属于中长期投资;并且大多数情况下投资期内不能中途退出,所以流动性较差。

(二)私募股权基金的组织形式

目前,私募股权基金的主要形式包括公司制、契约制和有限合伙制。其中,有限合伙制是其最主要的组织形式,大约80%的私募股权基金均采用有限合伙的组织形式。

私募股权基金发展的早期以公司制的形式为主,第一个私募股权基金是1946年成立的“美国研究与发展公司”(ARD公司),其就属于公司制的私募股权基金。公司制私募股权基金受《公司法》的约束,并需要建立公司制的治理结构和组织机构。

信托制的私募股权基金,是指信托公司将信托计划项下资金投资于未上市企业股权以及其他股权的信托业务。这实际上是通过信托模式募集资金,然后对符合投资要求的企业进行股权投资并提供经营管理服务,通过上市退出、资产重组或转让获取投资收益的集合投资制度。

有限合伙制私募股权基金,是指按照有限合伙制的形式,由一般合伙人和有限合伙人组成,一般合伙人负责基金的募集、投资等重大事项的管理和决策,有限合伙人按照合伙协议按期、足额缴纳认缴出资。与公司制相比,有限合伙制可以避免双收征税,即各合伙人只需按照各自的所得缴纳所得税,而不必缴纳企业所得税。这种税收优势使得有限合伙制成为私募股权基金所选择的最主要的组织形式。

以美国的私募股权基金为例,基金的发起人通常为基金管理公司,并由其自己或指定其他人作为基金的一般合伙人,一般合伙人负责寻找投资机会并作出投资决定,每年要提取全部基金的2%作为管理费;同时,如果投资收益超过了约定的收益率,超额部分还提取20%作为回报。一般合伙人的投资能力是决定私募股权基金投资效益的最重要因素。通常,一般合伙人的声望越高,其能够私募的基金量也就越大。一般合伙人在私募基金中出资比例通常较少，大部分的资金来源于有限合伙人，有限合伙人包括养老基金、金融机构、富有的个人投资者等。这种有限合伙形式的私募股权基金，寿命一般在十年左右。

(三)私募股权基金与风险投资的关系

风险投资又称创业投资，是指由投资者出资投入到具有专门技术、发展迅速、具有巨大竞争潜力的创业企业中的一种权益资本。从运作方式来看，风险投资通常由专业化的投资中介向特别具有潜能的、只是缺少资金的高新技术企业投入风险资本。风险投资通常以股权投资为主，但投资目的并不是为了获得企业的控制权，而是通过投资和提供增值服务帮助企业缓解资金瓶颈，规范企业的运行，以促进企业快速成长，最后通过公开上市、兼并收购或其他方式退出，通过获取股权的增值实现投资回报。

对于创业期的企业来说，筹资困难往往是限制其快速发展的重要"瓶颈"。因此，引入风险投资对其解决资金瓶颈问题往往至关重要。风险投资对于成长阶段的企业能够起到催化剂的作用，在促进企业快速发展中实现互利双赢，除了能满足企业发展所需的资金以外，还可以帮助企业改善治理结构，为企业进一步发展壮大打下制度基础。

从运作方式上，风险投资可以认为是私募股权基金的一种，两者都主要投资于非上市公司，但是，风险投资主要投资于公司发展的早期，从种子阶段到上市前不等；而私募股权基金主要投资于有稳定现金流、商业模式比较成熟且已经得到市场认可的公司。事实上，很多传统的风险投资机构也在介入私募股权投资业务，而私募股权基金业也参与风险投资项目。因此，在实际业务中两者之间的区别已经越来越模糊。

从投资对象的选择上，私募股权投资与风险投资类似，主要考虑以下方面。

1.管理团队。管理团队的管理能力和素质是投资项目判断时最重要的因素之一，那些真正懂得消费者需求的管理团队，有敏锐的商业意识、品牌保护意识、独特经营方向、拥有互补能力的成员，通常会得到投资方的认可。同时，管理团队应该具有忠诚正直、活力充沛、领导素质与创新能力。

2.行业前景。公司所处的行业前景广阔，具有较高的行业天花板，且受经济环境与周期波动影响小，企业能够在行业中拥有较大的成长空间。

3.市场前景。产品市场前景广阔，随着产业优化升级，市场容量将随之增加，并在市场竞争中有明确的核心竞争能力。

4.商业模式。企业拥有创新的商业模式，商业模式能够支撑企业的竞争能力。

5.技术。企业是否拥有自主知识产权、技术的先进性与不可替代性。

6.行业中的地位和未来成长性。良好的行业地位是公司竞争力的体现，风险投资不同于"天使投资人"，其投资对象倾向于已经度过初创期而进入成长期的企业，良好的行业地位与成长潜力对私募股权投资具有巨大的吸引力。

除此以外，企业文化、规范性和法律障碍、发展战略等因素也是私募股权投资所关注的方面。

(四)私募股权投资的股权定价

在引入私募股权投资的决策中，一个关键问题是：如何对引入的股权投资进行定价？在第三章中，我们介绍了一系列的企业估价方法，典型的方法是通过预测未来的现金流量或股利，采用相应的折现率进行折现。但是，对于处于成长阶段的非上市公司来说，企业的定价更加困难，因为投资企业往往处于创业期或成长期，历史较短，企业未来的市场规模还无法充分估计，因此估计企业未来的利润和现金流量更多地依赖主观判断；投资对象往往处于新兴行业，或具有创新的商业模式，很难找到类似的可比公司，因此其折现率也难以确定。

尽管如此，创业企业的估值必须经过合理的估值程序，通常私募股权投资对创业企业的估值采用以下程序。

首先，假定公司在未来实现了其战略目标（如成功上市），并进入稳定赢利期时，预测其能够达到的赢利水平。

其次，计算公司在未来这一时点的公司价值，可以采用现值、市场与账面价值比、市盈率等方法。

再次，采用风险调整后的折现率，对未来时点的公司价值进行折现，计算公司的当前价值。风险调整的折现率取决于风险投资对公司成功的可能性、成功的时间长度的判断。按照美国投资公司的惯例，对于处于初创期的企业，年折现率一般为50%—70%，而对已经粗具规模，进入成长期的企业，年折现率一般为30%—40%。

最后，根据公司的当前价值计算风险投资的参股比例与每股价格。

例如，某公司为进一步地快速发展，需要补充250万元的权益资金，现公司的股东与私募股权投资人商议融资事宜。假设公司运营顺利，5年后每年净利润可以达到1400万元，可以达到上市目标，预计公司上市后的市盈率可以达到9。这样，预计公司在上市后的价值将达到12600万元(1400万元×9)，假定私募股权投资者在考虑公司的风险水平之后，对该公司要求的年收益率为50%。那么，可以计算公司目前的价值为1660万元×[12600万元/(1+50%)×5]。为达到融资额250万元的目标，风险投资人应该得到公司15.1%×(250万元/1660万元×100%)的股权。

在私募股权融资的实务中，估价与出让股份的数量问题要比上述例子更加复杂。由于双方存在的信息不对称以及投资后的委托一代理问题，企业的股东与股权投资人之间对上述估价方法中的参数估计可能并不相同，如双方对融资总额、未来成功的时间、未来的赢利水平以及使用的折现率都可能有不同观点。这需要在私募股权投资引入的过程中进行积极有效的沟通，并充分考虑相应的激励与约束机制（如“对赌协议”）来降低信息不对称带来的影响。

（五）对赌协议

在私募股权投资过程中，“对赌协议”是投资协议中的核心部分。对赌协议 valuation adjustment mechanism (VAM)直译过来就是“估值调整协议”，是指投资方与融资方在达成协议时，双方对于未来不确定情况的一种约定：共同设定一个暂时的中间目标，如果约定的条件出现，投资方可以行使一种权利；如果约定的另一个条件出现，融资方则行使另一种权利。这便是“对赌”的过程，这是一种常见的解决未来不确定性和信息不对称等问题的办法。在财务理论上“对赌协议”实际上就是期权的一种形式。下面两个关于“对赌协议”的案例，有助于理解私募股权投资如何运用这一工具。

【例7-4】1996年上海永乐家用电器有限公司（以下简称“永乐”）成立。2005年1月摩根斯坦利和鼎晖斥资5000万美元以每股约0.92港元收购永乐家电20%的股权，并与其约定在永乐上市时，摩根等能以每股约1.38港元的价格再行使约1765万美元的认股权。也是在上市前，摩根等机构投资者同样与永乐管理层签署了一份“对赌协议”：如果永乐2007年（可延至2008年或2009年）的净利润高于7.5亿元人民币，机构投资者将向永乐管理层转让4697.38万股永乐股份;如果净利润等于或低于6.75亿元,永乐管理层将向机构投资者转让4697.38万股;如果净利润不高于6亿元,管理层转让的股份最多将达到9394.76万股,这相当于永乐上市后已发行股本总数的约4.1%。而且"对赌协议"中约定的净利润计算不包括上海永乐房地产投资及非核心业务的任何利润,也不计任何额外或非经常收益。

2005年9月,永乐成功在中国香港地区上市,从此在"对赌协议"的驱动下为谋求更多的"营业利润",永乐又开始了新的扩张战略步伐,以每个月"吞并"一家当地企业的速度"攻城略地",鲸吞广州东泽、河南通利、四川成百家电、厦门思文、台湾灿坤等多个同行。遗憾的是,"增收不增利",规模的扩张并没有带来利润的同步增长。年报显示,2005年在销售收入增长近40亿元的基础上,净利润为2.89亿元;而到2006年上半年,永乐赚取的净利润仅有0.155亿元,只相当于上年同期数据的1/10。

2006年6月底,永乐不得不公开承认:"当初与大摩签订协议时预测过于乐观。"2006年7月,国美电器以52.68亿港元代价收购上市仅仅9个月的永乐电器,永乐电器也将退市,和摩根签订的"对赌协议"也因此次并购而化解了。看来,上市和"对赌协议",让永乐在资本市场上走上了一条"不归之路"。

从"对赌协议"的实际运作来看,具有以下显著特征。

第一,"对赌"中赌的大多是"业绩","筹码"往往是"股权"。"对赌协议"的成立有赖于几个条件,一是企业整体价值虽然是由有形资产、品牌、技术、管理等多要素构成,但是企业的股权最能反映企业的整体价值,而且股权价值基本上依赖于企业未来的业绩;二是外部机构投资者对公司未来业绩难以准确预知与把控,它们就把未来业绩作为对赌的标的,以锁定投资风险。

第二,"对赌协议"都签订在未上市之前,上市后还能增持公司股票。对于机构投资者来说,"对赌协议"只是其整体"赌局"的一环,在此之前它们先要寻找合适的投资对象,并帮助目标企业完成股权重组,然后通过包括"对赌协议"在内的一系列措施刺激企业业绩火速提升,最后还要完成以上市为目标的一系列资本市场运作。通过一系列、连续的资本运作,提升被投资企业重估的价值,快速实现自身的投资获利。

第三,"对赌协议"的一方既是公司的管理层,也是公司大股东之一。对赌的投资方大都是有着外资背景的私募股权投资基金;而协议的另一方则是同时具备大股东和经营者双重角色、是被投资企业的实际控制人,也只有这样的"内部控制人"才有赌的资格(身份)和筹码(业绩)。

第四,机构投资者仅为财务投资,不介入企业的公司治理,也不参与企业的经营管理。在这些对赌案例中,机构投资者没有要求参加被投资企业的董事会,不参与日常的管理活动,或者说它们拥有公司高比例的股权,但是没有公司的"话语权"。它们的活动与表现主要在资本运作和资本市场上。它们基本上是通过"对赌协议"和在资本市场上"用脚投票"来保障和实现自己的权益。这是一种典型的"结果导向"的公司治理安排。对于机构投资者来说,也是一种极低管理成本的治理方式,以高超的资本运作能力作支撑,并在协议中考虑到各种结果并附以限制条件,把自身的风险降到最低。对它们来说,如对赌输了,但由于企业业绩提高,它们可以通过业绩提升对股价的拉动获得成倍的股票溢价。比如,在蒙牛的案例看似机构投资者"赌输了",其实它们在资本市场获得的"资本利得"大大超过管理层获得的包括赢得赌局在内的各类收益总水平。如果对赌赢了,如在永乐的案例中,机构投资者不仅可以获得"赌资"股票，还可以在证券市场获得股票价差收益。所以"对赌协议"无论何种结局，机构投资者都没有"输得很惨"的风险，都能大大降低其代理成本，控制投资风险，保证其在基本收益的前提下刺激管理层股东快速提升公司业绩。这一结局是管理层股东无法比拟的，但是能够预估到的。

综合上述分析，"对赌协议"实际上是一种投资者在一定程度上锁定投资风险、确保投资收益的工具，也是投资者对经营者、投资者与投资者之间的一种激励与约束制度安排。在决策时需要慎重考虑、理性决策。在签订与接受"对赌协议"前，应将其与自身产业的长期赢利状况以及其身在产业当中的地位结合起来考虑，不但要准确地获取相关的行业数据、市场数据、竞争对手的数据，更要将战略中的生产、销售、毛利率、市场开发、产品研发等细化到具体数值，并应考虑到可能出现的风险并做好预案，加以规避。总之，必须以稳健的目标和细致的规划设计"业绩"赌局，应对充满风险挑战的"对赌协议"。

第五节　资产重组

从产权经济学的角度看，资产重组的实质在于对企业规模和边界进行调整。资产重组按照重组对象的不同可以分为对企业资产的重组、对企业负债的重组、对企业股权的重组。对企业资产的重组，包括收购资产、出售资产、资产置换、资产分拆、租赁或受赠资产等形式；对企业债务的重组，包括对银行债务的重组和其他债权人的重组。对企业股权的重组通常与资产重组或负债重组同时进行，如通过发行股份置换资产或债转股方式实施的重组。

按照《上市公司重大资产重组管理办法》的规定，重大资产重组是指上市公司及其控股或者控制的公司在日常经营活动之外购买、出售资产或者通过其他方式进行资产交易达到规定的比例，导致上市公司的主营业务、资产、收入发生重大变化的资产交易行为。通常，购买、出售的资产总额（或该资产最近一个会计年度所产生的营业收入）占上市公司最近一个会计年度经审计的合并财务会计报告期末资产总额（或营业收入）的比例达到50%以上的，或者购买、出售的资产净额占上市公司最近一个会计年度经审计的合并财务会计报告期末净资产额的比例达到50%以上，且超过5 000万元人民币的，构成重大资产重组。

资产重组的表现形式多样，其本质在于，通过资产交易实现公司原有商业模式的改变。从这个角度看，并购行为构成了资产重组的表现形式之一。尤其是在我国的上市公司中，并购与资产重组往往相伴而生，并购本身并不是目的，其最终目的是为了通过重组实现改善公司原有商业模式、实现协同效应，进而提升公司价值的目的。

一、向特定对象发行股份购买资产

向特定对象发行股份购买资产是我国上市公司中最常见的资产重组形式，是指通过非公开发行向特定对象（通常为公司的控股股东）发行股份，购买相应的非现金资产，包括发行对象持有的其他公司的股权。例如，2009年6月，华联股份（000882）向其第二大股东北京华联集团投资控股有限公司（简称"华联集团"）定向发行244650501股。华联集团以其持有的5家商业物业公司各100%的股权，即北京公司100%股权、江苏公司100%股权、无锡公司100%股权、合肥信联公司100%股权和合肥达兴源公司100%股权认购。发行完成后，华联集团由原来的第二大股东成为华联股份新的大股东和实际控制人。在该例中，华联股份以定向增发的形式发行股份收购其他公司的股权，以达到大股东优质资产注入的目的。

此外，购买资产也可以是发行对象的债权或其他非现金资产。例如，2008 年 4 月，中粮屯河(600737)为解决公司欠中粮集团巨额债务问题，实现公司资本结构优化，提高公司的赢利能力，发行 20000 万股股份购买中粮集团直接持有的中粮屯河 122800 万元的债权。通过此项交易，中粮屯河实现了债务结构的重组。

向特定对象发行股份购买资产，这种重组方式的主要特点是：第一，交易结构简单，重组过程仅涉及发行公司与发行对象双方。第二，交易需要由中国证监会并购重组委审核，交易时间从董事会提出预案到交易完成，通常需要 9—12 个月的时间。第三，非公开发行股份会增加公司的股本，并引起公司股权结构的变化。如果向非控股股东定向增发，可能导致公司控制权的转移。如上述华联股份对华联集团的定向增发，华联集团在定向增发后成为公司大股东和实际控制人，实现了控制权的转移。第四，在优质资产的注入的同时，节省公司的收购资金，有利于收购完成后的进一步整合。

对于非公开发行股份购买资产的财务决策，需主要关注以下问题。

(一)发行股份的定价

根据《上市公司重大资产重组管理办法》的规定，非公开发行股份购买资产，上市公司发行股份的价格不得低于本次发行股份购买资产的董事会决议公告日前 20 个交易日公司股票交易均价。相对于一般的非公开发行而言，发行股份购买资产的发行定价下限更高(一般的非公开发行股份的定价下限为定价基准日前 20 个交易日公司股票均价的 90%)，这有利于保护社会公众股东的利益。但是，在确定发行价格时，还要充分考虑定价窗口内股票价格的合理性，即股票价格是否体现公司现有资产的公允价值。由于公司财务报表上的各项资产是按照历史成本与公允价值中低者计量，资产的升值并不能体现在资产负债表上。因此，在非有效的资本市场上，股票价格可能会低估公司净资产的市场价值。为此，发行股份的定价应充分考虑公司资产的升值情况以确定合理的发行价格，避免发行价格低估。

(二)购入非现金资产的定价合理性

如果购入的非现金资产定价过高，会损害公司其他股东的利益，造成大股东对其他股东的利益侵占。尤其是在实务操作中，购入的非现金资产往往属于非上市公司，发行人与社会公众股东对该资产信息掌握有限，其评估定价及赢利预期的信息主要由其持有者一大股东提供。因此，发行人与股东要充分考虑置入的非现金资产的定价合理性，防止资产价值的高估。

(三)购入资产的持续赢利能力

购入资产将对公司未来的资产结构与经营战略产生重要影响，该资产赢利能力的持续性将直接决定公司未来的成功与否。在分析这类重组交易中，应充分分析该项资产未来的市场空间和赢利能力。如果该资产导致公司主营业务发生变更，则还要考虑公司的管理能力是否能够与之协调，以及公司业务转变过程中可能面临的来自原企业管理人员、员工以及债权人的阻碍。

二、资产置换

资产置换是指上市公司将其全部或部分资产与特定对象进行资产交易的一种资产重组

形式。上市公司置出部分或全部资产，同时置入交易对象部分或全部资产。一般情况下，资产置换主要发生在上市公司与其控股股东之间。即上市公司通过资产置换，置出不良资产，同时置入优质资产，实现公司资产结构的优化重组。与向特定对象发行股份购买资产不同，资产置换不会影响公司的股权结构。

资产置换按照置换资产的规模可分为整体资产置换和部分资产置换。整体资产置换往往与公司并购同时进行，是指收购方在收购的同时或收购完成后，将其部分资产与上市公司全部资产进行整体置换，并由上市公司原有大股东承担置换出上市公司全部资产的收购模式。通过整体置换，上市公司除了保留"壳"资源外，所有资产全部更换。部分资产置换是指上市公司拿出一部分资产与其他企业的部分资产进行置换。通过部分资产置换，公司可以调整业务结构，提高资产质量。例如，2009 年 4 月，江西赣能股份有限公司（简称"赣能股份"，证券代码：000899）将赢利能力不佳、面临关停的电力资产——萍乡电厂置换出上市公司，将控股股东江投集团拥有的优质电力资产——丰城二期的 50％股权置换入上市公司，对于上述置出、置入资产交易价格之间的差额，赣能股份以现金补足。该笔置换在保持赣能股份股本结构及主营业务均不发生改变的情况下，根本改善了公司的主营业务资产质量，并迅速提高了公司的赢利能力。

第八章 企业集团财务管理

案例引导:GE 对下属公司的控制手段和模式[①]

GE 遍布 100 多个国家,投资业务包括高新材料、消费及工业、设备服务、金融保险、能源、基础设施、交通运输、医疗等"无关多元化"产业,年度收入 1000 多亿美元。GE 自 1979 年重返中国,迄今在华投资设立 40 个经营实体,投资规模高达 15 亿美元。2003 年,GE 在华实现销售收入超过 26 亿美元。

随着子公司数量和规模的膨胀,GE 对母公司和各子公司的现金流进行统一管理的需求也越发迫切。另一方面,GE 的现金池模式在国外已经驾轻就熟,拿到中国来也就顺理成章。在 GE 现金池投入使用之前,GE 的 40 家子公司在外汇资金的使用上都是单兵作战,有些公司在银行存款,有些则向银行贷款,从而影响资金的使用效率。而现金池将能实现集团内部子公司间资金的充分共享。现金池设在 GE 在中国的母公司账户上,每天下午 4 点钟,系统自动对每个子公司资本金账户和经常账户进行扫描,将结余外汇归并到池子里。各子公司之间内部计价,向池子存钱的有利息收益,从池子取钱的有贷款利息的支出。

除了现金池之外,GE 公司对下属公司的控制手段还包括:

第一,每天下午 5 点全球收入回到集团总部统一的银行账户上,通常达 10 亿美元,利用北美与欧洲的时差进行"隔夜"资金运作,由于系统的支持,资金运作是按小时、甚至按分钟计算。

第二,"用数字说话"的业绩文化:借助于商业智能系统,GE 所有 SBU 于每年的 7—9 月进入预算的第一阶段,进行三年目标、战略规划;于 8—11 月进入预算的第二阶段,制订更加精确的下一年财务预算。系统中标准模式与流程、历年经营数据以及智能分析手段使得总部对于不同业务的战略、预算管理得心应手。

第三,GE 的"管理执行系统",能够确保所有战略举措一经提出,一个月内就能完全进入操作状态,并于第一年取得财务成效。

第四,总部审计人员有权找公司任何人在规定时间、地点交代问题。

而从国内目前的集团公司情况来看,国内的集团子公司主要的问题在于级次过多、链条太长,资产归属模糊、管理失控、经营效率低下。中国集团子公司的层级结构表现为"二级为主、三级为辅、多级并层",即所出资企业的主营业务和主要资产集中在子公司(二级企业)、孙公司(三级企业)数量最多,部分企业还有更多层级的企业结构,例如中建总公司拥有子公司 43 家、三级法人企业 403 家,四级法人企业 291 家、五级法人企业 125 家。2002 年 196 家

① 本案例引自 21 世纪经济报道,2005—09—01。

中央企业所属三级以上企业就有 11598 户,其中中小企业占 78%。

按照国资委研究中心宏观研究部部长程伟的说法,最多的时候从母公司到最下面的公司,层级达到 17 级。而因为层级太多,有时候同一集团下子公司起诉对方到法庭才发现原来是同一个集团下面的,一位国资委的人士在一次会议上笑称。①

企业集团的财务管理与一般的会计主体的财务管理有很多不同之处。通常的财务核算总是以会计主体假设为基础,而企业集团已经不是一个单纯的会计主体。企业集团的财务管理有其自身的特点,本章将主要介绍企业集团财务管理的相关问题。

第一节　企业集团财务管理的特点

一、企业集团的概念

"企业集团"源于第二次世界大战之后的日本,指的是以资本为主要纽带,通过持股、控股等方式紧密联系、协调行动的企业群体。

钱德勒(1987)认为,企业集团是企业发展的高级形式,呈现出两个主要特点:包含了许多不同的营业单位,内部管理是由各层级支薪的行政人员进行。

在我国,尽管企业集团的概念已经引进十多年了,却一直没有一个明确统一的定义。关于企业集团的定义有许多争议,有的学者认为企业集团专指日本式的以金融机构参加核心层同时核心层相互持股为特征的企业组织形式,有的学者则认为企业集团是指具有相对稳定核心层的经营联合体,从而引出了集团公司、集团企业等不同的概念。按照我国《公司法》规定,公司是依照公司法在中国境内设立的有限责任公司和股份有限公司,有限责任公司和股份有限公司是法人。而企业集团是指具有民事权利能力和民事行为能力,依法独立享有民事权利和承担民事义务的组织。因此,集团公司、集团企业等概念容易与《公司法》中公司的概念相混淆,所以企业集团这一概念比集团公司更明确。

二、企业集团财务管理的特征

企业集团是由众多具有法人资格的企业以资本相互渗透而形成的多层次、多法人的企业联合体。在其组织结构中,既有位于顶端的集团公司,又有以资本为联结纽带,以产权关系形成的全资、控股、参股等形式的子公司。从财务角度讲,企业集团有以下特征。

(一)产权关系复杂化

企业集团不同于一般直接从事商品生产的企业,也不是简单的产品协作关系或企业间的合作关系,而主要采取控股形式,以产权关系为纽带。而且不同类型的集团公司可以采取不同的持股方式,既有垂直持股方式,也有环状的相互持股(或交换股份)方式,还有环状持股与垂直式持股混合的方式。由此,致使集团公司内部的产权关系十分复杂。

(二)财务主体多元化

企业集团的一个重要特点是母公司与被控股的子公司之间在法律上彼此法人资格独

① 21 世纪经济报道—2008 年 11 月 24 日。

立,并以资本的结合为基础而产生控制与被控制机制。企业集团中的各子公司作为独立法人,都是利润管理中心或投资管理中心,是较为彻底的分权化单位,具有独立的经营管理机构,并独自负有利润责任,拥有独立筹资能力,形成“公司内的公司”。所以,企业集团本身就意味着是多个财务管理主体,合并会计报表成为必然。

(三)财务决策多层次化

在企业集团中,母公司作为核心企业,与其下属各级子公司分别处于不同的管理层次,各自的财务决策权力、内容大小也各不相同,导致集团公司内部财务决策的多层次化。由此,企业集团在牢牢确立母公司主导地位的基础上,必须充分考虑不同产业、不同地区、不同管理层次的企业的不同情况,合理处理集权与分权的关系,从而最大限度地减少内部矛盾,真正调动集团各层次成员企业的积极性和创造性,保证集团发展规划和经营战略的顺利实施。

(四)投资领域多元化

企业集团凭借其财力雄厚的主观条件,普遍采用多元化投资经营战略,注重产品的系列化和产业的多元化,通过进入市场经济的多种领域,在增强其竞争发展能力的同时,提高抵御不同市场风险的能力,从而可以加速整个集团的资本扩张与资产增值速度。

(五)母公司职能两分化

在企业集团以产权关系为纽带的前提下,母公司作为整个集团发展目标的制定与实施的组织者、指挥者,其职能不再仅局限于其自身简单的商品经营,它更为重要的职能在于通过控股等多种方式,以股权关系为基础从事企业的资本经营和管理,推动其下属各子公司的商品经营,使整个企业集团能够作为一个有机整体有效地协调运营并迅速扩张,实现利益最大化目标。

(六)关联交易经常化

关联交易是指在关联方之间发生的转移资源和义务的事项。通常,企业集团内部母子公司之间、被同一母公司控制的子公司、合营企业、联营企业之间等都会或多或少地出现关联交易。倘若这些关联交易能够以市价作为交易的定价原则,则不会对交易双方产生异常的影响。但事实上,有些公司的关联交易采取的是协议定价原则,交易价格的高低在一定程度上取决于集团公司的需要,使利润得以在各公司之间转移。也就是说,对关联交易的利用已经成为集团公司实现其发展战略与经营策略的必备手段。

三、企业集团财务管理应遵循的原则

(一)以集团战略为导向

企业集团之所以产生,关键在于企业集团能发挥其资源聚合优势并发挥集团效益。如何使企业集团的资源能真正地聚合在一起并发挥效益,母公司必须置战略管理于管理之首位。也就是说,财务管理必须以服务集团经营战略为宗旨来制定自身的财务战略,聚合各种财务资源并充分利用规模优势。因此,其财务管理不同于作为单一企业的财务管理,例如,体现筹资上并不只是考虑现有筹资渠道有哪些及如何利用这些渠道进行筹资,而是首先提出企业集团的资本结构如何合理安排,在这一安排下如何创造或打通筹资渠道,顺利筹资。这些做法及想法,都具有战略意图,都服务于企业集团整体经营战略。

(二)以管理架构为依托

首先需要明确产权关系与管理关系的区别。一般的理解是产权关系指公司根据所处外部环境中的法律、法规,设置不同层次、不同功能的法律实体及其相关的法人治理机构,从而使得公司获得基本运行的法律许可,并拥有特定权利和义务,以保障公司股东及利益相关方的基本权益。比如,一家控股公司下设有多家子公司,以及一定数量的分公司,那么这一整体即构成了公司的产权架构。而管理架构则是指公司根据业务功能发展的需要,分别设置不同层次的管理人员及其由各管理人员组成的管理团体,针对各项业务功能行使决策、计划、执行、控制、评价的权力,依据所分配的资源创造公司追求的价值。比如,许多企业按照业务类型划分为计划、生产、销售等,这就构成了公司的管理架构。从二者的关系上来看,管理架构是实质,法律架构是形式,实质决定形式。公司经营环境与自身实力的变化,对战略定位与管理体制提出了全新的要求。同样,管理架构必须根据战略的需要进行一定的变化;与此相应,公司管理者应该准确地判断管理架构变化的趋向,并在现有的法律、法规体系之下,考虑公司法律架构的相应调整,确保法律形式上的更新能够满足管理的需求。

母公司对其子公司进行的管理,从管理依据上属于产权属性在管理权上的延伸。从产权关系上,母公司对子公司进行投资。尽管子公司作为独立承担民事责任能力的法人实体,具备完整的法人治理结构,独立核算,自负盈亏,它们之间不是行政上的依附关系,而仅仅是所有者与经营者、投资者与受投者之间的关系。然而,就母子公司的产权关系而言,母公司对子公司进行投资,其股东权益集中表现为母公司能够也必须对子公司行使"控制权"。可以说,这种权力必须在法律上和管理上同时得到保障。这种控制权必须落实在财务战略决策、资源配置、人员委派、过程监控、信息沟通、业绩评价和内部审计等问题上,这是法律赋予股东(集团母公司)的权力。保护股东权力是《公司法》和公司治理结构的要义。母公司对子公司的管理与控制是母公司的权力,这与"谁投资、谁拥有企业、谁控制企业"的资本逻辑是一致的,所以集团对子公司的多层监管制度安排不能说有悖法律意志而列入"非法"行为。退一步说,没有任何一家集团母公司会是出于保护被控股子公司"独立性"目的而进行投资控股。所以,集团母公司对子公司的控制仅仅是控制力度问题,而不是应不应该管理与控制的问题。

母公司对子公司的管理与控制力度,主要与母公司与子公司间的资本关系是否密切有关。按照这一逻辑,全资子公司和控股子公司是母公司进行权益管理的重点,因此管理的力度相对比参股公司或集团协作企业要大。

(三)以财务政策与制度建设为保障

财务管理只有上升到制度管理层面,才能使管理过程有条不紊、处乱不惊。与制度化管理相对应的是人治。如果说作为单一企业组织能够做到人治的话(这其实并非管理的最佳方式),那么当企业集团组织规模不断壮大时,管理跨度也越来越大,信息不对称性的弊端也越来越明显。在这样一种不断进行组织再造与重整的环境中,人治的作用越来越受到限制,其弊端也越来越明显。因此,企业集团内部财务政策与财务制度的建立就成为母公司财务管理是否能真正成功的关键。

四、企业集团财务管理需解决的重点问题

(一)经营战略上专业化与多元化的协调

企业经营的多元化与专业化取向历来都是管理层需要首先确定的重要问题,不同取向下的企业财务管理内容与方式都将大不一样。显然,作为企业经营管理的重要部分,集团公司的财务战略必须统一于其既定的经营战略。一般地,在集团公司组建和发展初期,专业化经营可能是最为有效、风险最低的经营策略。因为专业化经营集中了核心企业的生产或经营优势,并将其充分发挥,优势集中,有利于树立集团公司的市场地位。当集团公司的专业化战略已经取得成功,集团具有较大的市场优势,并且其特定产业或产品已步入成熟期时,再考虑多元化发展战略。由于多元化经营必将使企业面临更大的市场风险和管理风险,即便是企业规模、实力具有相对优势的集团公司也应慎重行事。从国际知名集团公司的发展轨迹看,多元化经营的公司在创业初期也一定是专业化的,大多是在专业化经营的基础上开发关联产品走主导产品多样化的道路,并以其品牌为纽带开发系列产品。事实上,集团公司选择专业化还是多元化会受到其所属行业、管理能力、规模实力、发展目标等一系列因素的综合影响。所以,集团公司的投资战略与发展战略应考虑在专业化的基础上,以主导产业或核心业务为基础,以核心企业的发展为依托,衍生或拓展到其他产业或领域。只有这样,才能保持集团公司的稳步经营和长治久安。

(二)财务决策中集权与分权的权衡

企业集团控制体制按管理权限的集中程度不同,主要可分为两种:集权型与分权型,二者的差异实际上就是管理权限的归属,以及权力的上收或下放以及下放的程度问题。实际上,集权与分权历来是企业集团管理所面临的最大难题。之所以这样说,是因为权限问题不仅涉及企业集团的管理体制,而且涉及企业集团对成员企业的管理战略与管理认同,显然也与集团总部及其成员企业自身的经济利益与经济责任密切相关。因此,集权与分权的问题,从体制上属于控制体制设置与责、权、利的明确问题,从管理战略上则属于集团总部对成员企业积极性的判断与专业分工和团体协作机制的塑造。

从集权与分权以及各自不同的实现形式中可以看出,两种模式各有特点,也各有利弊。集权型模式的特点在于管理层次简单,管理跨度大,而且由集团最高管理层统一决策,有利于规范各成员企业以及各个层级组织的行动,最大限度地发挥企业集团各项资源的复合优势,促使集团整体政策目标的贯彻与实现;但集权型模式的缺点也非常明显:集团管理总部要想对集团的各个方面作出卓有成效的决策并实施全方位的管理,首先要求最高决策管理层必须具有极高的素质与能力,同时必须能够高效率地汇集各方面详尽的信息资料,否则便可能导致盲目臆断,以致出现重大的决策错误。同时,集权型模式也不利于各成员企业以及各管理阶层积极性的增强,缺乏对市场环境的应变力和灵活性。分权型模式则相反:管理层次多,管理跨度小,协调难度大,集团的复合优势得不到充分的发挥,这是其最为突出的不足之处;但在提高市场信息反应的灵敏性与应变性、调动各成员企业以及各层级管理者的积极创造性等方面,分权型模式却有着独特的优势。实际上,在现代经济社会,无论是集权型抑或分权型都是相对的,都离不开管理决策权力划分的层次性。除去其他一些因素的影响外,集权型或分权型模式的选择,在很大程度上都体现着企业集团的管理政策或策略,是企业集团基于环境约束与发展战略的权变性考虑。

(三)组织协同与组织冲突的平衡

从财务效率上说,企业集团可能形成明显的协同效果。

1. 将原先由市场机制协调的单个企业间的交易,转化为企业集团内部的交易,从而相对节约交易费用。

2. 企业集团使其内部有关企业之间建立起长期、稳定的资金拆借关系、资金融通关系,提高资金使用效率,并且能形成融资规模,降低融资成本。

3. 经营规模、经营边界的扩大,使企业或产品的市场控制力、竞争力增强,提高了企业抵御风险的能力和经营效率。但是,纵观国内一系列不成功的企业集团案例,存在的一个共性的、同时也是最为致命的问题就是内部摩擦损耗、互相排斥等十分严重的组织冲突。究其原因,(1)在集团组建与结构设置上,缺乏明确的发展主线,众多在产业、资源等方面缺乏关联性或互补性的企业杂合在一起,难以在集团的旗帜下进行有效的产业和管理的整合,并实现资源运用的聚合协同效应,以至于各成员企业只得各自为政;(2)尽管成员企业间在产业或资源等方面具有相当大的关联性或互补性,但由于集团的生成完全是迫于政府行政的意志和控制乏力,各成员企业缺乏沟通与团队协作精神,以致无法从集团整体上达成统一性的决策机制与决策目标;(3)在产业或资源等方面,成员企业虽然带着自愿与协作的精神组合为集团,但由于缺乏一个具有凝聚力的核心企业,或尽管有核心企业,但缺乏一位或一批具有企业家精神的企业家或企业家队伍的卓越领导,加之决策与监督机制存在缺陷,致使各成员企业因对前景丧失信心而产生异议。

(四)决策的程序化与灵活性的取舍

企业集团总部所面临的决策大多属重大决策,为保证决策的正确性,从制度上对决策过程进行程序化处理是十分必要的,因为程序化使得不正确的决策结果能够通过不同的环节加以避免。这是决策的制度保证。没有科学且程序化的决策机制,决策行为可能是随意的或盲目的,或者是"一言堂"式的。但是,任何决策都是面对环境变动而提出的,都具有时效性,都存在时间价值与机会成本,因此决策的灵活性与时效性也就十分重要。如何解决决策程序化与灵活性的矛盾,尤其是针对集权型管理体制的管理总部,这一矛盾就更加突出。

第二节　企业集团的管理控制模式

一、企业集团的三种组织形态

美国学者威廉姆斯根据前人的实践,在钱德勒的考证基础上,把公司内部组织形态分为三类,即 U 形(单元结构)、H 形(控股结构)和 M 形(多元结构)三种基本类型。

(一)U 形结构

这是一种高度集权的组织结构,存在于业务、产品比较简单,规模较小的企业。U 形结构下,集团母公司在生产组织、财务管理方面,对子公司实行较严格的控制与被控制的关系。集权型财务体制主要是直线制结构。直线制结构的特点是从公司最高管理层到最低管理按垂直系统进行管理,各级领导人都直接行使对下属公司统一的指挥与管理职能,不设立专门的职能结构,一个下属公司只接受一个上级领导者的指令。直线制要求管理者具有全面管理所属下级的专业知识和能力。直线制结构的优点是机构简单,决策迅速,命令统一,责权明确;其缺点是缺乏合理分工和横向协调关系,领导者事务易于繁杂忙乱,一切由个人决定容易产生独断专行。另外,虽然职能制结构及直线职能结构都是对直线制结构的改进.但它们也仍属于高度集权的管理体制和组织形式。

(二)H 形结构

1.控股型企业集团。其母公司只具有纯粹出资型功能。在这种情况下,母公司即出资人作为核心企业,其实质是从事资本运作,即以较小的资本规模控制着大量的资本及资产资源。这是一种典型的分权组织结构,母公司常常是一个多元化的控股公司,其下属子公司彼此业务互不相干,产品结构属无关产品型,在经营上有较大的独立性,公司总部并无明确的总体发展方向和战略,其资源配置主要取决于子公司在财务上的表现。这种经营方式类同于投资机构的基金管理。

控股型企业集团最初发端于英国,以控股公司形式形成的企业联合体大多呈"金字塔"形,即由控股公司对下级公司进行控股,形成多个二级控股公司或主体;同时,二级控股公司或主体又对更下一级的经营实体进行控制,从而形成第三级的控制主体。这样,由于资本控制的传递性,就自动形成了第一级控股公司对底层经营实体的资本控制,从而发挥着资本控制资产的天然的控制力。人们习惯将第一级的控股公司称为母公司,而称其二级或更下级的公司为子公司,具体结构如图 8-1 所示。

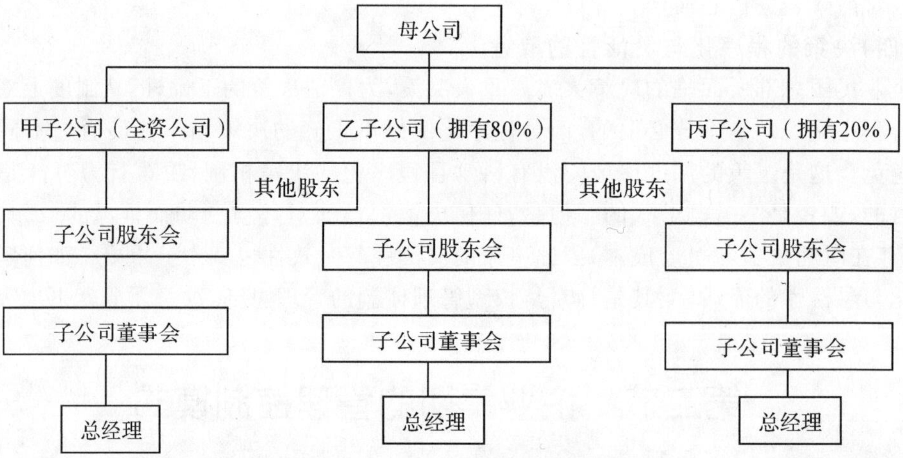

图 8-1 H 形结构——控股型企业集团

相对于母公司而言,企业集团的成员企业(子公司等)都属于一级独立的投资主体和投资中心,母公司所面临的决策包括两方面:第一,产权是"买"还是"卖"。即当控股公司纯粹作为资本经营主体时,它所面临的决策要么就是将子公司或孙公司纯粹作为资本运作对象,在其市值被低估时买进或控制它;要么在其市值被高估时卖出它,以取得资本经营利得。这是一种典型的"买"或"卖"的决策。第二,是"长期持有并经营"还是"短期炒作"。控股公司在取得对子公司的控制权后,有时并不将其当做一时或短期资本运营对象,而是致力于长期持有并持续经营。但是,鉴于控股公司的本性是资本经营而不是真正的实体资产经营或从事实业。因此,它还同样面临着一个选择,即长期持有并经营的时间该如何掌握?在未来经营过程中,控股公司能长期分享子公司的利润吗?如何比较现时出售所实现的利得净值与未来经营所分享利润的总折现值？应该说，上述两种决策都是明确的，而且从控股公司角度，它所进行的决策大都与上述相关，只不过出于战略的需要，有时对买卖决策考虑得更多，而有时又将精力偏向于实体资产经营而已。当然，更多的时候是两者的统一，即“买进一经营一卖出”。

综上所述，我们可以发现控股型集团的优势主要包括以下三方面：(1)用较小的资本控制着较大的资源，并保持对附属子公司等的控制权。(2)收益高。由于资本的“权威性”，控股公司通过资本投入控制资产资源，并同时保持着对子公司及孙公司的处置权，从而通过“买进一经营一卖出”而获利。通行的做法是，在初始阶段由控股公司通过兼并与收购来取得目标公司的控制权，然后交由职业经理去从事对目标公司的经营与重整，使其获利，并提升其市场价值，在经过一系列重整与经营之后，伺机将目标公司出售，从而获得高收益。当然，这种获利方式并不是唯一的。事实上，大多数控股公司的收益还是来自下属子(孙)公司所分得的利润，而且由于剩余控制权掌握在母公司(即控股公司)手中，其股利分配决策大多也由控股公司来定夺，从而在收益的时间序列上会对母公司收益产生重大影响。(3)风险独立。在控股型企业集团中，控股母公司与下属被控股公司以及各子公司等都是独立的法人，因此，其中某一经营实体(它为子公司或孙公司之一)的重大经营损失并不会影响其他独立的子公司，不会导致“一方有难”而“八方共担”，从而有利于控股公司及其他子公司的人格独立、稳定经营。当然，风险独立也是相对的。比如，企业集团的下属子公司或孙公司的大额负债由母公司或其他兄弟子公司作担保，则情况就大不相同了。一方面这种联保属性大大地增强了企业集团对外融资能力；另一方面一旦负债方出现财务危机并直接影响到自身的生存，则这种联保关系继而会转换成连带责任关系，从而使整个企业集团都面临着极大的财务风险。

控股型企业集团的劣势也非常明显，主要表现在以下方面：(1)税收减免上的有限性。与法人单一的大型企业相比，控股型企业集团的总部及附属公司均为独立的法人，它们各自纳税，其中，控股公司收益来自下一级附属子公司税后利润分配，按照相关法律，双重纳税情形存在，而且还很难减免。不仅如此，由于各子公司法人独立，纳税分散，一方亏损不能为另一方的利润所抵减，从而与大型企业组织内的统一纳税相比，其净纳税额更高。(2)面临被强制分拆的风险。由于资本的强大控制力，控股型企业集团一般很大，而且从生产经营角度考虑，西方的控股型企业集团一般都是某一行业内的领军企业，从而垄断的优势也非常明显。正是由于这类企业集团的垄断地位明显，因此，为反垄断并鼓励竞争，西方各国法律均对垄断采取较为强硬的措施，如强行将企业集团分拆，进而消除垄断，如美国国会对 AT & T 的分拆案。(3)“金字塔”风险。控股型企业集团属于一座“金字塔”，当塔基企业(多为实体性经营企业)的收益较高时，处于塔尖控股公司的收益由于资本的放大作用，其收益率也会很高。但是，当塔基企业出现亏损时，由于资本的放大作用，处于塔尖的控股公司的收益率就会锐减，并可能形成巨额亏损。因此，从位于总部的控股公司而言，其收益的不确定性是巨大的，我们一般将这类收益的不确定性称为“金字塔”风险。

下面用例子来说明“金字塔”效应。我们将 51% 作为控股公司的控股线，处于塔基的企业(C 公司)属于经营性企业，处于中间的控股企业 B 公司控制 C 公司，而处于塔尖的控股公司(A)则控制 B 公司(为方便问题的说明，将 B 公司和 A 公司的资产假定全部用于对外投资)，具体数据见表 8-1 。不难发现，控股公司(A)只用 5 万元的资本即可控制 2000 万元的资产。表 8-2 则进一步描述了这一金字塔集团的收益与风险情况。

表 8-1 控股公司及企业集团的“金字塔”效应 单位:万元

C公司(经营企业)	
股本:200	总资产:2 000
留存收益:800	
8%的借款:1000	资产总额:2 000
B公司(中间控股公司)	
股本:30	
留存收益:22	对外投资——C公司:102
8%的借款:50	
负债和权益总额:102	资产总额:102
A公司(塔尖控股公司)	
股本:5	
留存收益:3	对外投资——B公司:16
8%的借款:8	
负债与权益总额:16	资产总额:16

表 8-2 控股型企业集团的收益与风险:“金字塔”效应 单位:万元

塔基公司C:	(1)15%	(2)5%
息税前利润	300	100
管理费用——用于支付B公司	6	6
利息支出	80	80
税前利润	214	214
所得税(50%)	107	7
可供分配的收益	107	7
实际股利支付额	100	5
中间控股公司B:		
从C公司收到的管理费收入	6	6
利息支出	4	4
管理费用——用于支付A公司	1	1
税前利润	1	1
所得税(50%)	0.5	0.5
分得C公司股利(51%)	51	2.55
可供分配的收益总额	51.5	3.05

续　表

塔基公司 C：	(1)15％	(2)5％
实际股利支付额	51	3
塔尖控股公司 A：		
从 B 公司收到的管理费收入	1	1
利息支付	0.64	0.64
税前利润	0.36	0.36
所得税(50％)	0.18	0.18
分得 B 公司股利(53.33％)	26.667	1.6
可供分配的收益总额	26.847	1.78
权益资本收益率(收益/权益总额)	335.6％	22.25％

(注：本例假定，收益与股利并不合并纳税，从而不存在双重纳税问题；所得税税率 50％。)

通过分析发现：第一，处于塔尖的 A 公司收益情况受塔基 C 公司的收益波动影响很大，当 C 公司的收益率从 15％下降到 5％时，A 公司的收益率则由 335.6％下降到 22.25 ％，这就是“金字塔”效应的放大作用。如果 C 公司的收益率进一步下降，则 A 公司的收益率更将大幅度地下滑。第二，上述收益波动放大作用的计算是就账面资本总额而言的，而且少许投资者认为 22.25％的收益也是可以接受的。但是，一旦收益率下降呈现如此态势，它对控股 A 公司的资本市场价值将会产生极大的影响。也就是说，投资者认为公司的前景很不乐观，公司的股票市值也将大大降低，从而对企业集团未来的资本运营将产生非常不利的影响.

2. 产业型企业集团。在产业型企业集团，母公司在对子公司进行控股的同时，也进行生产经营活动，从而成为一个兼具实体经营的资本经营中心，兼具部分生产经营功能的母公司。现实中，大多数的企业集团属于产业型企业集团。这类集团以核心企业为龙头组建，核心企业既对其子公司进行投资控股，同时又进行生产经营。它具体分为以下两种情形。

(1)集权型。这种类型的企业集团组织分为三个层次，如图 8-2 所示。

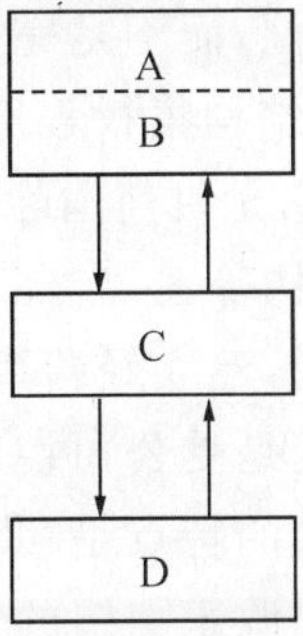

图 8-2　集权型组织层次结构

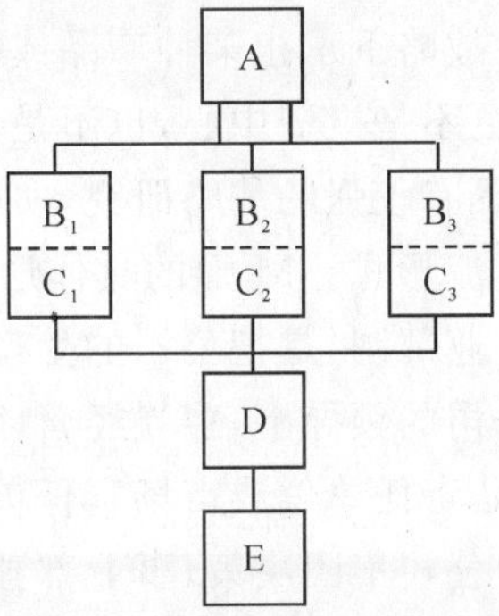

图 8-3　分权型组织层次结构

第一层次是核心层企业，它由两部分组织，即图 8-2 中的 A 和 B，其中 A 是企业集团管理总部，即集团公司或母公司；B 是生产厂(它可以是一个，也可以是由多个生产厂组成的集合体），不是独立的法人。A 与 B 合在一起为一个法人，它是一个集“资产－经营－利益”一体化的经济实体。单个独立的这一实体类似于一个大型企业。第二层次是核心企业的控股企业，即图 8-2 中的 C，它们可以是一个企业，也可以是多个企业，每一企业都是一个独立的法人。第三层次为集团核心企业或控股企业的参股企业，这些参股企业也都是独立的法人。

(2)分权型。这类性质的企业集团也分为三个层次，具体组织框架见图 8-3 。

第一层次是核心企业，它由三个部分组成，即图 8-3 中的 A、B、C。其中，A 是集团管理总部，即集团公司；B 是一个或多个分公司；C 是分属于 B 的一个或多个生产厂，这三者合成为一个法人，即企业集团的核心企业。从管理职责角度，A 是集团的投资及管理中心，也就是管理会计所称的投资中心概念；而分公司 B 则是企业集团的二级法人（内部核算单位或虚拟法人），它主要从事生产经营活动，是企业集团的经营中心或利润中心；C 则为生产活动中心，可以将其定义为直属于 B 的成本中心或费用中心。

第二层次即为企业集团核心层的控股企业（图 8-3 中的 D），它是一个或多个独立的法人，是集团的紧密层企业，与核心层保持资本投资关系。但更重要的是，它可能是核心层企业的原料生产厂或其他产品的购销网络或基地。

第三层次则是企业集团核心层或控股企业的参股企业（图 8-3 中的 E），它可能是一个或多个企业，属于独立的法人单位，与核心层或紧密层企业保持一定的关系。

（三）M 形结构

这是 U 形和 H 形两种结构发展、演变的产物，是一种分权和集权相结合、更强调整体效益的大型公司结构。M 形结构由三个相互关联的层次组成。第一个层次是由董事会和经理班子组成，总部是公司的最高决策层。它既不同于 U 形结构那样直接参与子公司的日常管理，又不同于 H 形结构那样基本上是一个空壳。其主要职能是战略规划和交易协调。第二个层次由职能和支持、服务部门组成。其中，计划部是公司战略研究的执行部门，它应向总部提供经营战略的选择和相应配套政策的方案，指导子公司根据母公司的整体战略制订其中期、长期规划和年度的业务发展计划，并负责审批及实施监控、考核。M 形结构的财务是中央控制的，负责全公司的资金筹措、运作和税务安排，在此结构下子公司的财务只是一个核算单位。第三个层次是围绕公司的主导或核心业务，互相依存又互相独立的子公司、每个子公司实际上是一个 U 形结构。公司的内部资源配置和交易协调不单纯从各个子公司的财务业绩出发，更重要的是要体现公司的战略重点和整体优化。子公司本质上是一个在统一经营战略下承担某种产品或提供某种服务的生产或经营单位，而不是完全意义上的利润中心，更不是投资中心，也不是子公司自身利益的代表。M 形结构集权程度较高，突出整体优化，具有较强的战略研究、实施功能和内部交易协调能力。它是目前国际上大公司管理体制的主流形式。M 形的具体形式有事业部制、矩阵制、多维结构等。

所谓事业部制，是把公司的生产经营活动按产品或地区的不同，建立经营事业部，各事业部在总公司的领导下，独立经营，独立核算，自负盈亏。事业部既是受公司控制的利润中心，又是产品责任单位或市场责任单位。这种组织结构形式最突出的特点是“集中决策、分散经营”，即公司集团决策，事业部独立经营。事业部制结构最早起源于美国的通用汽车公司。20 世纪 20 年代初，通用汽车公司合并收购了许多小公司，规模急剧扩大，产品种类和经营项目增多，而内部管理却十分混乱。当时担任通用汽车公司常务副总经理的 P. 斯隆以事业部制的形式于 1924 年完成了对原有组织的改组，使通用汽车公司的整顿和发展获得了很大的成功，成为实行事业部制的典型，因而事业部制又称“斯隆模型”。

事业部制的特征是：每个事业部制都是一个利润中心，对总公司负有完成利润计划的责任；在经营管理上拥有相应的自主经营权力；总部与事业部制实行“集中决策、分散经营”的原则，总公司主要负责研究和制定公司的各种政策、总体目标和长期计划，并对各个事业部的经营、人事、财务等实行监督。各个事业部则在总公司的政策、目标、计划的指导和控制下，发挥自己的积极性和主动性；自主地根据市场情况搞好本部门的生产经营活动。这样使总公司的最高层摆脱了日常事务，能集中精力研究公司的战略性问题，各事业部之间的竞争也有利于改进整体效率。但这种形式容易出现的问题是集团总部与各事业部之间的协调难度大，而且在职能组织的设计上，集团总部与各事业部之间经常会出现机构重叠、人员浪费、管理费用加大的现象。因此，事业部制一般适用于产品品种多且差别大、市场覆盖面广、营销环境变化快的已具有相当规模的企业集团。

二、不同组织结构下的管理控制模式

任何一个组织要实现其目标与使命，都离不开组织结构设计及其相配套的管理控制体系。从管理学逻辑看，管理控制体系是组织结构与责任体系的延伸与细化。由众多法人企业构成的企业联合组织的企业集团，其组织结构应该是一个“多级分层分口”的控制系统。所谓“多级分层分口”控制系统，从纵向看，在整个集团中存在“集团董事会”－“CEO 团队”－“各 SBU/事业部/分公司/子公司的机构设置”－“各分厂/车间等其他成员单位的”结构层次；从横向看，在每一控制层级中，不同的部门有着不同的职责权限，对不同的工作进行归口管理和控制。而集团总部正是通过对不同层级的组织成员进行相应的权力（或资源）配置，推行集团的整体战略。

以钱德勒提出的“战略决定结构，结构跟随战略”的观点为基础，根据总部对下级部门战略计划程序的不同影响程度，本书将集团的组织结构及相应的管理控制模式划分为三种类型：战略规划型、战略控制型和财务控制型。

（一）战略规划型

在该模式下，集团总部积极参与下属业务部门的战略开发。因为总部与业务部门联系密切，时刻掌握着它们的运营状况。所以，管理中心主要是完成长期战略目标。总部只是在运营结果出现较大背离时才正式作出反应，控制程序灵活。这种方式需要较多的总部管理人员，大量参与业务部门的战略开发、拓展和监督。该模式的组织结构如图 8-4 所示。

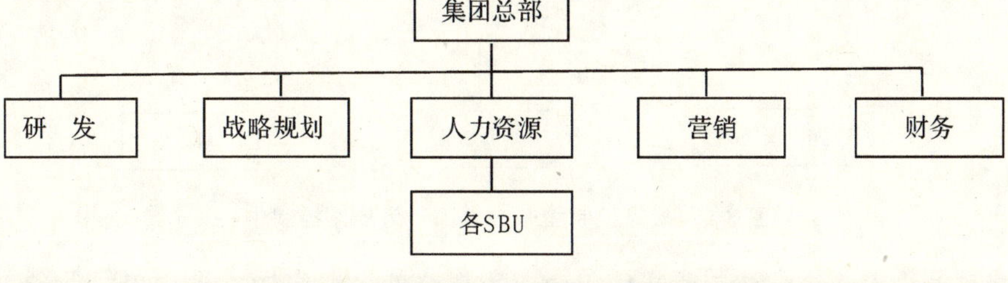

图 8-4　战略规划型——总部作为战略规划中心

战略规划型的控制模式通常适用于实施相关多元化战略的企业集团。相关多元化的主要目的是实现范围经济，而围绕着企业的产品和市场形成的业务部门之间的合作是实现范围经济的必要条件。因此，总部必须制定统一的指导行动的纲领，以规范各个业务部门的经济活动，从而实现其在既定战略下的通力合作。

正如图 8-4 所示，为了促进通过纵向整合或因战略资产（如员工的专业技术、有形资产和运作方法等）的共享而联系起来的业务间的合作，一些组织职能（如人力资源管理、研发和营销）都集中在集团总部层面，而“战略规划部”则成了总部对下属分部进行有效控制的关键部门。借助战略规划，总部能够高度介入各业务单位的计划和决策的制定，以使数量众多的从事不同业务的各分部能够在集团的统一框架下运转。相比那些没有进行多元化的企业而言，如果总部能使集团各业务部门的资源得到充分有效的利用，从而使该部门获得成本优势或差异化优势，那么战略规划型的总部控制模式就成为相关多元化企业中竞争优势的来源。联想集团是运用战略规划型模式的典范。

当然，战略规划型模式的弊端也是很明显的。第一，总部与下属业务部门以及各个业务部门之间沟通的信息量巨大，所以计划的程序繁重又耗时。第二，由于业务部门间的合作必然会带来经理人自主权的损失，部门经理并不总是愿意投入到这种组织结构所要求的合作中去，并且部门之间的合作会产生对部门经理不平等的“积极成果流”。换言之，由于部门经理的报酬与部门的业绩表现密切相关，那些通过共享企业的战略资产而获取最大市场利益的部门就会被认为是以别人的费用来增加自己的收益，从而影响了部门的工作积极性。

正是因为上述弊端，总部一方面要借助先进的信息技术以加强自身的信息处理能力；另一方面还要建立客观的业绩评价标准，在充分考虑共享战略资产的情况下，既要以单个业务部门的表现，又要以其对整个集团的贡献来指定报酬激励机制，这样才能克服战略规划型模式所带来的问题。

（二）战略控制型

在该模式下，集团总部仅发布战略指导意见，下属分部独立制订战略计划，由总部进行评估，区分优先次序。计划的中心是确定短期和中长期的财务目标与非财务目标。总部定期核查这些目标。总部的管理人员适中。总之，总部监督战略决策的执行，而战略决策的制定和拓展则由业务部门自行完成。该模式的组织结构如图 8-5 所示。

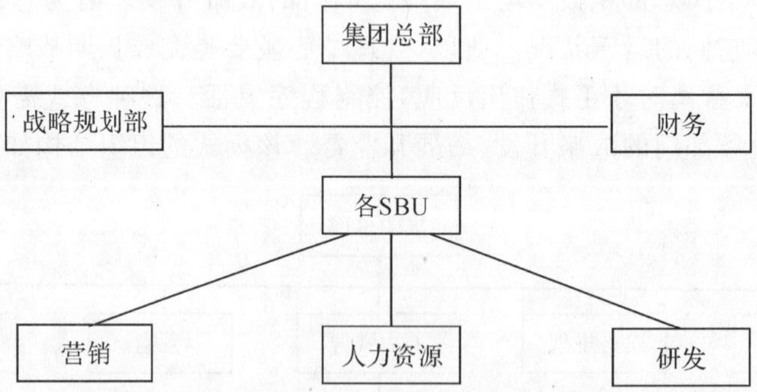

图 8-5 战略控制型——总部作为战略控制中心

战略控制型模式通常适用于实施单一业务战略的企业集团。采用单一业务，由于各业务部门均处于统一行业，其独立性发挥的空间只是在技术、产品线和市场竞争层面，脱离集团现有战略框架的可能性不大；同时，尽管总部的权力有所下放，但与实施多元化的企业集团相比，总部对下属业务单位的监管操作并不困难。而该模式下，“战略规划部”和“财务部”

理所当然地成了总部对下属分部进行有效控制的关键部门。首先战略规划部门制定出集团总的发展方向，以便在同属一个行业的各业务单元之间合理分配资源；同时，通过对业务单元所提出的战略计划进行审核以确保其按照集团的整体发展思路运行；而财务部门则负责预算编制和绩效考评，进一步加强对下属分部的控制。创维集团是运用战略控制型模式的典型代表。

(三)财务控制型

在该模式下，战略开发的责任和权力全部交给下属单位。总部原则上不检查战略计划，只对下属单位是否完成了计划中预测的财务指标感兴趣。总部实际上是实行资产投资管理。该模式的组织结构简图见图 8 6。

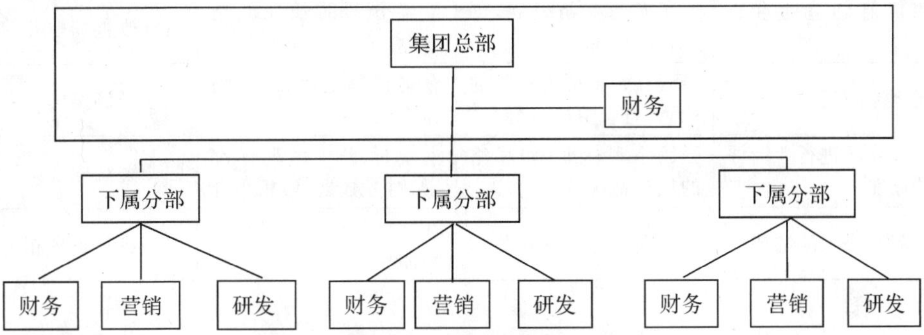

图 8-6 财务控制型——总部作为财务控制中心

财务控制型模式一般适用于实施不相关战略的投资型的企业集团，Holding Company 就是运用这种模式的代表。在不相关多元化战略的安排下，集团通过高效的内部资本分配或业务的重组、收购和剥离来寻求创造价值。同时，集团内的下属单位为了在有效的资源分配中实现利润，各部门都必须拥有独立的、可衡量的利润业绩，并对自身的表现负责。集团内部存在的资本市场使得组织在安排上强调不同单位的竞争甚于合作。如图 8-6 所示，为了强调部门间的竞争，集团总部与各部门之间保持一定的距离，而且不介入部门事务，除非出于审计和管理业绩很差的部门经理的需要。

财务控制型模式成功的关键即在“财务控制”上，因此财务部门理所当然地成为总部对下属分部进行控制的关键部门。由于投资型企业集团往往以大量的资本运作为平台，所以必须通过财务手段合理安排企业的资金流向，严格把控集团可能面临的财务风险。例如，新疆德隆就是在推行财务控制型模式时出现了问题。当时的德隆同时涉足实业和金融，其本可以通过合理安排长短期投资从容不迫地获取投资回报，但德隆在实施多元化方案时一味追求做大，甚至用集团股权抵押和担保贷款等获取的短期资金来进行长期投资，并且忽略了被投资项目现金流量获取的时间问题。因此，当国家出台限制钢铁等德隆所涉及的核心行业的发展政策时，德隆不可避免地陷入了资金链断裂的困境。

上述集团的三种组织结构及其控制模式都各自与特定的集团战略相关，表 8-3 总结了它们的主要特点。在三种模式中，最集权化的控制模式是战略规划型，而最少集权化、最少组织成本的则是财务控制型。

表 8-3　企业集团三种不同组织结构及相应控制模式

组织结构及控制模式	战略规划型(相关多元化战略)	战略控制型(单一业务战略)	财务控制型(无关多元化战略)
业务的集权化	集中于总部	部分集权化	分权于各部分
整合机制的运用	广泛应用	较少应用	不存在
总部任务	高度介入业务单元的计划和决策的制定,方向明确	业务单位制订计划,总部检查、评估和监督	强调由下属分部制定大部分决策
总部对下属分部进行有效控制的关键部门	战略规划部	战略规划部、财务部等	财务部
集团价值创造的重心所在	为了长远经济发展,创立新的分部	下属分部的长期战略目标	运营改善和财务控制
下属分部的任务	经营计划要征得总部的同意(符合战略目标)	有责任制定决策、计划和建议	独立经济实体
对下属分部进行业绩评价的标准	强调主观标准(如战略的执行情况等)	主观标准与客观标准(如财务数据等)相结合	强调客观标准
各分部所获报酬的依据	与集团整体表现相关	既与自身相关又与集团整体相关	仅与自身表现相关

三、集团下属 SBU 的机构设置及财权配置

随着集团多元化范围的逐渐庞大,过度扩张的“利润中心”极易演化为缺乏战略方向的单纯的“责任中心”。当不同领域的利润中心在业务定位清晰以后,仅仅按照责任会计的原则将集团下属公司进行划分整合已远远无法满足集团战略管理的需要,利润中心及具体利润点的设置必须与自身的业务战略一致起来,以成为服从集团整体战略安排并能将集团战略进行分解、落实的组织基础,即我们通常所说的战略经营单位 SBU。

(一)SBU 的概念及特征分析

战略经营单位(SBU)是一组具有相同或类似战略成分的经营单位组成的总体。它拥有一套相对独立的、完整的生产经营系统,以面向市场竞争为准则,把企业集团内对应同一类客户群、处于同一竞争领域、有着同一竞争对手的产业或服务单位组织在一起,按照集团总体战略和目标的指导,相对独立地展开经营活动。

不难看出,在 SBU 模式下,集团的战略被清晰地分为了两个层次——公司战略与经营战略。前者限定了集团竞争活动的范围,即各种行业和市场,战略决策包括在多元化、垂直整合、知识和新业务等方面的投资以及资源在不同 SBU 之间的配置等;而后者则涉及具体的有关集团如何在不同行业内或市场中进行竞争的决策。作为市场竞争的直接组织实施者,由 SBU 提出经营战略最为恰当,而集团总部的作用则在于对各 SBU 所提出的经营战略予以评价,并在各 SBU 之间依据集团总体的长远发展思路分配经营资源。对于在既定战略框架内运营的企业而言,战略的有效执行是战略管理中最为重要的一环。由“利润中心”到“SBU ”模式的细化,使得集团的一切组织工作均围绕着“战略”展开。

与成本中心、利润中心以及投资中心不同,SBU 具有如下特征:具有独特的使命;有可辨认的竞争者;直接指向外部市场;对其职能活动可加以控制。推行 SBU 能使企业整体获

得如下优势：每一个 SBU 内具有相关活动的业务单位保持相互协调，从而获得战略匹配利益；提高了既相互分离又具有相互关系的业务单位之间的凝聚力和相互协作；使企业能够从全局出发，统一管理和制定企业的经营战略；有助于将公司资源配置到最有成长潜力和赢利能力的部门。

(二)SBU 的财权配置

尽管集团对下属 SBU 的管理有两种不同思路：集权或分权管理，但我们不能简单地用集权与分权来看待企业管理控制系统，经营上的分权并不能排除财务上的集权，越是经营分权的领域就越应当采用财务集权。因此，强调总部资源配置的权威性，实行集中财务管理与控制，是多数企业集团的必然选择。

通常，一个组织的财权包括三个层面的权力配置：重大财务事项决策权，包括投资决策与资本预算权、资本结构调整及对外筹资权、预算审批权与决算权、责任中心业绩考评权、财务制度制定权等；现金调度支配权；日常财务处理权。集团选择"集权式"财务管理并不意味着将上述权力全部集中于集团总部，而下属 SBU 没有丝毫的财务自主权。如何通过下属 SBU 的财务机构设置，以对组织内不同层级的财权进行合理分配是这里讨论的重点。

SBU 是代表集团总部管理某一产业或某一市场区域业务的中间管理机构。在各 SBU 下是一些具有业务关联的子公司、分公司甚至事业部等。SBU 本身并不具备法人资格，但在财务上往往被作为一级利润中心，独立核算并自负盈亏。SBU 及其财务管理机构的设置，使得总部的财务组织与管理活动更具有战略性。基于行业或区域战略管理的需要，总部对 SBU 大多采取"集中决策、分散管理"体制，即在重大事项的决策上实行高度的集权模式，在财务上也实施严格的资金控制与预算管理，但在生产经营上则较多地采用灵活的管理方式。在集团战略、政策框架内，总部一般不直接干预 SBU 的日常管理下作。

SBU 的财务管理机构是强化 SBU 管理与控制的核心部门，具有双重身份：一方面作为集团总部财务管理机构的派出组织，贯彻执行总部的财务战略以及各项财务政策、基本财务制度、规划事业部的资本规模与结构，组织资本调度，参与 SBU 的财务决策等；另一方面它又是 SBU 下属子公司、分公司或事业部等的财务组织领导、管理控制机构。在这样的职能定位上，SBU 的财务管理机构主要包括：负责 SBU 的战略预算的编制、上报与组织实施；贯彻执行集团总部的财务战略、财务政策与基本财务制度；实施对 SBU 下属子公司、分公司或事业部等的财务运作过程的控制；依据总部业绩衡量标准，强化对子公司、分公司或事业部等的管理绩效考核；规划与控制 SBU 财务权限范围内各子公司、分公司、事业部之间的资金调剂与配置等。

第三节 集团内部资本市场

一、内部资本市场的定义和功能

阿尔钦和威廉姆森首先提出了内部资本市场的概念。他们认为，企业为了整体利益最大化将内部各个经营单位的资金集中起来统一配置，具有不同投资机会的成员单位围绕内部资金进行争夺的市场称为"内部资本市场"。随着企业组织形式的不断演化，内部资本市场的内涵也在不断扩展。内部资本市场是相对于外部资本市场而言的,它是存在于企业集团内部的非正式的"资本市场"。它能够为集团母公司与子公司之间、子公司与子公司之间以及集团内公司与其他关联公司之间提供资金融通、资金配置等服务。

企业集团的内部资本市场主要具有三大功能:第一,缓解融资约束。内部资本市场可以规避外部融资由于信息不对称导致的高成本,可以通过资本整合缓解内部成员企业的投资对本部门现金流的依赖性,增强成员企业的融资承受力,提高集团整体的财务协同效应,降低公司陷入财务困境的可能性。第二,优化资本配置。内部资本市场可以根据市场环境的变化来调整资本配置的方向和数量,并将资本配置到效率最高的环节。第三,监督激励功能。集团总部可以通过有效的监督和激励降低股东和经理之间的代理成本,提高资本的使用效率。

围绕内部资本市场的三大功能,不同企业集团通常会采用不同的内部资本市场运作方式,按交易对象大体分为两类:一类是资金融通型的运作方式;另一类是资产配置型的运作方式。本书重点探讨第一种类型。

二、内部资金结算中心与财务公司的设立与运行

企业集团作为一个命运共同体,各成员企业相互之间有着密切的伙伴关系,在资金使用上互助互济,体现了互惠互利的精神。更重要的是,集团的各成员企业间在资金使用、周转需求上往往存在一个"时间差",从而为集团资金融通使用提供了物质基础。企业集团根据其生产经营、对外投资和调整资金结构的需要,在一定程度上,把集团内各成员企业可资利用的资金汇总起来,在集团内融通使用是有必要的。按资金来源的不同,企业集团资金融通的方式主要有:第一,外部资金融通,是指集团借助各成员企业的银行信贷资金及集团本身的银行信贷资金在集团内进行资金融通使用的方式。例如,集团上贷下拨、统贷统还;集团横向划拨使用;各成员企业自行向银行贷款、实施谁贷谁还,等等。第二,内部资金融通,是指集团凭借自己的资金力量和各成员企业的自有资金在集团内部进行的资金横向融通使用。例如,利用集团筹集的资金,在集团内统一规划,审时度势地对各成员企业提供资金额度;集团内各成员企业利用自有资金在集团内相互间借贷融通,以调剂成员企业之间对资金的余缺关系;集团内部各成员企业之间信用性资金的融通,等等。第三,产融结合化。例如,组建集团财务公司;以金融财团为背景,发展集团经济;加强银企联系,建立银企财团;由银行等金融机构直接向企业集团投资入股。

1. 内部资金结算中心。

(1)内部资金结算中心组织结构及各部门的职能。资金结算中心内组织机构的职能如下:结算部主要负责成员单位账户的管理、收支结算、利息计算,内部账务管理,银行结算,银行对账,现金管理,财务报表的编制,企业内部代发工资,计算机设备及计算中心软件管理等;信贷部主要负责向银行或其他金融机构融资和各企业贷款的审定,以及外汇的调剂等;资金计划部主要掌握集团各企业的资金流向及资金需求,为集团做好资金安排等。图 8-7 为内部资金结算中心组织结构。

(2)财务结算中心的职责。财务结算中心作为集团的内部银行,必须做到账务日清月结,保证资金头寸调配和各账户余额的及时准确。因此,它的主要职责是:①遵循国家及中国人民银行发布的有关金融法规和对财务结算中心的要求,制定相应的规章制度和内部管

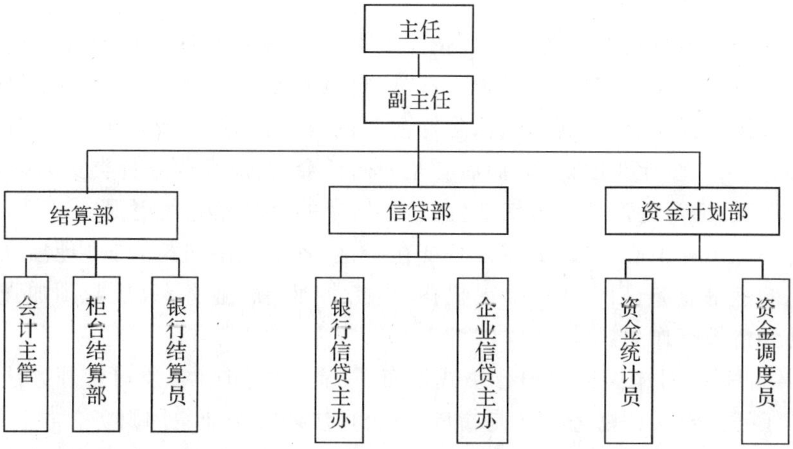

图 8-7 结算中心组织结构

理制度；②统一管理集团总部及各企业银行账户；③统一为集团各企业办理日常结算业务；④通过对外融资筹集集团和各公司经营生成所需的资金；⑤接受企业贷款申请，通过对外融资和调剂企业存款发放贷款；⑥统一管理、规划、调剂集团资金，加强结算、信贷、资金调剂的规范化管理，防止资金的流失、沉淀、闲置，提高资金的利用效率，确保财务结算中心业务的顺利运行；⑦负责财务结算中心资产的管理工作，确保国有资产增值；⑧协助企业制订资金使用计划，帮助企业理财。

(3)电子化财务中心的职责。电子化财务结算中心可以实现的资金集中管理方案，包括：随时查询本地和异地下属公司的账务信息；逐笔审核各地下属公司的对外付款；实现总部对各地下属公司超权限业务的审批；随时随地实现资金的监控；远程全权管理账户方案；逐笔经办和审核各地下属公司的对外付款；远程全权管理账户，异地免设财务人员；“收支两条线”管理方案，分/子公司、办事处货款回笼和费用指出账户相分离，方便资金快速集中；帮助企业实现成本、利润、费用财务管理体制的建立；“零余额”资金管理方案。资金头寸集中于集团公司账户，实现资金的统一管理；子公司账户受集团公司控制，子公司对账户无支付权；对外运作完全以子公司名义进行，保证业务和账务处理的完整性和独立性，规避税务和法律风险；集团资金结算代理方案。集团公司共享子公司头寸，统一管理和调度资金；集团公司和子公司对外运作完全独立。子公司支付在其头寸额度内自主决定，但受集团公司结算中心账户余额的制约；资金头寸自动归集方案。子公司资金即时、逐笔自动上划集团公司；子公司头寸留底定期上划集团公司。

2. 财务公司。

(1)财务公司的概念。在我国，财务公司是由一些重点大型企业集团申请，主要由集团成员投资入股，经由中国人民银行批准设立的，为该集团成员企业提供企业发展配套金融服务的金融机构。其名称规范为××(集团)财务有限责任公司。财务公司是为企业集团的内部成员提供金融服务的非银行金融机构，主要经办成员单位的技术改造、新产品开发及产品销售提供金融服务，以中长期金融业务为主的非银行金融机构。财务公司是企业集团的成员，金融业务上受中国人民银行的管理和监督。财务公司必须经过中国人民银行批准，才能在企业集团内部设立。财务公司实行自主经营、独立核算、自负盈亏，并照章纳税，具有法人资格。

中国的财务公司行政上隶属于大型企业集团公司，受该集团公司的直接领导，业务上受中央银行管理、协调、监督和稽核，是独立核算、自负盈亏、自主经营、照章纳税的企业法人。财务公司与我国的银行、证券、信托、保险等金融机构比较，其主要特征在于：①在服务范围上，前者局限于某一企业集团内部，而后者是面向社会；②前者业务种类更为综合，但服务范围不如后者广泛；前者的产业服务专业性突出，后者的金融专业性更强。

财务公司与结算中心比较，其主要特征在于：前者是金融机构，可办理独立核算的集团内部成员间的金融业务；后者不是金融机构，不能办理金融业务，只能起到加强企业内部各部门之间的经济核算作用。

2000 年 6 月 30 日中国人民银行正式发布了《企业集团财务公司管理办法》，对中国的财务公司作了正式定义："财务公司是指依据《公司法》和《企业集团财务公司管理办法》设立的，为企业集团成员单位技术改造、新产品开发及产品销售提供金融服务，以中长期金融业务为主的非银行金融机构。"

(2)财务公司的准入条件。要申请设立财务公司，申请人必须是具备下列条件的企业集团：①符合国家产业政策；②申请前一年集团控股或按规定并表核算的成员单位总资产不低于 80 亿元人民币或等值的自由兑换货币，所有者权益不低于 30 亿元人民币或等值的自由兑换货币，且净资产率不低于 35%；③集团控股或按规定并表核算的成员单位在申请前连续三年每年总营业收入不低于 60 亿元人民币、利润总额不少于 2 亿元人民币或等值的自由兑换货币；④母公司成立三年以上并具有集团内部财务管理和资金管理经验，近三年未发生重大违法违规行为；⑤财务公司的最低注册资本金为 3 亿元人民币或等值的自由兑换货币。财务公司的注册资本为实收货币资本。财务公司依法注册登记后，不得以任何形式抽减资本金。财务公司的资本金应主要从成员单位(包括中外合资的成员单位)中募集，成员单位以外的股份不得高于 40%。其资金来源限于按国家规定可用于投资的自有资金，其股本结构、股东资格还应符合《中华人民共和国公司法》和中国人民银行关于向金融机构投资入股的规定。

(3)财务公司的业务范围。财务公司在企业集团内部融通资金，并可与银行或其他金融机构建立业务往来关系，还可以委托某些专业银行代理金融业务。其经营的业务范围主要有：①吸收成员单位三个月以上定期存款；②发行财务公司债券；③同业拆借；④对成员单位办理贷款及融资租赁；⑤办理集团成员单位产品的消费信贷、买方信贷及融资租赁；⑥办理成员单位商业汇票的承兑及贴现；⑦办理成员单位的委托贷款及委托投资；⑧有价证券、金融机构股权及成员单位股权投资；⑨承销成员单位的企业债券；⑩对成员单位办理财务顾问、信用鉴证及其他咨询代理业务；⑪对成员单位提供担保；⑫境外外汇借款；⑬经中国人民银行批准的其他业务。

(4)财务公司的业务功能。①内部结算功能。财务公司从集团整体利益角度开展统一的内部结算，可以方便地对内部交易进行核算及抵消，降低了资金占用额度；可以统一集团内部的现金流，充分调拨内部头寸；可以更合理地调整整个集团的融资规模，最大限度地降低借款并通过统一筹资来降低集团融资成本；可以加强内部管理和控制，防止集团成员企业多头开户、乱投资、资金管理失控。②筹资融资功能。作为集团的法定融资中介，财务公司应真正起到集团融资中心的作用，利用集团内部的短期资金及长期资金聚集来培育集团内部的资本市场;利用资金拆借、向国外银行借款、融资租赁、发行金融债券等金融手段和金融工具,扩大集团外部的融资渠道,从而满足集团多层次的资金需求。③投资管理功能。集团的暂时性闲置资金,除了归集后以财务公司贷款形式在集团内部实现余缺调剂外,还需要财务公司运用投资功能进行资源配置,投资于各种金融品种或股权,以起到分散财务风险,增强资金流动性和收益性的目的。财务公司在投资管理方面的另外一个重要作用是它可以配合集团战略性扩张,收购或持有一些公司的股权。④中介顾问功能。财务公司要对金融市场的变化和趋势快速反应,为集团及成员企业提供以下中介顾问服务:为集团提供相关决策所需信息及专业咨询意见;根据情况不同,充分考虑客户利益,为筹融资的双方相继选择合适、合理的金融品种;起到风险顾问的作用,采用多种手段对企业面临的风险进行预警、评估、监控和化解。

参考文献

[1] 汤谷良,韩慧博.高级财务管理[M].北京:清华大学出版社,2010.
[2] 王化成.高级财务管理[M].北京:中国人民大学出版社,2003.
[3] 中国注册会计师协会.财务成本管理[M].北京:中国财政经济出版社,2011.
[4] 葛存山.企业融资运作[M].昆明:云南大学出版社,2011.
[5] 张长城,张琦.企业财务的网络化管理[M].昆明:云南大学出版社,2012.
[6] 张维迎.产权、激励与公司治理[M].北京:经济科学出版社,2005.
[7] 刘萍,等.中国动产担保创新经典案例[M].北京:中信出版社,2010.
[8] 傅元略.公司财务战略[M].北京:中信出版社,2009.
[9] [美] 斯蒂芬·罗斯,等.公司理财[M].吴世农,沈艺峰,等译.北京:机械工业出版社, 2004.
[10] 徐晓莉.利用银行资源降低企业成本[M].昆明:云南大学出版社, 2011.
[11] [美] 霍华德·施力特,等.财务诡计[M].赵银德,张华,等译.北京:机械工业出版社, 2012.
[12] 熊华强.股票、期货和期权在企业财务管理中的应用[M].昆明:云南大学出版社, 2011.
[13] 刘圻.金融方式在企业六大循环中的运用[M].昆明:云南大学出版社, 2011.
[14] 刘峰.资本市场财务与会计问题研究:案例视角[M].北京:中国财政经济出版社, 2004.
[15] 任小平.财务从不说假话[M].北京:石油工业出版社, 2012.
[16] 钟文庆.财务是个真实的谎言[M].北京:机械工业出版社, 2010.
[17] [美]克里斯·安德森,著.免费——商业的未来[M].北京:中信出版社, 2009.
[18] 韩复龄.资本运营的财务技巧[M].昆明:云南大学出版社, 2011.
[19] 王连娟,龙成风,等.民营企业上市实务与案例[M].北京:中国人民大学出版社, 2006.
[20] 刘顺仁.财报就像一本故事书[M].太原:山西人民出版社, 2007.
[21] 余国杰.财务分析与资产有效利用[M].昆明:云南大学出版社, 2011.
[22] 陈玮.我的PE观[M].北京:中信出版社, 2011.
[23] [美]罗伯特.S.卡普兰, 安东尼.S.阿特金森,著,高级管理会计[M].吕长江,主译。大连:东北财经大学出版社, 2007.
[24] 周其仁.真实世界的经济学[M].北京:中国发展出版社,2002.
[25] 周其仁.市场中的企业:一个人力资本和非人力资本的特别契约[J].经济研究,1996(6).
[26] Bushman, R. M., R. J. Indjejikian, and A. Smith. 1996. CEO Compensation: the Role of Individual Performance Evaluation[J]. Journal of Accounting and Econom-

ics, 21: 161—193.

[27] Grossman, S. , O. Hart. 1986. The Costs and Benefits of Ownership: A Theory of Vertical and Lateral Integration [J]. Journal of Political Economy, 94: 691—719.

[28] Hart, O. and J. Moore. 1990. Property Rights and Nature of the Firm [J]. Journal of Political Economy, 98(6):1119—1158.

[29] Jensen, M. C. , K. J. Murphy. 1990. Performance Pay and Top-Management Incentives[J]. Journal of Political Economy, 982 :225—264.

[30] Kaplan, R. S. and D. P. Norton. 1992. The Balanced Scorecard-Measures that Drive Performance[J]. Harvard Business Review, 70: 71—79.

[31] Kaplan, R. S. and D. P. Nordon. 2001. Transforming the Balanced Scorecard from Performance Measurement to Strategic Management[J]. American Accounting Association, 15: 87—104.

[32] Lambert, R. A. 1993. The Use of Accounting and Security Price Measures of Performance in Managerial Compensation Contracts[J]. Journal of Accounting and Economics, 16:101—123.

[33] Lambert, R. A. , D. F. Larcker. 1987. An Analysis of the Use of Accounting and Market Measures of Performance in Executive Compensation Contracts[J]. Journal of Accounting Research, 25 Supplement: 85—125.

[34] Murphy, K. J.. 1985. Corporate Performance and Managerial Remuneration: An Empirical [J].

[35] Sloan, R. G. 1993. Accounting Earnings and Top Executive Compensation[J]. Journal of Accounting and Economics, 16:55—100.